5G 增强技术丛书

5G车联网技术与应用

邱佳慧 张陶冶 蔡超 张香云 林晓伯◎编著

5G Internet of Vehicles Technology and Application

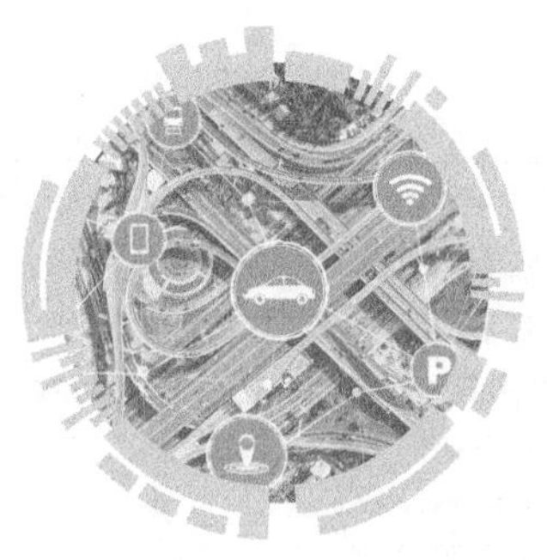

人 民 邮 电 出 版 社
北 京

图书在版编目（CIP）数据

5G车联网技术与应用 / 邱佳慧等编著. -- 北京 : 人民邮电出版社, 2023.12
（5G增强技术丛书）
ISBN 978-7-115-62027-9

Ⅰ. ①5… Ⅱ. ①邱… Ⅲ. ①汽车－物联网－研究 Ⅳ. ①U469-39

中国国家版本馆CIP数据核字(2023)第114921号

内 容 提 要

本书聚焦5G车联网的关键技术及应用案例，首先介绍了车联网产业的发展情况，对车联网业务进行分类，分析典型业务场景的网络需求；然后系统地介绍了5G车联网系统架构及关键技术；接着基于业内首个车联网无线场景库介绍了车联网的覆盖特性及无线信道特性；最后介绍了中国联通在不同场景下典型的5G车联网应用案例。

本书适合对车联网、车路协同、智慧交通及智能驾驶感兴趣的高校师生、通信工程师、系统设计师、平台架构师、应用开发人员等阅读。

◆ 编　　著　邱佳慧　张陶冶　蔡　超　张香云　林晓伯
责任编辑　王海月
责任印制　马振武

◆ 人民邮电出版社出版发行　　北京市丰台区成寿寺路11号
邮编　100164　　电子邮件　315@ptpress.com.cn
网址　https://www.ptpress.com.cn
固安县铭成印刷有限公司印刷

◆ 开本：775×1092　1/16
印张：16.75　　　　2023年12月第1版
字数：323千字　　　　2023年12月河北第1次印刷

定价：99.80元

读者服务热线：(010)81055493　印装质量热线：(010)81055316
反盗版热线：(010)81055315
广告经营许可证：京东市监广登字20170147号

编辑委员会

序

伴随着 5G、人工智能、大数据、云计算、物联网等技术的融合发展，车联网产业进入重要机遇期。党的二十大报告明确指出，要“推进新型工业化，加快建设制造强国、质量强国、航天强国、交通强国、网络强国、数字中国。”车联网产业是制造、交通与网络融合的产业，是国家重要的产业发展方向。同时，随着人们生活水平显著提高，物质生活不断丰富，人们对于出行的安全、高效、便捷的需求也越来越高，对实现智慧交通的迫切性越来越强。在网络化、数字化、智能化的大背景下，新型智慧交通业务不断涌现，智能驾驶发展日新月异，智慧道路建设需求迫切。信息互联、实时通信、道路标识是智慧交通的基础，车联网是智慧交通的关键技术路径。

中国联通在智慧交通方面有强大的技术团队支持和深厚的技术积累。团队长期从事车联网的标准研制、技术研究、产品开发、解决方案制定及商业推广落地工作，承担了多项国家级重大专项，相关成果获得多项省部级奖。本书作者主要来自中国联通智慧交通团队，团队成员包括中国联通智网创新中心、联通智网科技股份有限公司以及中国联通集团科技创新部和政企客户事业群的有关专家。

虽然我国在单车智能方面不具备先发优势，但 5G 与车联网的结合，可全方位实现车车、车路、车云间的动态实时信息交互，在全时空动态交通信息采集与融合的基础上，使“灵活的网”通过“智慧的路”更好地赋能“聪明的车”，实现更智能、更安全的驾驶，有效改善交通系统安全问题。5G 与 C-V2X PC5（蜂窝车联网直连通信）融合是未来车联网的发展趋势，通过构建广覆盖蜂窝通信与直连通信协同的融合网络，可以满足不同业务场景需求。一方面，5G 的原生能力，如大带宽、低时延、高可靠，是车联网业务发展的必备条件；另一方面，结合运营商自身优势，如 MEC、安全通信、高精度定位等，提出 5G 车联网“端-管-云”协同网络架构，满足产业低成本、安全灵活部署需求。结合产业发展的痛点与难点，中国联通建设了业内首个基于规模实测数据的车联网无线场景库，本书不仅重点介绍了 5G 车联网的关键技术，还分析了典型场景下的车联网网络性能及传播特性，为车联网网络部署及系统性能优化提供了重要参考，相关成果也在“2021 世界 5G 大会”“2021 年中国国际信息通信展览会”发布。此外，本书系统总结了中国联通近年来在 5G 车联网典型业务场景下的解决方案，包括远程驾驶、自动驾驶、车路协同等，以及在港口、矿山、园区、城市道路的商用案例。

本书体系完整、内容翔实、深入浅出、时效性强，对车联网行业的从业者具有重要的参考价值。

马红兵

中国联通集团科技创新部总经理

前言

车联网用于实现车辆与周围环境实体通信，以达到高效、安全、绿色的交通状态，主要包括车与车（V2V）、车与人（V2P）、车与道路基础设施（V2I）以及车与网络（V2N）的通信。车联网产业作为跨通信、交通、汽车、电子、计算机的新兴产业，是国家的重要发展战略方向，是实现自动驾驶弯道超车的重要保障。在技术发展路径上，我国坚持走网联化和智能化协同的道路，从而衍生出系列关键技术方向，例如融合通信、车路云一体化、人工智能、大数据等。

车联网最初以 IEEE（电气电子工程师学会）的 DSRC（专用短程通信）技术为主，2013 年，大唐团队提出 C-V2X（蜂窝车联网）的概念。2015 年，大唐、华为等公司在 3GPP（第三代合作伙伴计划）立项开展 C-V2X 的标准制定工作。2020 年 11 月，美国将已分配给 DSRC 的 5.9GHz 频段中的 30MHz（5895～5925MHz）分配给 C-V2X，这标志着美国正式宣布放弃 DSRC 并转向 C-V2X。3GPP 已经完成了 LTE-V2X 向 NR-V2X 演进的标准制定工作，但产业内的应用主要以 LTE-V2X 为主，通过 PC5 提供安全类、效率类和信息服务类业务。伴随着 5G 的规模部署和成熟商用，车联网得到了进一步发展。5G 的大带宽、低时延、高可靠特性可满足不同车联网场景的需求。因此，5G 和 C-V2X PC5 的融合应用，成为车联网技术发展的重要趋势之一。

在国家政策的大力推动下，在产业需求的引导下，车联网逐步从技术验证向规模商用发展，产业链基本成熟，初步具备规模商用的基本条件，各地涌现出多个国家级车联网先导区、智能网联汽车/自动驾驶测试及示范区、智能网联汽车/自动驾驶高速公路试点等。同时，车联网产业在发展过程中也遇到一些问题，如在技术瓶颈、产业融合、商业模式等方面。

运营商依托5G、云网融合、云边协同能力，为车联网提供广覆盖、低成本、可快速落地的端到端解决方案。以 5G Uu+C-V2X PC5 融合为基础的“云-管-端”车联网系统架构可实现环境感知、数据融合计算及决策控制，从而提供安全、高效、便捷的车联网服务。同时，MEC（移动边缘计算）、切片、安全、URLLC（低时延高可靠通信）等网络能力能够为车联网提供低时延、高可靠、安全灵活的网络环境保障。

本书聚焦 5G 车联网的关键技术及应用实践。全书共 6 章，第 1 章主要介绍了车联网的行业进展；第 2 章对车联网业务进行分类，并分析典型业务场景的网络需求；第 3 章介绍了 5G 支撑车联网业务的关键技术；第 4 章从网络部署的角度分析车联网直连通信在不同场景下的网络性能；第 5 章基于业内首个车联网无线场景库，分析了车联网无线信道特性；第 6 章介绍了中国联通 5G 车联网的典型应用案例。本书作者长期从事车联网技术研究、标准制定、产品研发、解决方案制定等相关工作，本书是作者近几年的研究和工作成果的结晶。

本书由邱佳慧、张陶冶、蔡超、张香云、林晓伯共同编写。其中，邱佳慧、张陶冶、蔡超负责全书内容选择并审稿；第 1 章由邱佳慧、张陶冶完成；第 2 章由张陶冶、蔡超完成；第 3 章由林晓伯完成；第 4 章、第 5 章由邱佳慧、林晓伯、蔡超完成；第 6 章由张香云完成。此外，感谢中国联通集团科技创新部马红兵总经理对本书的大力支持，并欣然作序。同时，感谢江苏联通、广东联通、天津联通、山西联通、海南联通、重庆联通的同事提供车联网应用落地案例，感谢联想（北京）有限公司、国家智能商用车质量检验检测中心、广州文远知行科技有限公司、阳泉冀东水泥有限责任公司、海南省智慧交通产业发展有限公司、天津港汇盛码头有限公司、天津大学对创作本书的支持。各位同事与同行们的技术积累、专业精神与无私支持是完成本书的动力所在。

由于作者水平有限，书中难免存在错漏与不足之处，敬请广大读者批评指正。

作者

目录

车联网概述

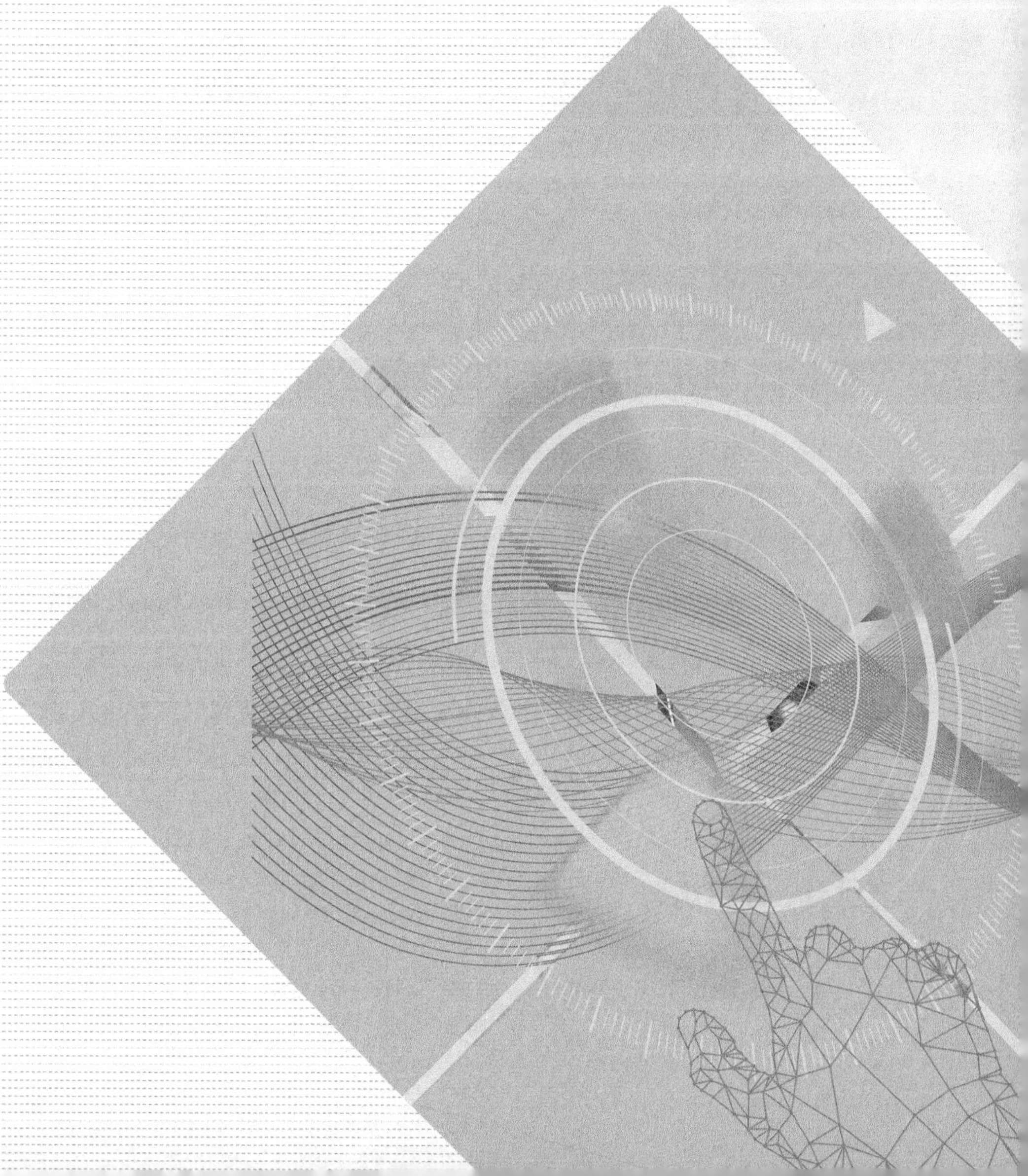

车联网是以车内网、车际网和车载移动互联网为基础，按照约定的通信协议和数据交互标准，在车与车（V2V）、车与人（V2P）、车与基础设施（V2I）以及车与网络（V2N）之间进行无线通信和信息交换的系统网络，是能够实现智能交通管理、智能动态信息服务和车辆智能化控制的一体化网络，它通过高效的信息交互，实现车、人、路和基础交通设施的智能管控，为人们提供高效、绿色、安全的智慧出行服务。

车联网具有技术整合、信息共享、产业融合的特点。车联网有机地运用定位技术、传感器技术、通信技术、互联网技术、人工智能、大数据等，并由此衍生出诸多增值服务。车联网可实现关键交通元素（车、路、人、云等）之间的相关状态和重要信息的互联互通，通过多源数据融合计算提供重要信息，以协助交通相关部门进行判断。车联网涉及通信、电子、交通等多个行业和学科领域，汇集芯片厂商、网络服务商、软件提供商、汽车提供商、自动驾驶服务商等，构建全新的汽车产业生态，也使传统的车企走向开放和融合。

综上，车联网产业是融合各行业最新技术的新兴战略产业，是“新型基础设施”的重要方向，也是各国开展新一轮技术创新革命的重要载体，具有潜在的、巨大的经济效益和社会效益。

1.1 国外车联网产业的发展情况

随着通信技术、电子信息技术、汽车产业、人工智能的发展，车联网已经成为未来汽车和交通领域新技术的发展趋势。以汽车网联化为基本目标的车联网产业已经成为发达国家和地区的重要产业，各个国家和地区纷纷加快产业布局，通过政策规划、统一标准、示范推广等全方位的措施，推进车联网的产业化进程。下面将从政策规划、技术标准、落地应用、产业链发展等维度梳理以美、欧、亚为代表的全球车联网发展态势。

1.1.1 政策规划

美国政府2015年已经明确将汽车智能化、网联化作为两大核心战略，并出台了一系列政策法规推进相关产业体系的建立。2016年，美国将自动驾驶安全监管首次纳入联邦法律框架；2017年发布《自动驾驶系统2.0：安全展望》，鼓励各州重新评估现有交通法律法规，为自动驾驶技术的测试和部署扫除障碍；2018年发布《准备迎接未来交通：自动驾驶汽车3.0》，推动自动驾驶技术与地面交通系统多种运输模式的安全融合；2020年发布《确保美国自动驾驶领先地位：自动驾驶汽车4.0》，同年11月美国联邦通信委员会决定将之前分配给DSRC（专用短程通信）的5.9GHz频段部分带宽划分给C-V2X，这标志着美国在技术上正式放弃DSRC并转向由我国主导制定的C-V2X；2021年，美国交通运输部（DOT）发布了《自动驾驶汽车综合计划》，进一步指明了美国自动驾驶的发展方向，是自动驾驶4.0的延伸。

欧盟为统一发展各国智能网联汽车，于2018年出台了《通往自动化出行之路：欧盟未来出行战略》，要求至2022年，欧盟国家的所有新车都要接入互联网，并计划到2030年迈向全自动化出行。欧洲委员会建立了欧盟统一的CCAM（互联和自动交通）平台，并在5G-CARMEN项目中应用，依托混合无线接入、分布式云、面向服务的QoS预测等技术，提供协同驾驶、状况感知、视频流媒体等典型应用。英国一直致力于在交通领域的技术革命中保持领先地位，特别是在保险政策方面，一直走在各国的前列。2017年10月，英国提出《自动与电动汽车法案》（简称AEV法案），对自动驾驶汽车的保险和责任问题进行了相关规定。英国政府联合CCAV（互联及自动驾驶中心）、自动驾驶汽车发展中心以及创新英国（Innovate UK）共同投资200万英镑研发自动驾驶网络安全技术。德国发布的《自动化和互联互驾驶道德准则》是世界首个自动驾驶道德准则，主要集中在地图测绘、车辆测试、量产准入、上路许可、事故责任划分等领域，对我国发展自动驾驶技术的车商具有参考价值。

在亚洲地区，日本政府在自动驾驶领域的布局具有一定的代表性。其早在2013年就发布了《ITS 2014—2030技术发展路线图》，并计划到2030年建成世界上最安全和最畅通的道路；2014年制定《SIP（战略性创新创造项目）自动驾驶系统研究开发计划》；2017年发布《2017官民ITS构想及路线图》；2018年发布《自动驾驶相关制度整备大纲》，明确自动驾驶汽车发生事故时的责任划分，规定L3、L4自动驾驶汽车须满足的十大安全条件；2020年发布了实现自动驾驶的相关报告和方案4.0版，主要包括无人驾驶服务的实现和普及路线图、先进自动驾驶技术的测试验证、政府部门与相关企业的合作3

个方面，提出到2025年将只需远程监控的自动驾驶服务扩大至40个区域。2021年，日本经济产业省与国土交通省组建自动驾驶研究工作组，提出自动驾驶商用推进计划以及技术测试验证的要求。

除日本以外，韩国也制定了*Long-term ICV development plan up to 2040*，在全国范围内建设智能道路交通系统，并计划在2040年实现零交通事故。

1.1.2 技术标准

车联网标准体系可分为无线和应用两大部分。目前，国际主流的车联网无线通信技术有DSRC和C-V2X，而应用层标准则由各国家和地区根据区域性的应用定义进行制定。

DSRC是基于IEEE 802.11p协议的延伸扩展，起源于20世纪90年代，其典型应用分为安全相关的应用和非安全相关的应用。由于DSRC技术针对车辆的高移动性和数据传输的高可靠、低时延等需求进行了优化，因此适合应用在V2V和V2I场景，尤其是一些和安全相关的场景。IEEE 802.11p是一种比较成熟的标准，由标准组织IEEE牵头制定。该标准支持车辆在5.9GHz专用频段进行V2V和V2I通信。基于IEEE 802.11p的车联网标准架构如图1-1所示。

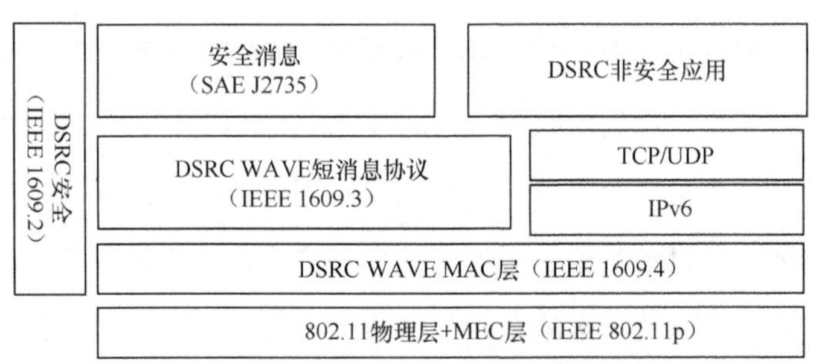

图1-1 基于IEEE 802.11p的车联网标准架构

DSRC在技术上存在明显不足，例如覆盖距离短、接入冲突以及数据包路由复杂等。随着LTE技术的普及，另一种车联网标准——C-V2X应运而生，该技术弥补了DSRC技术的不足，在蜂窝网技术的基础上加以改进，实现了车-车、车-路、车-人的直接或间接通信。

V2X最早由大唐公司在2013年5月提出，3GPP作为国际的通信标准组织，从2015年便开始了LTE-V2X的标准研究。2015年2月，3GPP SA1小组开启了关于LTE-V2X业务需

求的研究，3GPP针对LTE-V2X的标准化工作正式启动。目前3GPP已经发布了针对LTE-V2X定义的27种应用场景（3GPP TR 22.885），以及针对NR-V2X定义的25种应用场景（3GPP TR 22.886）。其中，3GPP TR 22.885定义的应用场景主要实现辅助驾驶功能，主要体现在主动安全（如碰撞预警、紧急刹车等）、交通效率（如车速引导）、信息服务3个方面。3GPP TR 22.886主要实现自动驾驶功能，包括高级驾驶、车辆编队行驶、离线驾驶、扩展传感器传输等。此后，3GPP分别在网络架构（SA2）、安全（SA3）以及无线电接入网（RAN）各小组立项开展V2X标准化研究。3GPP V2X研究主要分为以下阶段。

（1）第一阶段，3GPP R14于2016年9月完成LTE-V2V标准的制定，且于2017年3月完成LTE-V2X标准的制定，主要支持3GPP TR 22.885中的业务场景。

（2）2017年3月，3GPP在R15的标准立项中通过RP-170798启动了第二阶段LTE-V2X技术增强的研究，并于2018年6月完成。R15的LTE-eV2X在与R14 LTE-V2X保持兼容性的前提下，进一步提升V2X的时延、速率及可靠性等性能，以进一步满足更高级的V2X业务需求。其相关技术主要针对PC5的增强，采用与R14相同资源池设计理念和相同的资源分配格式，因此可以与R14 V2X用户共存且不产生资源碰撞干扰影响。第二阶段中的增强技术主要包括载波聚合、高阶调制、发送分集、低时延和资源池共享等。

（3）第三阶段的NR-V2X用于支持V2X的所有业务场景。NR-V2X与LTE-V2X在业务能力上体现差异化，5G NR在支持更先进业务能力的同时也结合LTE能力考虑对LTE-V2X进行增强。3GPP于2018年6月启动NR-V2X标准化工作，于2019年3月完成研究项目，于2020年6月冻结R16标准。同期，3GPP启动R17研究，针对直通链路特性进一步增强，该标准于2022年6月冻结。3GPP R18等后续版本将持续演进。3GPP C-V2X标准演进时间表如图1-2所示。

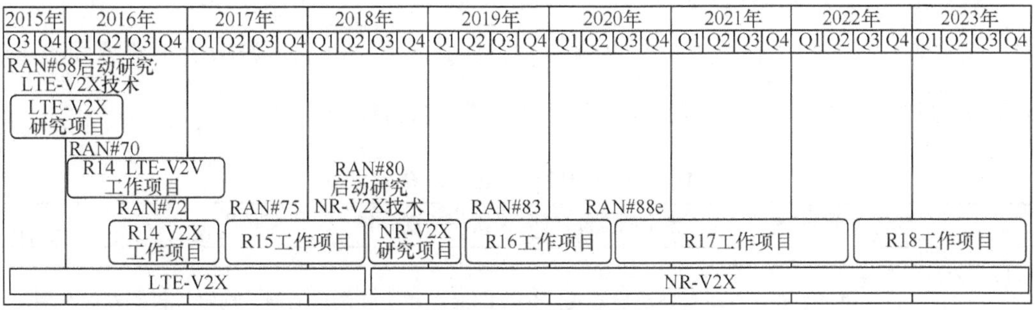

图1-2　3GPP C-V2X标准演进时间表

C-V2X与IEEE 802.11p的技术对比如表1-1所示。

表1-1　C-V2X与IEEE 802.11p的技术对比

对比内容	C-V2X	IEEE 802.11p	备注
同步	同步系统	异步系统	同步可以优化TDM，同时降低信道接入开销
资源复用方式	FDM&TDM（频分复用&时分复用）	TDM	采用FDM&TDM降低时延，提高功率谱密度，有效扩大覆盖范围
信道编码	Turbo	卷积码	Turbo码的增益可以扩大覆盖范围或者在相同覆盖范围内提高可靠性
重传方式	HARQ（混合自动重传请求）	无	HARQ可扩大覆盖范围或者在相同覆盖范围内提高可靠性
波形	SC-FDMA	OFDM	SC-FDMA可降低峰均功率比，降低对功率放大器的要求
资源选择	基于SPS的Sensing+Reservation	CSMA-CA	—

1.1.3　落地应用

随着车联网技术标准的成熟，各国纷纷加速产业化进程，出台各项政策支持智能网联项目的落地，通过建设和运营示范区、测试区等方式进行技术验证和商业模式探索，为后续产业化和商业化奠定基础。

在议案和法规方面，各个国家和地区出台相关法规允许L4和L5级自动驾驶的测试和应用，并更多地关注自动驾驶的安全问题，详见表1-2。

在验证示范项目方面，具备自动驾驶功能的商用车，尤其是L3级别的商用车，在工业物流、园区清洁、远程监控方面已有多项应用，详见表1-3。乘用车项目侧重智慧城市解决方案，在韩国和日本有较多的推广，可以有效解决社会人口老龄化带来的交通出行不便问题。

在商业应用方面，各企业推出了多项搭载无人驾驶技术的配送服务，为快递、电商、物流等行业提供“最后一公里”的解决方案。同时，也推出新型的车载感知设备，为智慧驾驶和智能网联的实现提供更高精度的数据，详见表1-4。

表1-2　各个国家/地区的议案与法规

各个国家/地区的议案与法规介绍
（1）2021年 2021年2月，德国公布《自动驾驶法》草案，允许L4级自动驾驶汽车上路，规定了自动驾驶车辆运营商的义务，保障自动驾驶的商业化应用。

续表

各个国家/地区的议案与法规介绍
2021年4月，英国宣布许可自动驾驶汽车上路并启动相关法规修订工作，首个投入应用的功能是自动车道保持系统（ALKS）。 2021年5月，德国联邦参议院的全体会议通过《自动驾驶法》立法，允许L4级自动驾驶汽车于2022年出现在德国的公共道路上。 2021年5月，美国俄克拉荷马州签署法规，允许小型自动驾驶配送车辆在人行道和人行横道上运行，从而为小型自动驾驶配送车辆赋予相应路权，促进实际应用。 2021年7月，自动驾驶汽车安全联盟（AVSC）发布《为L4、L5级自动驾驶测试评估引入安全管理系统（SMS）》，为相关单位提供了另一种安全管理方法，以促进自动驾驶的测试评估。 2021年11月，日本警察厅提出一项在人口较少地区使用L4级自动驾驶汽车的许可制度议案 （2）2022年 2022年1月，美国宾夕法尼亚州参议院交通委员会主席、参议员韦恩·兰格霍尔克与宾夕法尼亚州运输部（PennDOT）部长共同提交参议院965号法案，旨在为宾夕法尼亚州的高级自动驾驶车辆（HAV）的测试和商业部署制定路线图。 2022年3月，由日本警察厅提案，日本政府在阁议通过道路交通法修正案，包括允许特定条件下L4级自动驾驶车上路，以及允许特定条件下无人配送机器人在人行道上行驶。 2022年3月，美国NHTSA（国家公路交通安全管理局）发布首个自动驾驶乘员保护安全标准，以适用于配备ADS而不具备传统人工驾驶控制功能的车辆。 2022年3月，日本国土交通大臣批准了日本海外交通和城市发展研究所（JOIN）在欧洲开发高精度数字道路地图的项目。 2022年3月，国际标准化组织（ISO）正式发布了ISO/PAS 5112文件，主要规定了汽车信息安全管理系统（CSMS）审核计划、组织实施、审核员能力要求、提供的审核依据等内容。 2022年4月，英国确认修改《公路法》，确保自动驾驶汽车安全行驶，并预计在2025年前建立完整的监管框架，以支持广泛部署自动驾驶汽车技术。 2022年4月，东日本高速公路公司（NEXCO东日本）发布《加速实现自动驾驶社会的下一代高速公路的目标（构想）》，提出了10个次世代高速公路发展目标，分解为108项具体措施，并从短期变革和长期挑战两个角度整理了31个重点项目，给出路线图。 2022年6月，欧洲6G-IA下设的“5G for CAM WG”工作组发布白皮书《从5G到6G愿景-互联和自动移动（CAM）视角》。该白皮书介绍了正在考虑用于6G并有可能对CAM（计算机辅助制造）产生非常积极影响的即将出现的新技术，包括联合通信与感知、非地面网络（NTN）、AI边缘计算基础设施、智能超表面（IRS）、量子技术等。 2022年7月，欧盟委员会宣布已开始实施新的机动车通用安全条例。该条例引入了一系列强制性的高级驾驶辅助系统来改善道路安全，并建立了欧盟批准自动化和完全无人驾驶车辆的法律框架。 2022年8月，5GAA（5G汽车联盟）发布《自动代客泊车报告:技术评估和用例实现描述》。该技术报告展示了5GAA实现第二阶段（UCID II）用例和自动代客泊车（AVP）的相关成果，重点是使用蜂窝公共网络的解决方案

表1-3　各个国家/地区的验证示范项目

各个国家/地区的验证示范项目介绍
（1）2021年 2021年1月，新加坡环境局和交通部在3个指定地点展开自动驾驶清扫车测试。 2021年2月，日本经济产业省和国土交通省致力于解决物流业面临的卡车司机短缺、人口老龄化和进一步提升燃油效率等问题，并委托丰田公司开展卡车列队跟驰示范项目，有助于日本实现2025年L4级自动驾驶卡车在高速公路上行驶的目标。 2021年3月，加拿大政府资助CTPS项目对编队行驶技术进行测试，以保障车辆操作员及所有道路使用者的安全；日本国土交通省中部地区交通局批准了远程监控/遥控L3级自动驾驶汽车的申请，其是日本首个远程控制（无车内安全员）的L3级自动驾驶车辆项目；L3 Pilot项目在欧洲公共道路上完成了自动驾驶功能（ADF）的试验，示范区域覆盖比利时、德国、法国、意大利、卢森堡、瑞典和英国共7个国家，总行驶里程超过了40万千米；韩国国土交通部宣布，首尔市九老区等23个城市/区域被选为“智慧城市解决方案推广项目”中标城市，探索7类不同场景的智慧城市解决方案，具体包括智能灯杆、智能公交站、智能人行横道、电力安全监控、共享停车、按需定制出行、无人机。

续表

各个国家/地区的验证示范项目介绍
2021年6月，日本国土交通省发布了支持引入自动驾驶服务的项目募集通知，通过引入自动驾驶服务，解决老人、儿童和其他弱势交通参与者的出行、农产品物流配送、区域振兴3个方面的问题。 2021年8月，日本开展自动驾驶汽车实测，居民可通过智能手机App呼叫自动驾驶车辆，在地区内的23处地点自由上下车。 2021年9月，日本经济产业省与国土交通省合作推出一个全新的自动驾驶项目——“L4级自动驾驶出行服务研发与普及应用”。该项目以L4级自动驾驶实现和普及、MaaS服务推广、人才培养及社会接受度提升为关键任务，旨在实现和普及先进的交通服务，解决当地人口老龄化的社会问题，推动日本经济发展。 2021年10月，日本SIP-adus项目宣布于2021年11月起在东京沿海地区启动新的示范项目，联合国内外汽车制造商、汽车零部件制造商、大学等通过公共网络向车辆传递各种交通环境信息（V2N），比如天气信息、车流量信息等，以更好地实现自动驾驶。 （2）2022年 2022年3月，韩国首尔道路交通局宣布将为韩国科技公司Kakao的手机导航地图App提供交通信号灯信息，以便司机和行人可以更安全地行驶。 2022年4月，以色列交通部、国家公共交通管理局、以色列创新局和阿亚隆公路公司启动一项2000万新谢克尔（约557万美元）的国家计划，在以色列开展自动驾驶公共交通试点，研究将自动驾驶汽车整合到以色列公共交通系统中的可行性，并包括对各种运营模式的研究，考察经济和运营效率。 2022年5月，英国首批全尺寸自动驾驶巴士在苏格兰爱丁堡正式启动路测，并在当年夏季正式投入运营。 2022年7月，德国企业联合管理局表示，大众集团和博世公司可以开始联合开发自动驾驶技术，该机构将继续监督两家公司的合作。双方的合作重点是L2级和L3级自动驾驶系统，并就完全自动驾驶技术研究“共同开发目标的可行性”。 2022年7月，KCCS公司于日本千叶县美浜区幕张新都心地区进行无人售卖车实证试验。这是日本首次在公共道路进行无人售卖车实证试验

表1-4　各个国家/地区企业的解决方案

各个国家/地区企业的解决方案介绍
（1）2021年 2021年3月，以色列激光雷达和感知软件供应商Innoviz发布了车辆感知平台——InnovizAPP。InnovizAPP可以精确地检测和识别250m以外的汽车、卡车、摩托车、行人等交通参与者，帮助自动驾驶汽车识别和分类道路目标，并通过估算其速度来标记可能发生碰撞的目标。 2021年3月，博世公司和西门子移动公司联合发布集成网联汽车集体感知系统，实现车载摄像头和RSU（路侧单元）的直接连接。该系统利用博世IP摄像头和智能视频分析（IVA）系统实现视频即传感器（Video-as-a-Sensor）功能。当车辆检测到危险情况时，会把相关信息传输给RSU，并提醒RSU通过广播将数据发送给其他车辆。 2021年3月，美国创企NPS（Neural Propulsion Systems）面向L4级及以上的自动驾驶，推出了一个具备激光雷达、毫米波雷达、摄像头及融合感知芯片和算法的多传感器平台“NPS 500”，集成了自动驾驶必不可少的各种传感器。 2021年4月，Mobileye公司推出L4级自动驾驶解决方案Mobileye Drive™，其是专为未来自动驾驶打造的全栈式解决方案，能够为包括自动驾驶出租车（Robotaxi）、消费级轿车和商用货车等在内的一系列自动驾驶汽车提供支持。 2021年6月，Velodyne公司宣布推出固态激光雷达Velabit。Velabit配备了Velodyne公司自主研发的微型激光雷达阵列架构（MLA），结合Vella功能，可将点云数据转化为感知信号，包括对象分类和跟踪、障碍物检测、场景分割和对象速度。 2021年7月，Waymo公司发布了一款用于训练自动驾驶AI的模拟软件simulation city，通过模拟真实道路情况来快速增加AI训练数据量，同时还能大幅度地降低测试成本。 2021年8月，英国交通解决方案提供商Arrival公司在英国完成Arrival Van（厢式货车）无车内安全员自动驾驶示范演示，并在英国的公共道路上开展测试，以推动Arrival Van在全球的应用。 2021年11月，英国CAVForth项目展示L4级自动驾驶巴士，部署车辆能够在高速公路、城市道路、环岛等各类交通场景实现L4级自动驾驶功能，并匹配转向和制动冗余，提高安全性。

续表

各个国家/地区企业的解决方案介绍
2021年11月，以色列创业公司REE Automotive首次公开展示“最后一公里”配送车，允许客户个性化构建自动和电动车队，并能够将车辆与任何自动驾驶硬件系统匹配，为快递、电商、物流等行业提供解决方案。 2021年12月，自动驾驶初创企业Nuro与7-Eleven便利店合作，在美国加利福尼亚州推出自动驾驶送货服务 （2）2022年 2022年1月，英伟达公司发布DRIVE Hyperion 8自动驾驶平台，该平台可以提供低时延、高品质的360° 4D可视化服务，比如提供自动搜索停车位、代客泊车功能；美国自动驾驶初创公司Udelv发布无驾驶室的自动配送车Transporter，提供无缝化配送服务。该车具备远程控制能力，同时通过后台智能化调度系统实现路径优化，降低运营成本。 2022年3月，继亚利桑那州凤凰城之后，Waymo公司在美国加利福尼亚州旧金山向公司员工提供无安全员的Robotaxi服务。 2022年4月，现代汽车公司与美国量子计算初创公司IonQ宣布最新合作项目，利用量子机器学习来改进道路标识图像分类和真实测试环境模拟等任务的计算过程，目标是扩展到三维物体检测。 2022年5月，Uber分别与初创公司Motional和Serve Robotics合作，推出两个自动驾驶汽车送餐试点项目；芬兰自动驾驶技术公司Sensible 4在芬兰坦佩雷完成自动驾驶试点测试工作。该项目特色主要在于应对不稳定天气，包括温度低于-20℃、雨雪和湿滑道路。 2022年6月，MIT（麻省理工学院）推出首个能为自动驾驶汽车的可部署训练和测试构建真实环境的开源模拟引擎VISTA 2.0。VISTA 2.0根据真实世界的数据构建和渲染，因此可以直接转移到现实中，同时作为数据驱动的系统，VISTA 2.0可以模拟复杂的传感器类型、大规模交互场景和交叉路口

1.1.4 产业链发展

在产业链形成方面，2016年9月，5GAA成立。该联盟由各主要车企、电信运营商和通信设备商组成，现会员数量已经超过130，如表1-5所示。该联盟致力于推动C-V2X技术在车联网领域的应用。

表1-5 5GAA成员

车企	AIRBUS、Audi、北汽集团、BMW、Continental、DAIMLER、中国一汽、FCA、Ford、Geely、GM、Honda、HYU、捷豹路虎、MARELLI、三菱、murata、NISSAN、PSA、groupe renault、上汽集团、savari、Volvo、Volkswagen
电信运营商	AT&T、BELL、中国移动、中国联通、DoCoMo、KDDI、KT、SK、Telefonica、Verizon、Vodafone
芯片供应商	Applied、Chemtronics、infineon、Intel、microsec、molex、OKI、Qualcomm、ROHM、Skyworks
汽车电子企业	DANLAW、DENSO、deutsche messe、FEV、Fraunhofer、GRL、KPIT、Lear、Sumitomo electric、Terranet、Thales、viavi、ZF
电信设备商	Airgain、Alps Alpine、American Tower、ANALOG DEVICES、Anritsu、Askey、BlackBerry、大唐电信、Cisco、Cohda、Ericsson、FLEX、HUAWEI、Keysight、LG、Links、NOKIA、panasonic、ZTE、Noris network、Quectel、SUMSUNG、Sirius XM、ST engineering、TELUS
信息服务企业	Apple、Autocrypt、百度、宝能、BOSCH、Commsignia、CTAG、DEKRA、果通科技、here、DT&C、Edgeconnex、Equinix、InterDigital Communication、Marben、东软、Oakland university、orange、Qorvo、Rogers、SGS、SoftBank、Swift、Tencent、Tno、Veniam、WNC

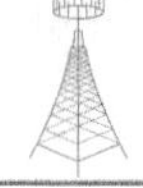

随着车联网的产业化推进，产业链上下游企业纷纷进入该领域，呈现出北美信息技术引领、初创企业众多，欧洲技术实力突出、企业加速转型，中国企业异军突起，亚洲市场优势明显的全球车联网产业布局态势，全球范围已经形成较为完整的车联网产业链。

1.2 国内车联网产业的发展情况

1.2.1 国家政策

国家政策方面，我国政府已经将推动车联网产业发展提升到国家战略高度，国务院、国家发展和改革委员会、工业和信息化部、交通运输部、科技部等从政策上对车联网产业进行多方面的促进。据统计，2015—2023年国家及各部委出台的车联网相关政策将近30项。

《中华人民共和国国民经济和社会发展第十四个五年规划和2035年远景目标纲要》（以下简称《“十四五”规划纲要》）中提到“积极稳妥发展工业互联网和车联网”。2021年7月，工业和信息化部发布《5G应用“扬帆”行动计划（2021—2023年）》，明确了车联网是5G深度融合应用的重要场景之一。2021年2月，国务院颁布《国家综合立体交通网规划纲要》，要求“加强交通基础设施与信息基础设施统筹布局、协同建设，推动车联网部署和应用，强化与新型基础设施建设统筹，加强载运工具、通信、智能交通、交通管理相关标准跨行业协同”。2020年3月，工业和信息化部发布《关于推动5G加快发展的通知》，要求“促进‘5G+车联网’协同发展，包括促进LTE-V2X规模部署，探索完善商业模式，加强跨部门协同，开展5G-V2X标准研制及研发验证等”。2020年国家发展和改革委员会明确“新基建”包含智能交通基础设施、5G、人工智能、大数据等。

“十四五”规划、“新基建”等国家政策，以及各部委的频繁发文，均彰显出国家对车联网行业发展的重视，“交通强国”已成为国家的重要发展战略。

1.2.2　标准体系

车联网产业是汽车、电子、信息通信、道路交通运输等行业深度融合的新型产业，是全球创新热点和未来发展的制高点。发展车联网产业，有利于推动智能交通、实现自动驾驶、促进信息消费和推动汽车节能减排，对我国实施创新驱动发展、推进供给侧结构性改革、建设“制造强国”和“网络强国”具有重大意义。为了加强顶层设计、全面推动车联网产业技术研发和标准制定，推动整个产业的健康可持续发展，2018年，工业和信息化部、国家标准化管理委员会联合印发了《国家车联网产业标准体系建设指南（总体要求）》（以下简称《建设指南》）。《建设指南》充分发挥标准在车联网产业生态环境构建中的顶层设计和基础引领作用，按照不同行业属性划分出智能网联汽车标准体系、信息通信标准体系、电子产品与服务标准体系等若干部分，为打造创新驱动、开放协同的车联网产业提供支撑。车联网产业标准体系建设结构如图1-3所示。

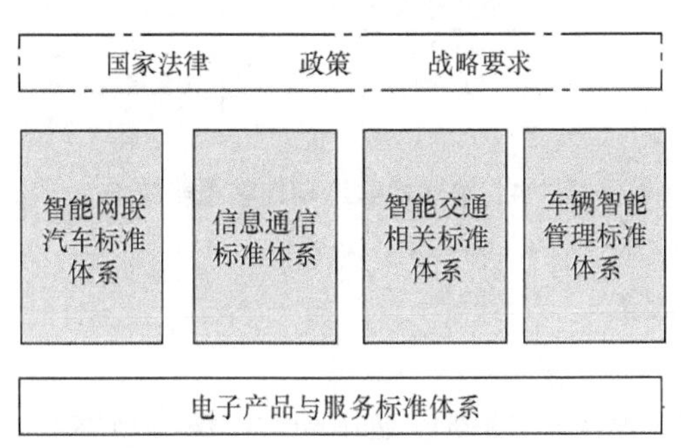

图1-3　车联网产业标准体系建设结构

1. 智能网联汽车标准体系

智能网联汽车标准体系主要针对智能网联汽车通用规范、核心技术与关键产品应用，有目的、有计划、有重点地指导车联网产业智能网联汽车标准化工作。加快构建包括整车及关键系统部件功能安全和信息安全在内的智能网联汽车标准体系，能够充分发挥智能网联汽车标准在车联网产业关键技术、核心产品和功能应用的基础支撑和引领作用，并逐步形成统一、协调的国家车联网产业标准体系架构。

该标准体系以信息感知和决策控制为主线构建技术逻辑，如图1-4所示，并把技术逻辑结构所涉及的各种功能落实到物理载体上。车辆控制系统、车载终端和外接设备等按照不同用途，通过不同的网络通道和平台传输、处理和执行采集的信息，从而实现不同的功能或应用。

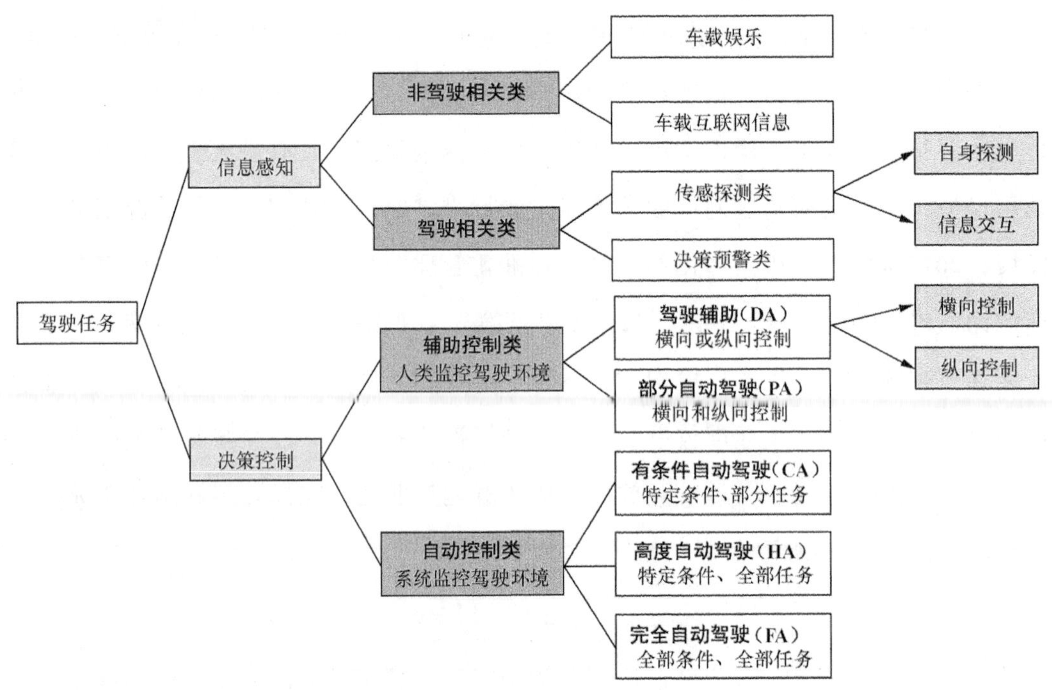

图1-4　智能网联汽车技术逻辑结构

2. 信息通信标准体系

该标准体系主要针对信息通信领域通用规范、核心技术与关键产品应用，有目的、有计划、有重点地指导车联网产业信息通信领域的标准化工作。加快构建包括通信协议、设备、应用服务及安全在内的信息通信标准体系，充分发挥信息通信标准在车联网产业关键技术、核心产品和功能应用的基础支撑和引领作用，并逐步形成统一、协调的国家车联网产业标准体系架构。

信息通信标准体系的技术结构是从技术角度对车联网产业中涉及的信息通信的关键标准进行全面梳理，分为感知层（端）、网络层（管）和应用层（云）3个层次，并以共性基础技术和信息通信安全技术为支撑，如图1-5所示。技术结构按照“云、管、端”进行划分，明确各项标准在车联网产业技术体系中的地位和作用，从而更好地发挥标准体系的顶层设计和指导作用。

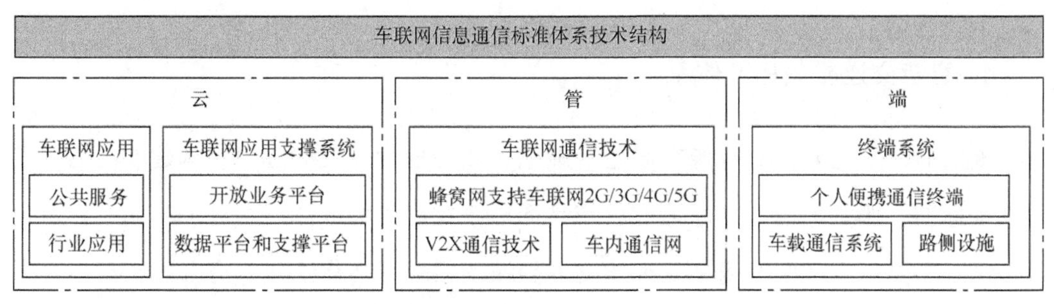

图1-5 信息通信标准体系技术结构

3. 电子产品与服务标准体系

该标准体系主要针对电子产品与服务通用规范、核心技术及关键应用，有目的、有计划、有重点地指导车联网产业电子产品与服务领域的标准化工作。加快构建包括汽车电子产品、网络设备、服务平台及信息安全在内的电子产品与服务标准体系，充分发挥电子产品与服务标准在车联网产业关键技术、核心产品和功能应用的基础支撑和引领作用，并逐步形成统一、协调的国家车联网产业标准体系架构。

从技术和产业链的角度分析，车联网电子产品与服务标准体系技术结构包括基础产品、终端、网络、平台与服务，如图1-6所示。车联网基础产品和终端是实现车联网的实体，它们能够采集并获取车辆的信息，感知行车状态与环境，实现安全行驶、在线商务、道路救援、灾害救援、车辆配置、检验维修等。

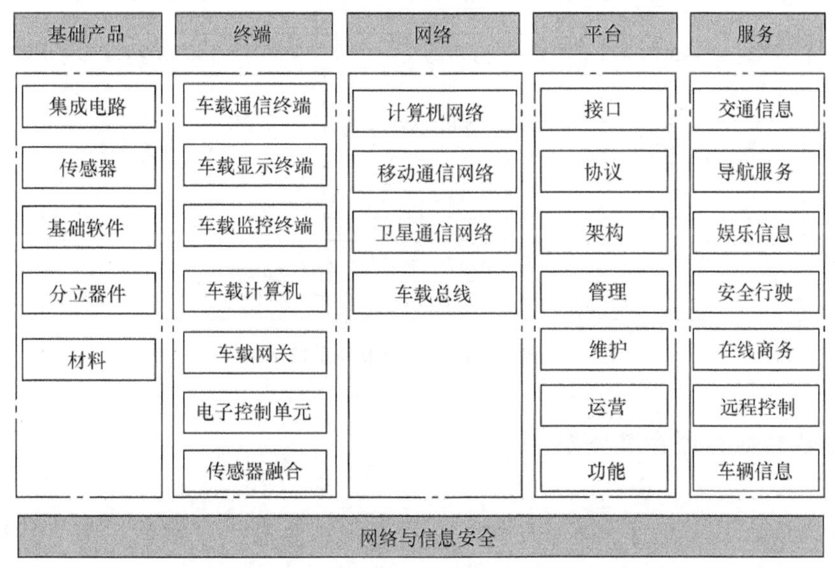

图1-6 车联网电子产品与服务标准体系技术结构

4. 智能交通相关标准体系

该标准体系主要针对智能交通通用规范、核心技术及关键应用。构建包括智能交通基础标准、服务标准、技术标准、产品标准等在内的标准体系，进一步明确标准制定、修订重点，指导车联网产业智能交通领域的相关标准化工作，充分发挥标准在车联网产业关键技术、核心产品和功能应用的引领作用，与《建设指南》其他部分共同形成统一、协调的国家车联网产业标准体系架构。

智能交通相关标准体系的技术结构从智能交通基本构成要素出发，考虑车联网环境下人、车、路的协调配合，如图1-7所示，主要包括以下4个方面。

（1）智能交通基础设施：重点是基于道路的交通信息感知、与车辆协同配合的智能化路侧系统。

（2）车路信息交互：重点是交通参与者与路侧基础设施的信息交互，将人、车与智能交通基础联系起来，内容包括路侧通信系统、车路信息交互规则等。

（3）智能车载及便携终端：车辆与交通参与者通过车载设备和便携终端实现与智能交通基础设施的信息交互，也可实现局部范围内协同运行。

（4）智能交通运输、管理与服务：侧重路网层面的宏观信息感知与服务。

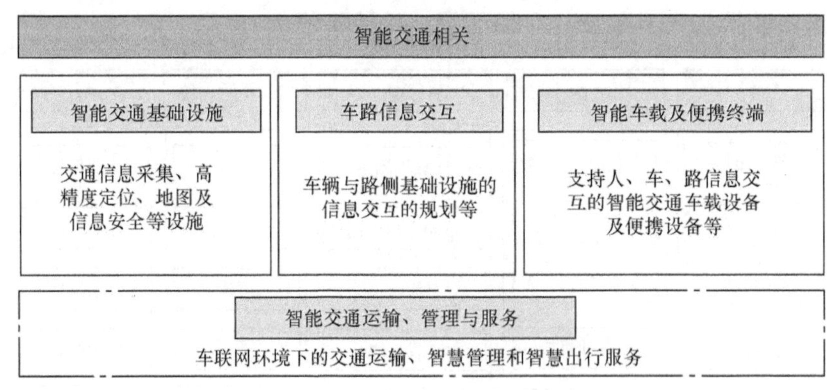

图1-7 智能交通相关标准体系技术结构

5. 车辆智能管理标准体系

该标准体系主要针对车联网环境下的车辆智能管理工作需求，指导智能网联汽车登记管理、身份认证、道路运行管理、车路协同管控与服务等方面的标准化工作，推动公安交通管理领域车联网技术发展与应用，提升我国智能网联汽车与智慧交通水平，并逐步与《建设指南》其他部分共同形成统一、协调的国家车联网产业标准体系架构。

构建车辆智能管理标准体系的思路是围绕道路交通管理中心的工作，以推动车联网技术在公安交通管理领域的应用、保障车联网智能网联汽车运行安全为核心，提出智能网联汽车登记管理、身份认证与安全、运行管理、车路协同管控与服务等方面的国家、行业标准，如图1-8所示。其中，开展登记管理是智能网联汽车运行安全测试和道路行驶的前提；在车联网环境中，车辆及其驾驶人、道路交通管理设施具有数字身份并对其进行验证是确保信息交互及安全的关键环节；针对智能网联汽车开展道路通行秩序管理、道路交通事故处理等道路运行管理工作是车辆智能管理的核心；车路协同管控与服务工作是支撑车联网技术在道路交通管理领域应用的根本保障。

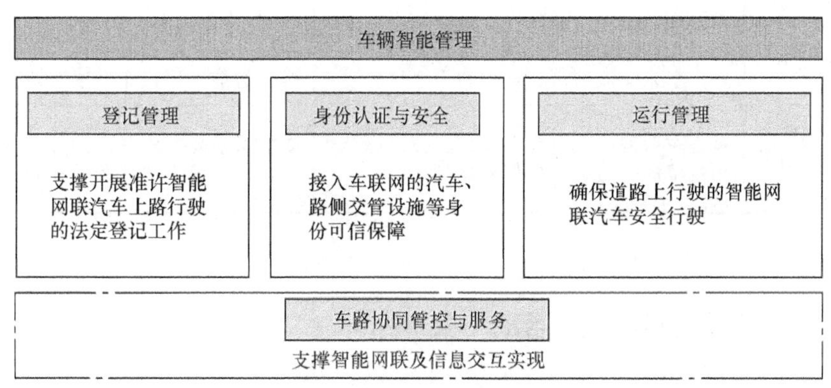

图1-8 车辆智能管理体系技术结构

1.2.3 标准组织

中国各标准组织正在加快推进智慧交通相关技术标准化。中国通信标准化协会（CCSA）、全国智能运输系统标准化技术委员会、中国智能交通产业联盟、车载信息服务产业应用联盟（TIAA）、IMT-2020（5G）推进组C-V2X工作组及中国智能网联汽车产业创新联盟（CAICV）等都已积极开展C-V2X相关研究及标准化工作，各标准组织及联盟主要工作如表1-6所示。

表1-6　车联网相关组织与联盟简介

标准组织/联盟	重点关注内容	相关成果
中国通信标准化协会	车联网总体性需求、总体架构、通用性安全的研究，标准化及其相关的开源活动	《国家车联网产业标准体系建设指南（智能交通相关）》《国家车联网产业标准体系建设指南（车辆智能管理）》
车载信息服务产业应用联盟	面向智能交通、智能汽车、农业机械和工程机械4个专业领域，以实现其数字化、网联化、智能化，最终无人化为主要工作目标	C-V2X产业发展进展、智能网联汽车信息安全、车载信息服务及车联网系统等研究成果
中国智能交通产业联盟	以标准制定为抓手，测试检测为基础，开展智能交通相关标准制定、技术测试检测、项目申报、科技成果转化、知识产权交易与保护、国际交流与合作等相关工作	车载信息服务、合作式智能交通、出行信息服务、公共交通、智能驾驶等研究成果
全国智能运输系统标准化技术委员会	地面交通和运输领域的先进交通管理系统、先进交通信息服务系统、先进公共运输系统、电子收费与支付系统、货运车辆和车队管理系统、智能公路及先进的车辆控制系统、交通专用短程通信和信息交换，以及交通基础设施管理信息系统中的技术和设备标准化	联网电子收费、交通信息和先进的交通管理等相关研究成果
中国智能网联汽车产业创新联盟	车联网政策和战略研究、关键共性技术研发、标准法规、测试示范、产业化推广、学术交流与国际合作和人才培养	《智能网联汽车高精度地图白皮书》、智能网联汽车信息物理系统参考架构、全球智能网联汽车发展路线图研究等
IMT-2020（5G）推进组C-V2X工作组	聚合车联网产业研究和推广、技术标准和规范的制定、互操作测试等	C-V2X系列白皮书，LTE-V2X测试规范，“三跨”“四跨”系列活动等

1.2.4　互联互通应用示范活动

中国积极推动基于C-V2X的车联网产业发展，并走在了世界前列，2018—2021年共举办了4次大型车联网互联互通测试活动，详见表1-7，这表明我国具备了实现LTE-V2X相关技术商业化的基础。

表1-7　互联互通测试活动介绍

互联互通测试活动	时间	组织方	场景	效果
V2X“三跨”	2018年11月	中国智能网联汽车产业创新联盟、IMT-2020（5G）推进组C-V2X工作组、上海国际汽车城（集团）有限公司	7个典型的车与车、车与路应用场景，包括车速引导、车辆变道/盲区提醒、紧急制动预警、前向碰撞预警、紧急特殊车辆预警、交叉路口碰撞预警和道路湿滑提醒	实现了世界首例“跨通信模组、跨终端、跨整车”的互联互通

续表

互联互通测试活动	时间	组织方	场景	效果
C-V2X“四跨”	2019年10月22～24日	IMT-2020（5G）推进组C-V2X工作组、中国智能网联汽车产业创新联盟、中国汽车工程学会、上海国际汽车城（集团）有限公司	4类V2I场景、3类V2V场景和4个安全机制验证场景。聚集了26家整车厂商、28家终端设备和协议栈厂商、10个芯片模组厂商、6个安全解决方案厂商、2个CA平台厂商	首次实现国内“跨芯片模组、跨终端、跨整车、跨安全平台”C-V2X应用展示
C-V2X新“四跨”	2020年10月27～29日	IMT-2020（5G）推进组C-V2X工作组、中国智能网联汽车产业创新联盟等	围绕高精度地图及定位、C-V2X大规模测试、CA平台跨域互认机制及异常行为管理平台、云控平台、数据传输加密等关键核心技术领域进行技术验证	提供180台C-V2X车载终端和路侧单元真实工作的背景环境，实现包含物理层、网络层、消息层、安全层全系中国C-V2X标准协议，面向芯片模组、终端、整车、安全等全产业链，开展先导性应用功能和性能测试
C-V2X新“四跨”	2021年	IMT-2020（5G）推进组C-V2X工作组、中国智能网联汽车产业创新联盟、中国汽车工程学会等	从单车安全高效驾驶、多车协作通行、车路信息交互等多方面开展面向公众的实车应用演示	首次创新开展长三角跨省域车联网C-V2X协同应用实践，验证了不同运营方互联互通的方式

2018年，“三跨”作为验证技术和应用成熟度促进跨行业合作的重要实践，进一步推动了我国LTE-V2X大规模应用部署和产业生态体系构建，对产业进展具有重大意义。2019年，“四跨”的规模和参与度相对“三跨”都有了进一步的扩大，这也体现了C-V2X产业生态的蓬勃发展。“四跨”活动有效展示了我国C-V2X标准协议栈的成熟度，为C-V2X大规模商业化应用奠定基础。2020年，“新四跨”活动参加单位超过100家，涵盖整车、模组、终端、安全、地图、定位等，产业参与度进一步提升，跨行业的协同融合，促进了产业生态体系的构建，进一步促进了C-V2X技术的落地应用。2021年，新“四跨”在跨芯片模组、跨终端、跨整车、跨安全平台的C-V2X展示活动基础上，首次在沪苏锡跨区域展开，进一步验证了技术标准和解决方案在跨区域之间的协同一致性。

1.2.5　示范区及先导区建设

随着5G技术的商用，车联网产业正快速发展。目前我国已经建设了7个国家级车联网的先导区，包括江苏（无锡）车联网先导区、天津（西青区）车联网先导区、湖南（长沙）车联网先导区和重庆（两江新区）车联网先导区，以及2023年4月批复的湖北（襄阳）、浙江（德清）、广西（柳州）国家级车联网先导区如表1-8所示。

表1-8　我国7个国家级车联网先导区介绍

先导区	成立时间	地点	规模
江苏（无锡）车联网先导区	2019年5月	江苏	240个交通路口、5条城市快速道路、1条城际高速公路，道路总长280km，6km半封闭城市道路、4.1km封闭高速道路和约几公顷国家智能交通综合测试基地等
天津（西青区）车联网先导区	2020年6月	天津	项目一期建设涵盖86个全息感知路口。二期项目规划408个开放路口，超100个应用场景，10万辆车的服务规模
湖南（长沙）车联网先导区	2020年11月	湖南	汇聚了湖南（长沙）国家级车联网先导区全域的路侧及车载智能终端采集数据，数量多、范围广，包含运动状态信息、路侧设施信息、感知数据、V2X数据、交通流量监管等多种类别
重庆（两江新区）车联网先导区	2021年1月	重庆	已建成近百千米城市示范道路（含智能网联测试道路）和i-VISTA智能汽车集成试验区、空港工业园区智慧物流5G自动驾驶一期等项目，建有礼嘉智慧公园，两江协同创新区等先导示范区域
湖北（襄阳）车联网先导区	2023年4月	—	结合5G和智慧城市建设，在主城区规模部署蜂窝车联网，实现智能化交通路口全覆盖；发挥产业基础优势，加强技术创新和产品研发。填补全国车联网深度应用城市空白，为湖北万亿级汽车产业高质量发展注入强劲动能
浙江（德清）车联网先导区	2023年4月	—	打造全域开放、信息开放、互联互通的云端服务平台，实现智能交通、智慧城市发展的统筹协调；开展基于北斗卫星导航系统的自动驾驶地图数据标准化、动态高精度地图基础服务、高精度地图数据动态更新等基础地理信息数据服务
广西（柳州）车联网先导区	2023年4月	—	在城市道路规模部署蜂窝车联网，实现5G、智慧城市发展的统筹衔接；依托汽车产业发展基础，有效发展车载终端用户；在中小城市形成可复制推广的车联网“柳州模式”，探索出三线工业城市在5G时代的新发展模式

2021年5月8日，住房和城乡建设部、工业和信息化部在北京联合召开智慧城市基础设施与智能网联汽车协同发展试点工作部署会议，北京、上海、广州、武汉、长沙、无锡6个城市成为第一批试点城市。2021年12月，重庆、深圳、厦门、南京、济南、成都、合肥、沧州、芜湖、淄博10个城市成为智慧城市基础设施与智能网联汽车协同发展第二批试点城市。

由交通运输部路网监测与应急处置中心、中国信息通信研究院、山东高速集团有限公司、北京千方科技股份有限公司等单位共同申报的“一号高速”车联网项目是国内首个实现跨省互联互通、里程最长、实际在用的车路协同智慧高速示范项目，“一号高速”将在京沪高速沿线重点点位全面覆盖C-V2X网络，对路侧设备进行智能化、网联化改造，该项目建成后将推动不少于10000辆货运车辆装配C-V2X车载终端，构建物流企业、区域级、国家级车联网应用平台。

目前，国内多条高速公路的设计和建设均考虑了车路协同的示范验证，包括延崇高速北京段，京雄高速北京段，京沪高速北京、山东及江苏段，京台高速山东泰安至枣庄段，贵阳至安顺复线，成宜高速蓉城二绕路段等多个项目，如表1-9所示。延崇高速北京段已支持L4+自动驾驶，京雄高速北京段和京台高速山东泰安至枣庄段均设置了自动驾驶专用车道，京台高速山东泰安至枣庄段可以支持货车编队和L3级以上车辆的自动驾驶。京沪高速示范验证路段将完成10000辆货运车的C-V2X车载终端搭载，实现车路协同应用场景100个。

表1-9 我国智慧高速建设情况

名称	路段情况	特色
延崇高速北京段	延崇高速北京段全长约33.2km，其中车路协同测试段18km。车路协同示范路段主线设置的高清摄像机、毫米波雷达、RSU等设备均利用沿线照明灯杆进行部署。作为第一条车路协同示范高速，可支持L4+自动驾驶	支持L4+自动驾驶
京雄高速北京段	京雄高速北京段全线27km，全线建设车路协同试验路段，在匝道分合流、主线、桥梁3种应用场景部署车路协同系统，并在最内侧车道设置自动驾驶车道，开展车路协同及自动驾驶试点应用研究	基于北斗的地面时空服务系统，支持自动驾驶专用车道
京沪高速车路协同示范路段	示范验证路段长度约670km，应用场景包括分合流安全预警与诱导场景、隧道安全预警与诱导场景、准全天候辅助通行场景、自由流差异化服务场景等。项目将完成10000辆货运车辆C-V2X车载终端搭载，实现车路协同应用场景100个	省域跨度大、覆盖范围长、应用场景多、车载终端体量大
京台高速山东泰安至枣庄段	车路协同试验路段约20km，涉及服务区、匝道分合流、桥梁、主线4种应用场景。针对货车占比高的特性，在示范路段最外侧设置自动驾驶专用车道	支持货车编队和L3级以上车辆的自动驾驶、专用车道
贵阳至安顺复线	全长90km，全线设置车路协同示范路段，并利用起点21km路段先试先行，开展车路协同测试与自动驾驶比赛示范应用，进行智慧交通产品测试、自动驾驶仿真测试、车路协同场景验证测试、货车编队测试及示范	智能网联汽车测试与自动驾驶比赛示范应用
成宜高速蓉城二绕路段	在蓉城165km路段开展车路协同试点。通过部署视频监控、车辆综合检测、气象检测、北斗定位、可变限速标识、RSU和边缘计算单元等前端系统，实现道路路况、车辆、气象等综合信息的采集和车路应用信息的发布	道路路况、车辆、气象等综合信息的采集和发布

截至2022年9月，全国已建设17个测试示范区、4个车联网先导区、16个双智试点城市，全国30多个城市累计发放超过1600张道路测试牌照，累计开放道路测试里程超过8500km。

1.2.6 产业链发展

目前，我国车联网产业化进程逐步加快，产业链上下游企业已经围绕LTE-V2X形

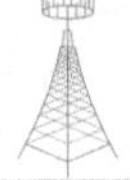

成包括通信芯片、通信模组、设备与终端、整车制造、运营服务、测试认证、高精度定位和地图服务等为主导的完整产业链生态，目前的产业链地图如图1-9所示。

图1-9　车联网产业地图（数据来源：IMT-2020（5G）推进组）

在通信芯片环节，华为发布5G基带芯片Balong 5000，大唐发布基于自研芯片的测试芯片模组，紫光展锐推出基于台积电6nm制程5G SoC芯片虎贲T7520。在通信模组环节，大唐、华为等企业可以提供基于各自芯片的通信模组，移远通信、高新兴、芯讯通等企业可以提供基于高通芯片支持C-V2X的模组。在终端及设备环节，包括大唐、华为、东软等均可提供支持LTE-V2X的OBU（车载单元）和RSU通信产品。在整车制造环节，中国一汽等企业搭建车联网大数据分析平台，实现了LTE-V2V、V2I、V2P应用，并与通信模组厂商合作进行了系列演示。三大电信运营商中，中国移动已完成并展示了系列基于LTE-V2X的车-车网联和车-路协同应用，中国联通提供了多场景融合的C-V2X应用解决方案。以中国信息通信研究院为首的各测试认证单位推出测试环境设计方案，结合华大电子、大唐高鸿等车联网安全企业提供的安全认证防护体系，为车联网项目的大规模应用提供了可靠的基础保证。

1.3　车联网发展面临的问题

车联网产业化发展日益走上正轨，在国家政策的大力引导下，车联网标准体系基本建成。通信企业、主机厂、互联网企业共推智慧交通产品，现已开发包括安全相关、效率相关及信息服务相关的多种应用，产业链中的芯片、终端、平台、应用等元素已构成闭环系统。同时，全国各地均在开展车联网的规模应用及示范，但由于车联网建设前期投资成本高，同时商业模式不明晰，因此，当前车联网业务落地的进展基本只限于业务能力示范，商业化进展缓慢。车联网产业仍存在一些问题亟待解决。

在网络上，C-V2X PC5与5G蜂窝网络相对独立，尚未形成融合部署体系，C-V2X PC5与5G蜂窝网络协同发展的优势没有体现出来。

在管理上，目前车联网建设呈点状分布，容易形成烟囱式建设和信息孤岛，后续难以实现跨域协同及数据的集约化管理，也影响规模化发展。

在成本上，车联网的基础设施，包括路侧单元、感知设备、计算单元等成本较高，尤其是C-V2X独立专网部署方案，资源利用率较低。

在部署上，车联网目前还没有规范的、成体系的规、建、维、优、研、运的标准化流程和体系。

在运营上，存在运营主体不统一和运营模式不明确的问题。

1.4　运营商的优势

运营商在车联网方面有天然的优势，主要体现在以下几个方面。

1. 融合组网、全城全网、全域覆盖

在国家政策及市场的双轮驱动下，我国的5G基站已经实现规模部署。截至2022年10月末，国内5G基站总数达225万，占移动基站总数的20.9%，中国5G基站数量占全球基站总数超70%。5G移动电话用户达5.24亿户，占移动电话用户的31.1%。而受功率、频点及基建成本的影响，C-V2X PC5模式无法独立实现广域连续组网。Uu和PC5作为通信双通道，紧密结合、互相补充，实现全城全网覆盖，可保证车联网业务的连续性。

在网络架构上，可支持RSU有线/无线回传。尤其基于5G网络可实现将大带宽感知数据（包括摄像头、雷达、RSU等）快速回传至运营商覆盖全国的各级边缘计算节点，在近源侧实现对业务数据的快速处理，并节省跨域带宽，降低业务成本。非实时业务数据可通过5G网络及运营商骨干承载网回传至中心云，实现对车联网的“云网边端业”一体化协同支撑。

2. 规建维优营能力及经验

随着蜂窝网经历从2G到5G的技术演进及设计，运营商在网络规划、建设、运营、优化方面深耕多年，拥有信息化基础设施的建设运营经验，新技术的创新和应用能力较强，尤其是在云、网融合趋势越来越明显的今天，运营商对网络的管、维更加信息化、自动化和实时化。同时运营商对5G+C-V2X网络集中规划、采购、测试和建设，有利于促进产业链标准化发展，快速形成规模连续覆盖。

3. 数据运营

车联网业务的运营过程会产生或使用大量有价值的数据，包括车辆状态数据、交通参与者状态数据、地图数据、信号灯数据、交管数据。这些数据在运营商网络中传输，运营商可以天然地获取这些数据。此外，这些数据对安全性要求高，需要具备安全性保障的公司进行运营。未来，面向自动驾驶服务的数据运营，对运营方的复杂数据处理能力和快速分析决策能力提出了更高要求，而电信运营商在数据运营方面具备先天条件，在高性能计算和数据分析方面具有相对优势。

4. 按需的网络能力灵活调用及性能保障

LTE-V2X和NR-V2X为车联网的局部低时延通信提供了可靠保障，尤其是NR-V2X可支持高级智能驾驶业务。而5G的大带宽、低时延、高可靠能力及基于SDN和NFV实现的网络灵活配置，可根据不同类型的业务应用和需求提供多样化的网络服务。

5. 客户重叠，有一定的客户基础

在车载信息服务阶段，运营商已积累大量车联网用户，且运营商移动业务用户与车联网用户重叠度较高，因此，运营商有开展车联网业务的用户优势。一方面，在车联网发展初期可基于已有服务快速提高车联网渗透率；另一方面，运营商客户服务能力也能确保提供优质的车联网服务。

6. 成本最优

运营商有完备的网络建设和运维体系，可充分复用现有基础设施，例如机房、站点、传输网等，以最少的资源建设车联网网络系统。

7. 网络安全保障

运营商拥有成熟的网络安全保障体系，如供电安全（油机、电池）、承载安全（光缆双路由、光传送网保护）、信息安全（网络安全等级保护、安全加密）等。

8. 互联互通和集约化管理

有利于实现“云网边端业”一体化协同和全国集约化管控，易于实现跨运营商的互联互通，形成全国集中的公共数据资源池，杜绝数据孤岛。

第2章

车联网发展需求

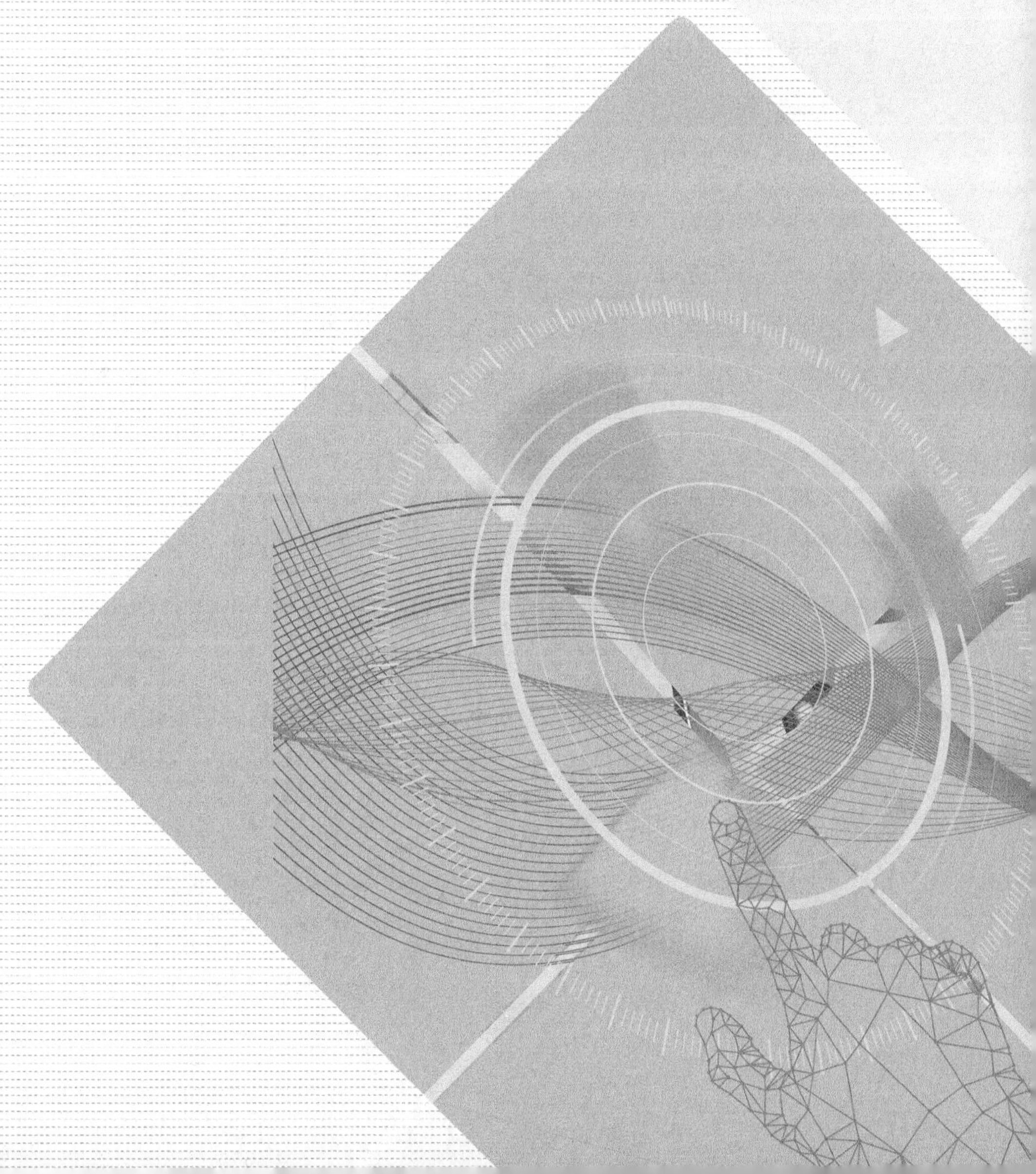

2020年4月20日，国家发展和改革委员会明确“新基建”的3个方向：信息基础设施、融合基础设施和创新基础设施。其中信息基础设施又包括通信网络基础设施、新技术基础设施和算力基础设施，覆盖5G基建、物联网、人工智能、云计算、数据中心等。

乘风“新基建”，运营商大力建设5G网络，有效促进产业链上下游企业发展，带动我国经济增长。5G与C-V2X联合组网构建广覆盖与直连通信协同的融合网络，为车路协同提供网络保障，进一步赋能智能驾驶和智能交通。车联网作为5G技术落地的典型应用场景，获得政府和市场的高度关注。近年来，我国加速出台了一系列政策，明确车联网发展规划和措施，协调解决车联网发展的重大问题，督促检查相关工作落实情况，统筹推进产业发展，相关政策已在1.2.1节进行了介绍。

车联网作为5G这一新基建核心领域的应用落地“领头羊”，市场潜力巨大，有望成为万亿级赛道。

车联网技术有望降低交通事故发生率。疲劳驾驶、超速、酒驾/醉驾等成为造成交通事故的几大核心原因。我国每年就有高达9万多人因疲劳驾驶等交通事故死亡或重伤，因疲劳驾驶导致的特大交通事故更是高达40%以上。车联网不仅能帮助人们降低交通事故发生的概率，还能提升交通事故后的救援速率。根据交通部调查，每年交通事故死亡人数当中，有60%的人是因为救援不及时而导致的死亡。据华为预测，车联网的“车路协同”模式有预测和规避风险的强大技能，可以将交通事故发生的概率降低80%。

交通拥堵问题已成为城市治理的一大“难题”，按照北京市统计人口2154万来计算，每年北京市市民因为交通拥堵合计损失时间约为37.48亿小时。按照上海市统计人口2428万来计算，每年上海市市民因为交通拥堵合计损失时间约为36.66亿小时。随着经济的发展和人们生活水平的不断提高，汽车成为人们生产、生活中必不可少的交通工具，汽车保有量的进一步持续增长也无法避免。车联网利用搭载在车辆/路侧终端上的摄像头、雷达、激光雷达等，对车流、道路交通状况以及交通标识进行高精度、全天候的信息采集。车联网云端平台对实时交管信息进行处理、计算、分析与研判，并将业务数据广播给附近的用户终端，实现对车辆、行人等交通参与者的预警与管控，缓解交通拥堵状况，并有效减少事故的发生。

车联网对节约资源、绿色出行也起着必不可少的作用。汽车在连续交叉路口通行系统中，通过获取交通信号灯信息、位置信息、车流汇入信息等，车载单元计算出优化的车速，控制电子油门和制动系统，从而可实现在控制车速、保证安全前提下的高效通行并降低油耗。这样，整个系统可在保障车辆通行效率的前提下，提高车辆燃料经济性，减少尾气排放。

汽车是居民出行的主要工具之一，停车则成为汽车出行必不可少的一环，汽车保有量每年持续增长，全球停车位需求量从2015年约2.25亿个升至2020年的约3.75亿个，停车位数量仅从2015年的约7500万个升至约1.2亿个，年均停车位数量只有停车位需求数的30%，停车问题或已经间接阻碍了经济发展。智慧停车利用物联网传感控制器、移动支付等技术，实现车载终端与路侧单元的数据交互。在停车环节，路侧设备对停车场内的可用资源进行实时监控与整理，并反馈给车辆，盘活停车场的空隙资源，提高用户的停车效率。在收费环节，车辆进入收费区域、完成相互身份认证后，后台系统自动执行收费操作，在保证支付安全的条件下缩短因付费而产生的等待时间，提高车辆的通行效率，缓解停车场的交通拥堵问题。

5G是全球抢占科技制高点的关键，也是车联网发展的重要生产力。5G建设作为我国“新基建”的“排头兵”，被提升至国家战略高度。为了满足5G网络服务工业、医疗、交通等垂直行业的多样化业务需求，5G网络相比于当前的无线网络要求流量密度提升1000倍、连接设备数量增加10～100倍、用户体验速率增加10～100倍、物联网低功耗终端的电池寿命增加10倍、端到端时延降低1/5。

目前，我国已建成全球规模最大、技术领先的5G网络。据工业和信息化部统计，截至2023年9月底，我国累计建成开通5G基站318.9万个，5G移动电话用户达7.37亿户，5G行业虚拟专网超2万个，5G标准必要专利声明数量全球占比达42%。

根据全球移动通信系统协会（GSMA）发布的《2022中国移动经济发展》，2021年，中国新增的5G连接超过2.85亿，5G连接总数占全球5G连接的75%，预计到2025年，中国5G连接总数将从2021年的4.88亿增至8.92亿。中国将继续领跑全球5G技术市场，正在大力推进的包括5G在内的新基建将为全球通信业注入新的活力。

依据《增强的V2X业务应用层交互数据要求》《基于车路协同的高等级自动驾驶内容数据交互内容》等标准中定义的车联网应用场景，可将整个车联网业务抽象为三大类基础应用场景，即信息服务类、驾驶安全类和交通效率类场景。另外，基于更高的业务要求，车联网业务还包括自动驾驶类的业务场景。

不同大类场景对通信网络和平台计算能力的要求有一定的差异。信息服务类场景通常都属于连续性有大带宽需求的场景，需满足高速移动性需求，平台需满足大数据存储能力需求，除部分场景外，对时延的要求不高。驾驶安全类场景通常通信范围小，对可靠性要求高，业务连续性需求低，平台需求普遍较低，除部分涉及感知需求的场景外，其他场景的计算和存储能力需求都不高。交通效率类场景通常可靠性要求高，时延根据场景的不同有不同要求，业务连续性和平台需求总体较低。

中国汽车工程学会（China SAE）在考虑中国交通环境和产业各方相关需求的前提下，制定了《合作式智能运输系统车用通信系统应用层及应用数据交互标准（第一阶段）》。该标准针对驾驶安全、交通效率、信息服务3个维度定义了17个典型的应用场景，其中包括12个驾驶安全类业务、4个交通效率类业务以及1个信息服务类业务，如表2-1所示。

表2-1　17个车联网典型应用场景

序号	类别	主要通信方式	应用名称
1	驾驶安全	V2V	前向碰撞预警
2		V2V/V2I	交叉路口碰撞预警
3		V2V/V2I	左转辅助
4		V2V	盲区预警/变道预警
5		V2V	逆向超车预警
6		V2V-Event	紧急制动预警
7		V2V-Event	异常车辆预警
8		V2V-Event	车辆失控预警
9		V2I	道路危险状况预警
10		V2I	限速预警
11		V2I	闯红灯预警
12		V2P/V2I	弱势交通参与者碰撞预警
13	交通效率	V2I	绿波车速引导
14		V2I	车内标牌
15		V2I	前方拥堵预警
16		V2V	紧急车辆预警
17	信息服务	V2I	汽车近场支付

2.1 驾驶安全类

前向碰撞预警（FCW）是指主车（HV）在车道上行驶，与在正前方同一车道的远车（RV）存在追尾碰撞危险时，FCW应用将对HV驾驶员进行预警。本应用适用于普通道路或高速公路等车辆追尾碰撞危险的预警。

交叉路口碰撞预警（ICW）是指，主车（HV）驶向交叉路口，与侧向行驶的远车（RV）存在碰撞危险时，ICW应用将对HV驾驶员进行预警。本应用适用于城市及郊区普通道路及公路的交叉路口、环道的入口、高速路入口等交叉路口的碰撞危险的预警。

左转辅助（LTA）是指主车（HV）在交叉路口左转，与对向驶来的远车（RV）存在碰撞危险时，LTA应用将对HV驾驶员进行预警。本应用适用于城市及郊区普通道路及公路的交叉路口。

盲区预警/变道预警（BSW/LCW）是指当主车（HV）的相邻车道上有同向行驶的远车（RV）出现在HV盲区时，BSW应用将对HV驾驶员进行提醒，当主车（HV）准备实施变道操作时（例如激活转向灯等），若此时相邻车道上有同向行驶的远车（RV）处于或即将进入HV盲区，LCW应用将对HV驾驶员进行预警。本应用适用于普通道路或高速公路等车辆变道可能存在碰撞危险的预警。

逆向超车预警（DNPW）是指主车（HV）行驶在道路上，因为借用逆向车道超车，与逆向车道上的逆向行驶远车（RV）存在碰撞危险时，DNPW应用将对HV驾驶员进行预警。本应用适用于城市、郊区普通道路及公路超车变道碰撞危险的预警。

紧急制动预警（EBW）是指主车（HV）行驶在道路上，与前方行驶的远车（RV）存在一定距离，当前方RV进行紧急制动时，会将这一信息通过短程无线通信广播出来。HV检测到RV的紧急制动状态，若判断该RV事件与HV相关，则对HV驾驶员进行预警。本应用适用于城市郊区普通道路及高速公路可能发生制动追尾碰撞危险的预警。

异常车辆预警（AVW）是指当远车（RV）在行驶中打开故障报警灯时，对外广播消息中显示当前“故障报警灯开启”，主车（HV）根据收到的消息内容，识别出其属于异常车辆，或者HV根据RV广播的消息，判断RV车速为静止或慢速（显著低于周围其他车辆），识别出其属于异常车辆。当识别出的异常车辆可能影响本车行驶路线时，AVW应用提醒HV驾驶员注意。本应用适用于城市及郊区普通道路及公路的交叉路口、环道的入口、高速路入口等环境中的异常车辆提醒。

车辆失控预警（CLW）是指当远车（RV）的制动防抱死系统（ABS）、车身稳定性系统（ESP）、牵引力控制系统（TCS）、车道偏移预警系统（LDW）功能触发时，RV对外广播此类状态信息，若主车（HV）根据收到的消息识别出该车属于车辆失控，且可能影响自身行驶路线，则CLW应用对HV驾驶员进行提醒。本应用适用于城市、郊区普通道路及高速公路可能发生车辆失控碰撞危险的预警。

道路危险状况预警（HLW）是指主车（HV）行驶到潜在危险状况（如桥下存在较深积水、路面有深坑、道路湿滑、前方急转弯等）路段，存在发生事故风险时，HLW应用将对HV驾驶员进行预警。本应用适用于城市道路、郊区道路和高速公路等容易发生危险状况的路段或者临时性存在道路危险状况的路段。

限速预警（SLW）是指主车（HV）行驶过程中，在超出限定速度的情况下，SLW应用将对HV驾驶员进行预警，提醒驾驶员减速行驶。本应用适用于普通道路及高速公路等有限速的道路。

闯红灯预警（RLVW）是指主车（HV）经过有信号控制的交叉口（车道），车辆存在不按信号灯规定或指示行驶的风险时，RLVW应用将对驾驶员进行预警。本应用适用于城市、郊区道路、公路的交叉路口，环道的出入口，可控车道、高速路入口和隧道等有信号控制的车道。

弱势交通参与者碰撞预警（VRUCW）是指主车（HV）在行驶过程中，与周边行人（含义拓展为广义上的弱势交通参与者，包括行人、自行车、电动自行车等，以下描述以行人为例）存在碰撞危险时，VRUCW应用将对车辆驾驶员进行预警，也可对行人进行预警。本应用适用于城市、郊区普通道路及公路的碰撞危险预警。

该类业务的12个细分场景的网络需求如表2-2所示。

表2-2　驾驶安全类业务场景的网络需求

应用	通信类型	频率/Hz	最大时延/ms	定位精度/m	通信范围/m
前向碰撞预警	V2V	10	100	≤1.5	≥300
交叉路口碰撞预警	V2V/V2I	10	100	≤1.5	≥150
左转辅助	V2V/V2I	10	100	≤1.5	≥150
盲区预警/变道预警	V2V	10	100	≤1.5	≥150
逆向超车预警	V2V	10	100	≤1.5	≥300
紧急制动预警	V2V-Event	10	100	≤1.5	≥150
异常车辆预警	V2V-Event	10	100	≤1.5	≥150
车辆失控预警	V2V-Event	10	100	≤1.5	≥300
道路危险状况预警	V2I	10	100	≤1.5	≥300
限速预警	V2I	10	100	≤1.5	≥300
闯红灯预警	V2I	10	100	≤1.5	≥150
弱势交通参与者碰撞预警	V2P/V2I	10	100	≤1.5	≥150

2.2　交通效率类

绿波车速引导（GLOSA）是指当装载车载单元（OBU）的主车（HV）驶向信号灯控制的交叉路口，收到由RSU发送的道路数据及信号灯实时状态数据时，GLOSA应用将给予驾驶员一个建议车速区间，以使车辆能够经济、舒适地（不需要停车等待）通过信号路口。

车内标牌（IVS）是指当装载车载单元的HV收到由RSU发送的道路数据及交通标牌信息时，IVS应用将给予驾驶员相应的交通标牌提示，保证车辆的安全行驶。该应用适用于任何交通道路场景。

前方拥堵预警（TJW）是指主车（HV）行驶前方发生交通拥堵状况时，RSU将拥堵路段信息发送给HV，TJW应用将对驾驶员进行提醒。该应用适用于城市、郊区普通道路、高速公路拥堵路段的预警。

紧急车辆预警（EVW）是指主车（HV）行驶中，收到紧急车辆提醒，以对消防车、救护车、警车或其他紧急呼叫车辆等进行让行。

该类业务所包含的4个细分领域的网络需求如表2-3所示。

表2-3　交通效率类业务场景网络需求

应用	通信类型	数据更新频率/Hz	最大时延/ms	定位精度/m	通信范围/m
绿波车速引导	V2I	1	200	≤1.5	≥150
车内标牌	V2I	1	500	≤1.5	≥150
前方拥堵预警	V2I	1	500	≤5	≥150
紧急车辆预警	V2V	5	100	≤1.5	≥300

2.3　信息服务类

汽车近场支付（VNFP）是指汽车作为支付终端对所消费的商品或服务进行账务支付的一种服务方式。汽车通过V2X通信技术与RSU（RSU作为受理终端）发生信息交互，间接向银行金融机构发送支付指令，产生货币支付与资金转移行为，从而实现车载支付功能。其主要应用包括ETC、拥堵费、充电支付、停车支付、加油支付等汽车使用消费环节的付费需求。

汽车将成为金融支付的终端，具备车载支付能力，在智能交通各应用场景下，有效加速相关付费过程的效率与执行的准确性。在停车支付、ETC场景，通过收费单元与汽车的有效自动化联动，可以加速车流，提高交通效率。在未来电动车无线充电场景中，可以解决根据充电量实时支付费用的问题，并因无须操作充电枪而提升用户体验。在购买车辆保险场景中，可以根据本车实时车况数据直接完成汽车保险的购买，实现车险个性化定价，提高商业服务质量。

该业务的网络需求如表2-4所示。

表2-4 信息服务类业务网络需求

应用	通信类型	数据更新频率/Hz	最大时延/ms	通信范围/m
汽车近场支付	V2I	1	500	≥150

2.4 自动驾驶类

如果说驾驶安全、交通效率和信息服务属于车联网的基本应用需求，那么自动驾驶即属于车联网的增强应用需求。随着汽车技术和通信技术的演进，车联网的基本应用已经无法满足以自动驾驶为代表的高级驾驶需求。这种增强型的需求对网络提出了更加严苛的需求。

当前，不同标准组织对于车联网自动驾驶类的细分场景定义是不同的。比如，3GPP定义了4个相关的场景，分别是车辆编队行驶、高级驾驶、远程驾驶及共享传感器，并且给出了这些场景的车联网业务在有效负荷、发送频率、最大端到端时延、可靠性、数据速率及最小通信范围等方面对网络的需求。

中国汽车工程学会开展了《合作式智能运输系统 车用通信系统应用层及应用数据交互标准（第二阶段）》的标准研究工作。在该项目中，选取（定义）了13个典型应用，其中，与自动驾驶类相关的有“协作式车辆编队管理（CPM）”。

协作式车辆编队管理应用是指由手动驾驶或者自动驾驶的头车带领，其后由若干自动驾驶车辆组成，呈一个队列的行驶形态前进，车队成员保持一定的车距及稳定的车速，在有序行驶的状态下巡航。车辆编队系统需要实现车辆编队的过程管理和数据通信，包括创建车队、加入车队、编队巡航、离开车队、解散车队等状态的切换，此组建过程是动态开放式交互，不受系统边界的限制。参与协作式车辆编队管理应用的车辆都需具备无线通信能力。

编队行驶能减少车辆对于司机的需求，降低驾驶员的劳动强度，提高驾乘体验的安全性、舒适性、运输效率和燃油效率等，从而降低车辆油耗，降低大气污染。在编队行驶状态下，跟随车能瞬间接受领航车的指令，降低车辆安全事故。此外，编队行驶可以释放更多车道给其他车辆通行，显著改善交通拥堵并提升运输效率，进一步缓解交通压力，减少人员成本和交通拥堵。编队行驶对于提高车辆的经济性和企业效益，减少由于排放造成的环境污染具有巨大的意义。

在该场景中，车辆可能具备的状态有3种，分别是领航、跟随和自由，如图2-1所示。

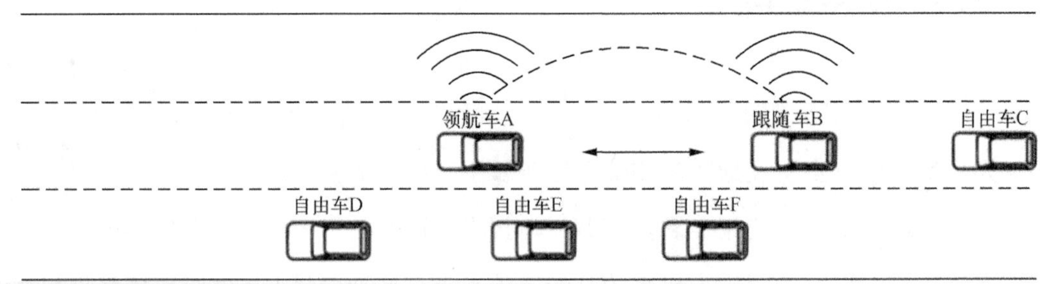

图2-1　协作式车辆编队管理场景示意图

初始状态下，自由车可以发起广播、创建车队，从而将自己的角色变为领航车。自由车在接收到领航车的组队信息后可以申请加入车队，从而变为跟随车。每一辆自由车都可能逐一地变为跟随车，跟随其后。组成编队之后，车队即由领航车带领，进入巡航状态。跟随车可以申请离开车队，从而变为自由车。领航车也可以通过广播的形式，解散车队。

在整个过程中，领航车定义为车辆组队场景中的头车，负责整个车队的管理工作，为整个组队场景中的数据源头，向所有跟随车提供车辆位置和车队流程确认等数据传输和管理服务。跟随车定义为车辆组队场景中的头车之后的跟随车辆，是车辆组队场景中的重要组成车辆。尾车是车队中最后一辆车，根据需求可以设置该"角色"，也可以不设置，将尾车作为跟随车处理。自由车为车辆组队场景之外的其他车辆，自由车不参与组队领航车与跟随车的数据交互确认。

在这种场景下，业务的网络需求如表2-5所示。

表2-5　自动驾驶类业务网络需求

应用	通信类型	水平方向精度/m	数据通信频率/Hz	最大时延/ms	通信范围/m
协作式车辆编队管理	V2V	1	≥10	50	≥400

除了汽车工程学会的标准规范以外，5GAA定义了一套车联网相关的业务，并以

服务等级需求（SLR）的方式给出了应用需求。

本书选取自动驾驶类业务相关的6个用例，分别是自动交叉路口、自动驾驶车辆脱离报告、车道合并操作、紧急情况下自动驾驶车辆的协同控制、协作控制，以及高精度地图采集与共享。

（1）自动交叉路口是指当自动驾驶车辆经过交叉路口时，其可以有效识别交通信号灯的指示，并且在合适的时机采取前进或等待等行动。

（2）自动驾驶车辆脱离报告是指当自动驾驶系统出现异常情况时，它将迅速向控制中心（或相关系统）发送一系列的关键数据，包含车辆系统数据、感官数据及环境数据等。

（3）车道合并操作是指当两条道路合并成一条道路时，自动驾驶车辆的行进路线上会出现新的车辆，此时，它可以迅速地做出调整，以适应新的道路情况。

（4）紧急情况下自动驾驶车辆的协同控制是指当道路上发生紧急情况时（如出现车辆碰撞），自动驾驶车辆及时与其他自动驾驶的车辆保持通信，并选择共同最优的处理方式。

（5）协作控制是指当一台自动驾驶的车辆想要执行某个特定的行为时（比如，变更车道），它会将其意图事先通知给其他相关的车辆，接到通知的车辆会结合当时的情况综合判断，并与发送通知的车辆保持沟通，并最终就“是否执行该行动”达成一致意见。

（6）高精度地图采集与共享是指配备激光雷达或者高清传感器的车辆搜集环境信息，并与地图服务提供商共享该信息，用于构建更准确的和数据实时更新的高精度地图。

以上用例的网络需求如表2-6所示。

表2-6 自动驾驶类业务网络需求

用例	通信距离/m	时延/ms	可靠性	速度限制/（$m \cdot s^{-1}$）	车辆密度/（辆·平方千米$^{-1}$）	定位精度/m
自动交叉路口	500	10	99.9999%	城市：19.4； 乡村：33.3	3200	0.15
自动驾驶车辆脱离报告	无	无严格要求	99.99%	69.4	12000	1.5
车道合并操作	300	20	99.9%	城市：19.4； 乡村：33.3； 高速：69.4	城市：10000； 乡村：9000； 高速：4500	1.5

续表

用例	通信距离/m	时延/ms	可靠性	速度限制/（$m \cdot s^{-1}$）	车辆密度/（辆·平方千米$^{-1}$）	定位精度/m
紧急情况下自动驾驶车辆的协同控制	150	10	95%	城市：19.4； 乡村：33.3； 高速：69.4	城市：12000； 乡村：9000； 高速：4500	0.2
协作控制	500	4×40	99%	41.67	城市：12000； 高速：4500	1.5
高清地图采集与共享	城市：>500； 高速：>1000	100	99%	城市：19.4； 高速：69.4	12000	0.1～0.5

第3章

5G车联网系统架构及关键技术

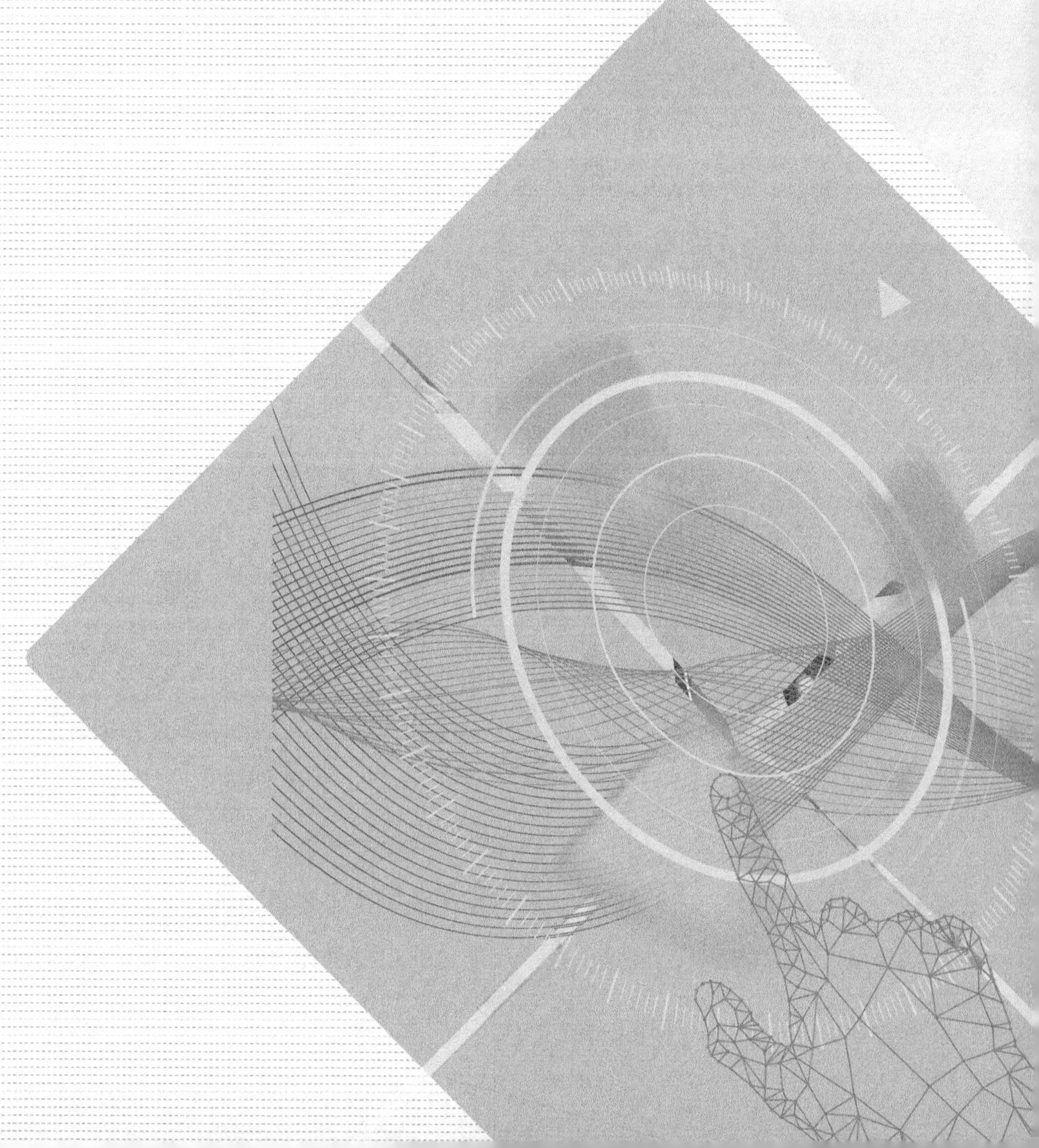

3.1 5G车联网系统架构

智能驾驶目前有单车智能和车联网（或智能网联）两种技术路线。单车智能主要依靠车辆自身配置的摄像头、毫米波雷达、激光雷达等传感器，结合计算单元、线控系统进行环境感知、计算决策、路径规划和控制执行，自成闭环系统。车联网技术是在单车智能的基础上融合现代通信与网络技术，实现车与人、路、云平台等之间的信息交换共享，保障安全、舒适、节能、高效的交通出行。路侧的智能部分代替或者补充车侧的智能，基于5G Uu或者C-V2X PC5实现车、路、云之间的连接，云端感知数据的融合及消息下发，形成信息流闭环。单车智能系统的架构相对简单，容易推广应用，底层架构和技术能够解决大部分问题，但其他5%长尾问题难以攻克，包括零碎场景、极端天气等，在规则决策下车端的算力和功耗存在瓶颈，可扩展性低，车端成本较高。车联网技术一定程度上可协同解决单车“短板”，智能网联汽车应用场景丰富，容易产生规模效应，但其系统结构复杂，需要产业应用跨部门协调。车路云的协同感知是从全局视角感知环境，意图识别准确，便于进行风险评估。车联网的整体架构如图3-1所示，其以车路网云一体化协同为基础，构建聪明的车、智慧的路、灵活的网和强大的云，实现智慧交通和智能驾驶。

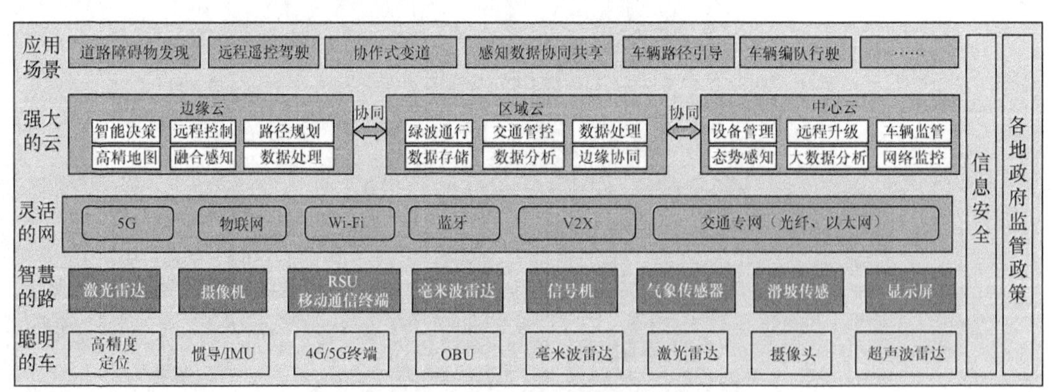

图3-1　车联网的整体架构

（1）聪明的车：是主体，配有摄像头、雷达等传感设备，以第一视角探测周围的环境，同时具备高精度定位及通信能力，自身进行决策控制，形成闭环系统。

（2）智慧的路：同样配有感知设备（包括摄像头、雷达、气象传感、滑坡传感等），以第三视角为车端提供感知数据作为参考，消除单车探测的盲区，路侧通信设备一方面实现车路通信，另一方面将感知数据回传到云端。

（3）灵活的网络：支持多种通信方式，包括5G、物联网、V2X及交通专网等，满足不同的业务场景和通信需求，其中5G网络同时满足广域覆盖、高可靠及低时延的需求。

（4）强大的云：支持多级部署，云边协同满足不同的业务需求，例如边缘云处理实时性较强的业务（远程控制、融合感知、智能决策），中心云处理非实时业务（设备管理、态势感知、网络监控、远程升级）等。

系统设计和建设整体要在国家信息安全及各级政府政策的监管下开展，支撑的业务包括智慧交通和智能驾驶。网络是实现车、路、人、云协同的关键，网络实现了车端、路侧数据的上传，云端数据的下发，以及移动终端的应用，实现了人-车-路-云的互联互通，整个网络基础设施是车联网的重要保障，如图3-2所示。

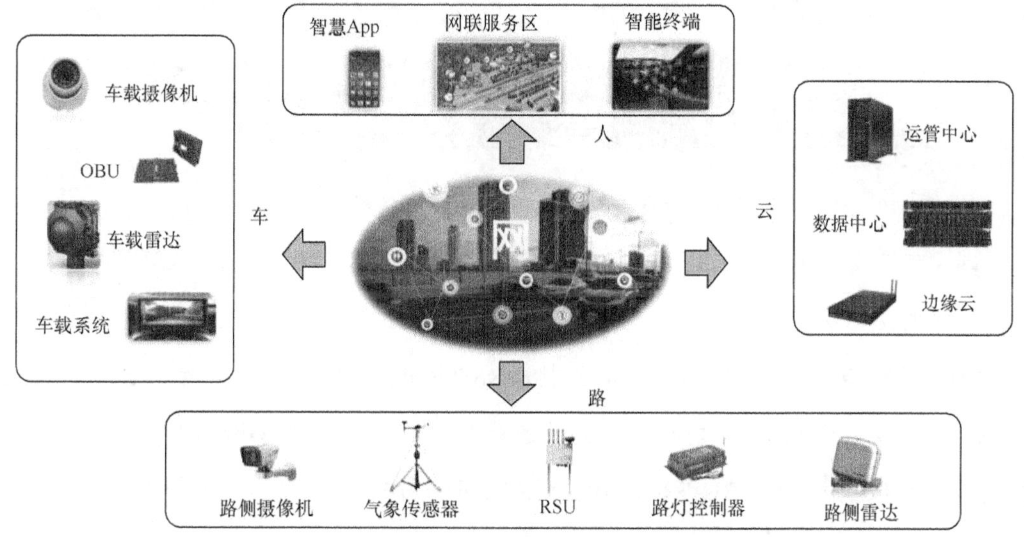

图3-2　人-车-路-云协同的车联网系统设计

3.2　5G Uu+C-V2X PC5车路协同融合通信网络架构

5G Uu+C-V2X PC5（以下简称“5G+C-V2X”）车路协同融合通信网络架构包含“端

-管-云”三层结构，实现环境感知、数据融合计算、决策控制，从而提供安全、高效、便捷的智慧交通服务，如图3-3所示，自下而上表示“端”“管”“云”处于车路协同架构中的具体位置以及各层级之间的联系。

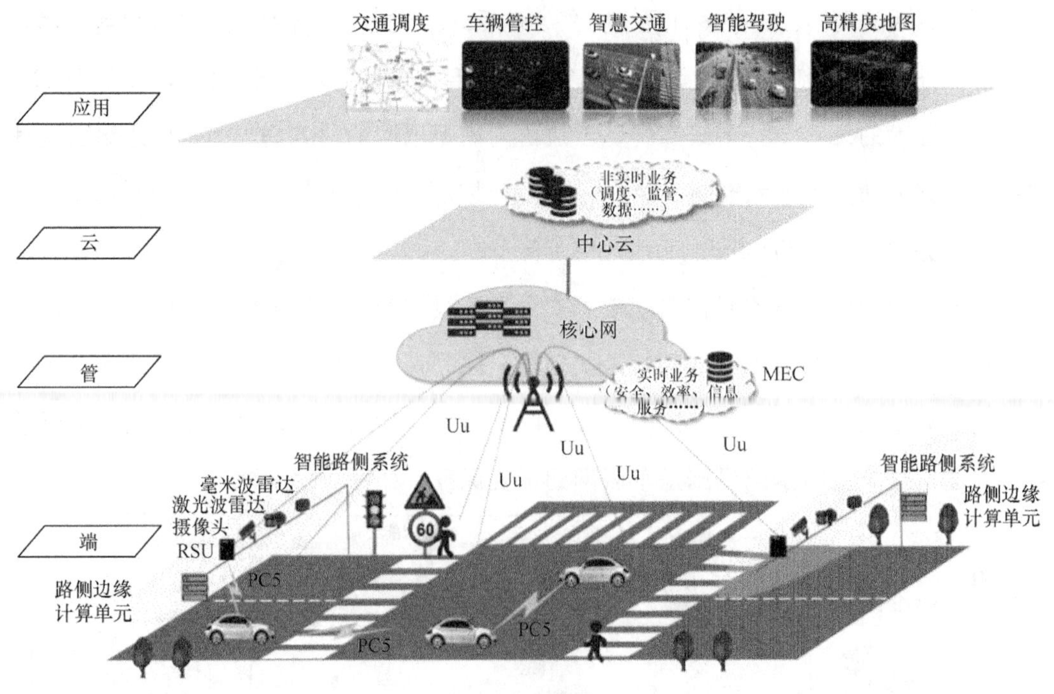

图3-3　5G+C-V2X车路协同融合通信网络架构

端：在广义上包括具有通信功能的车载单元（OBU）、路侧单元（RSU）等，具有感知功能的摄像头、雷达等，以及路侧交通设备，包括红绿灯、公告牌、电子站牌等。在5G+C-V2X车路协同融合通信网络中，RSU是道路信息的汇集点，RSU一般是5G+C-V2X双模通信设备，可将收集到的道路交通信息，通过5G网络发送给云平台或通过C-V2X PC5发送给OBU终端；另外，RSU可通过5G网络接收云平台下发的业务数据，再通过C-V2X PC5广播给附近的OBU终端。此外，OBU终端也是5G/C-V2X双模通信设备，是用户获取车联网业务的入口，车联网交通参与者通过5G网络接入至云平台层，可获取“云”上各方提供的多种多样的车联网应用服务，同时通过C-V2X获取近距离范围内其他OBU终端和RSU终端发送的实时消息。

管：是指实现交通各实体元素互联互通的网络。在5G+C-V2X车路协同融合通信网络系统中，5G与C-V2X PC5网络分工合作、相互融合。5G网络具有广覆盖、大带宽的特点，主要用于承载RSU/OBU至云端的业务，如RSU将激光雷达、视频监控等感知数

据通过5G回传，或通过OBU访问云端的娱乐类、大带宽类增值业务。C-V2X PC5网络则负责本地小范围内低时延通信，如车联网安全消息类业务。部分业务可以同时使用5G和C-V2X承载，互为备份路径，增强业务的可靠性。为满足车联网业务对时延、可靠性等方面的通信需求，5G与C-V2X网络都做了相应的技术增强。例如，为支持车联网业务移动性要求，C-V2X网络引入了增强的帧结构，NR-V2X PC5的单播、多播以及HARQ等特性，5G网络新特性（包括URLLC、切片、QoS等）保证了车联网业务的高可靠性。

在实际应用中，车端、路侧基础设施与云端（含MEC）车路协同平台之间的数据及状态信息的交互（典型场景如I2N、V2N等），将更多地采用5G广域移动蜂窝网接入方式。

云：是指实现数据汇集、计算、分析、决策以及运维管理、性能监控功能的平台，根据业务时延需求可部署在边缘侧或中心云。其中，边缘侧分为路侧计算单元和5G MEC边缘云。路侧计算单元一般部署于路口，负责若干个路口的数据计算，包括视频和雷达数据的预处理等。5G MEC边缘云一般部署于地市级的机房，由计算性能较强的服务器组成，同时具备低时延和高算力的特性，用于感知数据融合计算、人工智能运算和生成控制策略等。中心云汇聚更加广域范围的车辆、路侧、交通控制平台等交通单元的相关信息，实现各类信息数据的存储、分析以及非实时信息的下发，同时负责对接交通控制中心等行业平台及上层应用平台，协同实现智慧出行、地图导航等多种应用。

在“端-管-云”新型交通架构下，车端和路端将实现基础设施的全面信息化，形成底层与顶层的数字化映射，5G与C-V2X联合组网构建广覆盖蜂窝通信与直连通信协同的融合网络，保障智慧交通业务的连续性，人工智能和大数据实现海量数据分析与实时决策，建立智能交通的一体化服务平台。

3.3　C-V2X

C-V2X是基于移动蜂窝网的V2X通信技术，其中C代表Cellular，即蜂窝。C-V2X技术分为LTE-V2X技术和NR-V2X技术，两者相互补充。其中LTE-V2X于3GPP R14完成标准化，主要面向基本道路安全、效率相关的V2X业务，提供了基于PC5接口的直连通信能力，同时也有基于Uu接口的移动蜂窝网通信能力。NR-V2X是LTE-V2X的演进版本，沿用了Uu和PC5的系统架构及其控制方式、资源分配方法和同步机制等技术原理，主要面向自动驾驶的各类增强车联网业务，提供更高可靠、更低时延及更大带宽的车联网通信服务。

3.3.1 LTE-V2X

1. 网络架构

《基于LTE的车联网无线通信技术总体技术要求》定义的非漫游场景下基于PC5和LTE-Uu的V2X通信架构（如图3-4所示），其确定了V2X通信中两种互为独立、相互补充的工作模式，即基于PC5直通模式的V2X通信和基于LTE-Uu的V2X通信。其中PC5直通模式是基于广播的通信模式，而LTE-Uu的工作模式是基于单播或多媒体广播多播业务（MBMS）方式的通信模式。PC5和LTE-Uu可同时分别接收和发送数据。

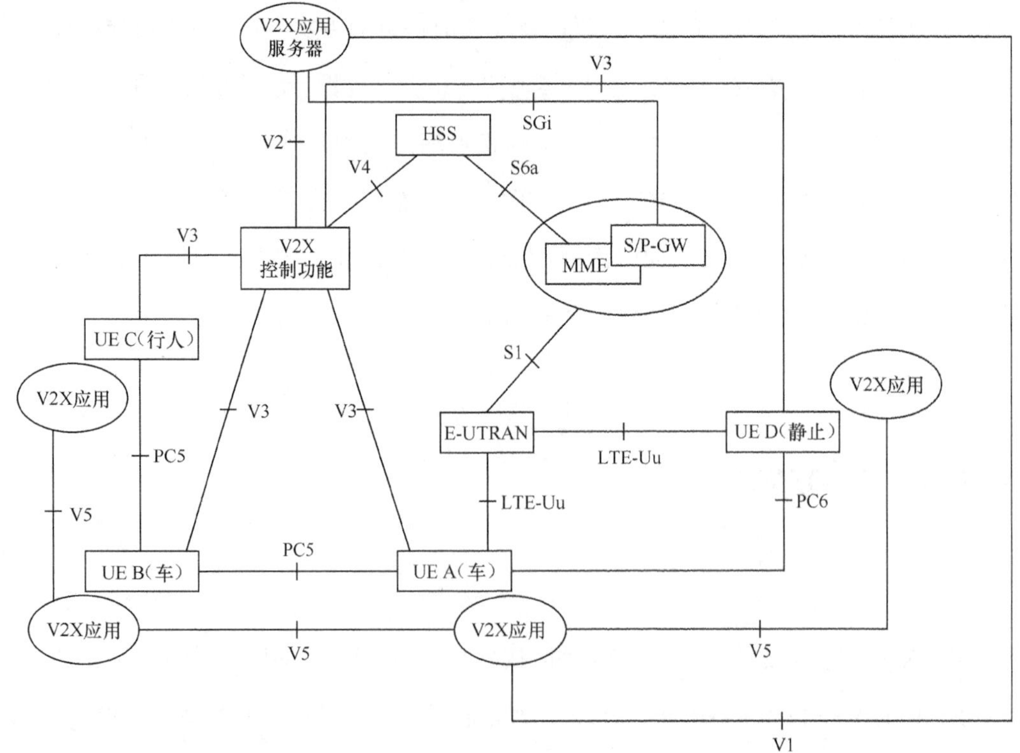

图3-4　非漫游场景下基于PC5和LTE-Uu的V2X通信架构

V2X通信架构中各接口功能如下。

- V1：V2X应用和V2X应用服务器之间的接口。
- V2：V2X应用服务器和V2X控制功能之间的接口。V2X应用服务器可以连接多个PLMN的V2X控制功能。
- V3：UE和归属PLMN中的V2X控制功能之间的接口，适用于基于PC5和基于LTE-Uu的V2X通信。
- V4：运营商网络中HSS和V2X控制功能之间的接口。
- V5：UE中V2X应用之间的接口。
- V6：不同PLMN中的V2X控制功能间的接口。
- PC5：使用V2X业务与UE之间用户面进行ProSe直接通信的接口。
- LTE-Uu：UE和E-UTRAN之间的接口。

主要的功能实体描述如下。

- UE：表示用户的终端设备。包括静止UE（RSU）、移动UE（OBU），以及行人。UE之间通过PC5接口进行V2X直连通信，通过V3接口交换UE和V2X控制功能之间的V2X控制信息。此外，UE可以通过LTE-Uu接口与云平台进行通信。
- eNodeB：移动蜂窝网的基站设备，通过LTE-Uu接口与UE进行通信，包括数据传输、在模式3模式下PC5接口资源调度或配置、对PC5接口物理信道功率控制进行配置等。
- V2X控制功能：是指用于实现V2X业务所需的网络相关逻辑功能实体。主要是在模式3模式下，V2X控制功能向UE提供V2X通信必需的参数。
- V2X应用服务器：用于处理V2X上层应用的服务器，通常包括数据融合处理、计算、生成控制策略等。

2. 空口资源选择机制

LTE-V2X PC5通信支持基站配置模式（模式3）和自主选择模式（模式4）。

模式3是一种基于基站分配的资源调度方式，用户首先向基站发送资源调度请求（SR），再发送Sidelink BSR（缓存状态报告），基站根据用户位置及资源利用情况分配资源给用户。

模式4是一种用户终端自由选择资源的方式，采用基于感知的半持续资源选择（SPS）的分布式资源分配方法。SPS在1000ms的检测窗口内探测直通链路接收信号强度指示（S-RSSI）和物理直通链路共享信道参考信号接收功率（PSSCH-RSRP）的值，当上述值高于某一设定的门限值时，则认为周围有其他UE使用该时频资源发送数据，当前UE需要静待一段时间后重新进行资源选择，如果选择成功，则预约周期性的相同资源块。如图3-5所示，UE以100ms的时间周期发送RSM（路侧单元消息），如果其成功选择检测窗口中的该资源，则预约100ms之后的相同资源。

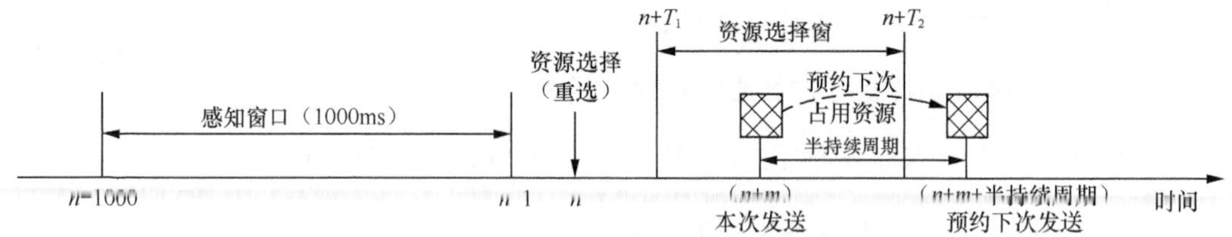

图3-5 模式4基于感知的半持续资源选择方式

3. 车联网帧结构特征

LTE-V2X采用单载波频分多址接入（SC-FDMA）技术，并且支持10MHz和20MHz两种信道带宽。在频域上每个资源块（RB）的带宽为180kHz，包含12个子载波，每个子载波间隔为15kHz。因此10MHz带宽包含50个资源块，20MHz带宽包含100个资源块，资源块是可以分配给用户的最小时频资源。LTE-V2X的子信道（SC）为同一个子帧中的若干资源块，而在实际数据传输过程中，收发双方需要使子信道的个数及其包含的资源块个数保持一致时才能正常通信。在实际测试过程中，需要特别注意有关频段、带宽以及子信道的配置，如果它们配置不正确，则收、发两端无法正常通信。

LTE-V2X模式中一个帧长为10ms，包含10个子帧，即每个子帧长为1ms。LTE-V2X的每一个子帧中有14个单载波频分多址接入符号,包含固定占用1个符号长度的自动增益控制（AGC）、1个符号长度的保护间隔（GP）、4列解调参考信号（DMRS）和传输的数据信息。如图3-6所示，LTE-V2X子帧结构是对LTE-D2D子帧结构的增强设计，每个子帧中的自动增益控制和保护间隔有效解决了车联网场景直连通信接收突变的问题，并且在每个子帧中LTE-V2X比LTE-D2D多2个解调参考信号，从而可以更好地对抗高速场景下的多普勒效应。

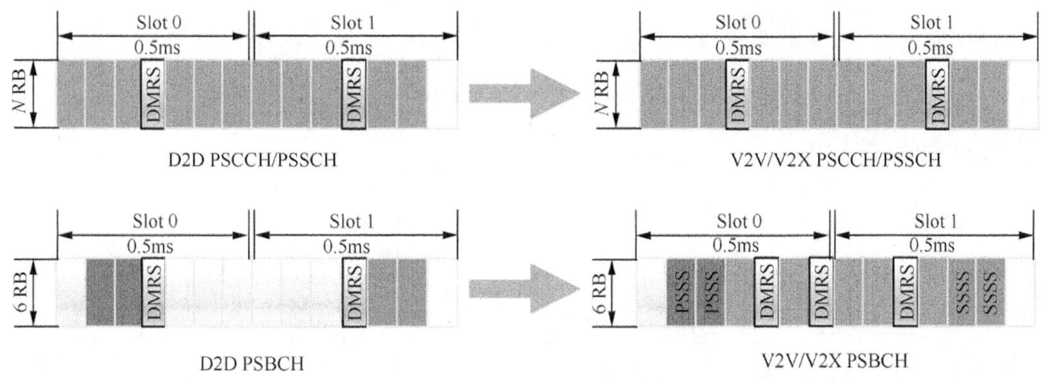

图3-6　LTE-V2X子帧结构

4. 物理信道及映射

LTE-V2X的PC5接口一共涉及三类物理信道，包括物理侧链路控制信道（PSCCH）、物理侧链路共享信道（PSSCH）和物理侧链路广播信道（PSBCH）。

其中PSCCH占用2个连续的资源块，共48bit的数据，主要信息包含PSSCH的调制与编码策略（MCS）、用于指示该数据包是初传包还是重传包的重传索引、在基于感知的半持续调度（SPS）资源选择机制中的资源预留周期、PSSCH的频域资源位置（FRL）、循环冗余校验（CRC）信息等，详细信息以及所占用的比特数如表3-1所示。

表3-1　控制信道包含的信息及所占用的比特数

控制信道包含的信息	所占用的比特数
优先级	3
PSSCH调制与编码策略	5
资源预留周期	4
重传索引	1
初传及重传之间的时间间隔	4
PSSCH频域资源位置	8
保留信息位	7
CRC	16
总计	48

新的PSCCH和PSSCH分配方式：为降低时延，控制信息和数据信息分别在PSCCH和PSSCH上传输，PSCCH和PSSCH是一一对应的关系，在频域分布上相邻或不相邻，

如图3-7所示。SA占用两个连续的物理资源块（PRB），用于调度数据信息，通过SCI Format 1发送。UE选择整数倍的子信道（subchannel）数目发送数据，并支持一次重传以提高可靠性。

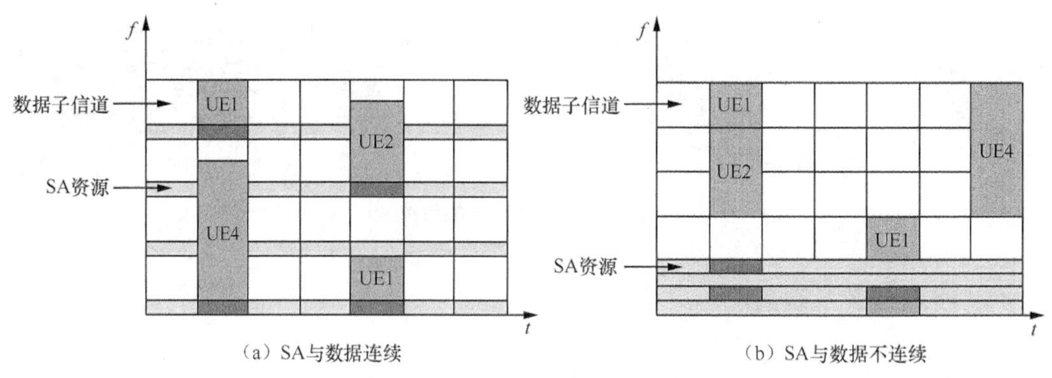

图3-7　LTE-V2X中SA与数据在时频域的分布

控制信道中的信息对于网络性能的分析具有一定的参考意义，例如重传索引标识了该数据包是初传包还是重传包，它们是在统计整体的包接收率（PRR）时应该考虑的参数之一。

5. LTE-V2X消息

LTE-V2X消息用ASN.1标准进行定义，遵循“消息帧—消息体—数据帧—数据元素”层层嵌套的逻辑进行定义，向下对接网络层的数据子层，向上支持具体的用户应用。

OBU发送的消息为车辆基本安全消息（BSM），主要用于在车辆之间交换安全状态数据，车辆通过广播该消息，将自身的实时状态告知周围车辆，以此支持协同安全等一系列应用。

RSU发送的消息包括路侧交通消息（RSI）、路侧单元消息（RSM）、信号灯相位与配时（SPAT）消息和地图（MAP）消息。其中，RSI消息是指交通事件信息和交通标识信息，RSM是指通过多种检测和感知手段获得的周边交通参与者的实时状态信息，SPAT消息是指一个或多个路口信号灯的当前状态信息，通常与MAP消息结合，为车辆提供实时的前方信号灯相位信息，MAP消息是指当前局部区域的地图信息，包括局部区域的路口信息、路段信息、车道信息和道路之间的连接关系等，用于支撑自动驾驶等业务。

从车联网业务的角度，RSU与OBU发送的消息内容、消息数量均不同，如RSU发送的消息多为平台下发的消息，包括地图信息、信号灯信息、路侧感知信息等，而OBU发送的消息多为周围车辆的运行状态，如前方车辆的紧急制动预警等。因此行业内考虑通过划分频率资源的方式，在物理层面隔离RSU与OBU消息。在早前的“三跨”“四跨”测试配置中，RSU与OBU共用5905～5915MHz频段，理论上存在RSU与OBU空口资源抢占的情况，而OBU由于数量较多，相对距离较近，可能会导致部分重要的RSU消息被接收端忽略。在“新四跨”配置中，RSU消息使用5915～5925MHz频段，OBU使用5905～5915MHz频段，从而实现RSU与OBU发送的消息的物理隔离，一定程度上保障了车端对RSU消息的获取。目前行业内推荐RSU与OBU使用频段隔离的部署方式。

6. LTE-V2X与LTE对比

LTE-V2X与LTE在无线接口协议栈上有所不同。LTE-V2X中的接口分为PC5接口与Uu接口，其中Uu接口完全沿用LTE的空口定义，本书不再赘述；LTE-V2X的PC5接口分为控制面接口和用户面接口，由于LTE-V2X的PC5接口通信使用的是无连接的广播通信方式，因此PC5接口与LTE相比，没有连接建立的信令交互流程。另外，PC5可以支持IP及非IP的业务数据单元（SDU），所以与LTE相比，PC5接口的用户面没有IP头压缩、加密等功能，而是通过分组数据汇聚协议（PDCP）中的SDU Type字段指示上层的SDU类型。

LTE-V2X与LTE的资源调度方式不同。目前LTE-V2X行业内主流使用的是模式4，即自主资源选择模式。该模式采用基于感知的SPS方式，LTE-V2X终端不需要通过蜂窝网基站调度，而是根据接收到的信息对已占用的资源进行避让，使用未占用的资源块发送数据，并预约周期性的发送资源。

LTE-V2X与LTE的HARQ重传机制不同。LTE的重传流程是在终端接收到数据帧后，对数据帧进行前向纠错（FEC）校验并反馈确认（ACK）信息或非确认（NACK）信息，发送端会根据终端的反馈进行重传。而LTE-V2X仅支持最多1次HARQ盲重传，即LTE-V2X接收端不会对接收到的消息进行反馈，而LTE-V2X发送端默认对每个数据包最多进行2次发送。

LTE-V2X与LTE对比分析如表3-2所示。

表3-2 LTE-V2X与LTE对比分析

对比项目	LTE	LTE-V2X
基本描述	通过蜂窝网络转发实现车联网通信	通过车联网专用频段（如5.9GHz）直接实现车联网通信
频谱	使用LTE频段	欧美在5.9GHz频段分配车联网频谱，我国分配5905～5925MHz作为车联网试验频段
无线侧	基站侧可调度空口资源，资源利用率较高； 覆盖范围广； 车辆终端必须在网络覆盖范围之内，且处于连接态； 满足部分低时延场景	时延较低； 可不依赖基站进行自组织及自协商的通信模式； 资源利用率低，容易出现资源占用冲突等问题
核心网	采用单播或多播两种方式：单播要求车载终端都处于连接态；多播需要在现网中进行配置	添加V2X Control Function逻辑单元

此外，LTE-V2X与LTE在基站的部署位置如图3-8所示。

（a） LTE-V2X RSU部署实景图　　（b）LTE移动蜂窝网宏站部署实景图

图3-8 LTE-V2X与LTE在基站的部署位置

综上所述，LTE-V2X与LTE在应用场景、技术设计、部署方式上均有较大差异，目前LTE-V2X在国内规模部署在即，行业内已经开始对LTE-V2X网络覆盖、网络性能进行研究、实地测试及标准制定。

3.3.2 NR-V2X

从2018年6月开始，3GPP RAN便启动了NR-V2X技术的标准化工作。在NR-V2X

的研究和标准化过程中，包括与LTE-V2X共存的设计，体现了LTE-V2X与NR-V2X之间是相互补充的关系，而不是替代关系。LTE-V2X用于V2X基本道路安全业务，而NR-V2X继承NR技术框架，可以支持场景更加复杂、业务需求更苛刻的增强车联网业务的需求。

1. NR-V2X应用场景

从应用场景角度分析，基于NR的C-V2X应用场景更加细化，主要分类场景如下。

（1）以提升交通安全和效率为主要目标的应用场景

- 车辆协同驾驶的感知信息共享；
- 车辆编队行驶；
- 绿波车速引导系统；
- 车辆辅助驾驶。

感知信息共享是指车辆与车辆、车辆与道路基础设施以及车辆与云端网络实现实时信息交互（包括图片、视频等大容量信息），这些数据的交互等效于扩展了车辆传感器的探测范围，从而增强了车辆对自身环境的感知能力，并使车辆对周边情况能有更全面的了解。车辆编队行驶是指由手动驾驶或者自动驾驶的头车带领，其后由若干自动驾驶车辆组成，呈一个队列的行驶形态前进，车队成员保持一定的车距以及稳定的车速，在有序行驶的状态下巡航。绿波车速引导系统是指具有车联网功能的车辆驶向由信号灯控制的路口时，该系统将给予驾驶员建议车速区间，使车辆能够经济、舒适地（不需要停车等待）通过信号路口。车辆辅助驾驶指为驾驶员或车辆提供行驶相关的辅助信息，包括静态交通信息、动态交通信息及增值服务信息。

（2）以自动驾驶为主要目标的应用场景

- 远程泊车；
- 远程驾驶；
- 高精度地图导航；
- 远程车辆故障检测。

远程泊车、远程驾驶系统使用户能够通过远程智能驾驶平台实现对远端车辆的全向监控和智能远程控制。在复杂环境条件下，驾驶员远程代替无人驾驶车做出决策，保障无人车的安全性和可靠性，实现复杂路况下的行驶，减少交通事故和人员伤亡。可应用场景有：灾区（提高营救效率）、高危路段（提高通行效率）、矿山、油田等（远程驾驶代替工人完成作业，减少人员伤亡）。

（3）基于娱乐信息平台的应用场景

- 车载高清视频；
- 移动办公。

基于娱乐信息平台的应用场景可以满足人们在车内的娱乐和办公需求，由于娱乐、办公等消息的优先级低于控制指令类消息（如自动驾驶的指令、车辆传感器的探测信息）的优先级，且娱乐信息数据的传输对实时性和准确率的要求不是很高，因此，消息传输对网络时延、可靠性的要求略低于前两类应用场景。

2. NR-V2X物理层技术

随着移动无线通信技术由LTE向NR演进，以5G蜂窝网络为支点的C-V2X技术也相应发展。与LTE的资源调度单元类似，在NR-V2X中最小的PRB在时域内由1个时隙组成，在频域内由12个子载波组成，资源配置在时域时隙（slot）和子帧（subframe）单元中有更加灵活的选择。

（1）时频域资源灵活配置

在LTE-V2X中，频域子载波宽度为固定的15kHz，在NR-V2X中，载波宽度是灵活可配的，可选择的载波宽度有15kHz、30kHz、60kHz、120kHz，与之对应的时域资源配置分别为1 slot/subframe、2 slot/subframe、4 slot/subframe、8 slot/subframe。

（2）资源管理

由于频域资源定义的范围较宽，针对特定的场景对传输数据量有不同需求的情况，一方面，从提高资源利用率的角度出发，NR支持UE带宽适配以降低设备功耗；另一方面，资源分配需要尽可能避免信号冲突和干扰，因此在NR-V2X中引入了部分带宽（BWP）的概念，如图3-9所示。

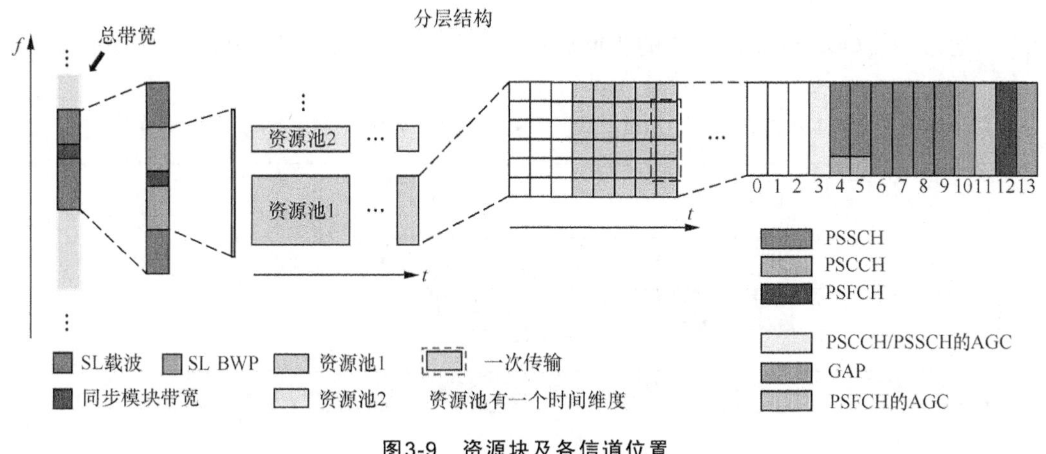

图3-9　资源块及各信道位置

BWP提供了一种可以灵活分配空口资源的机制，从而实现将UE的信号限制在该UE可以支持的部分系统信道带宽内。在调度大数据量时，UE可以使用大带宽信道，而在其他时间，UE可在窄带宽上处于活动状态。此外，通过配置不同BWP以支持具有不同带宽能力的设备接入，基站仍可统一配置较大的小区系统带宽。

NR的子载波间隔（SCS）为15kHz、30kHz、60kHz、120kHz、240kHz，这样的子载波设计主要是为了适应不同业务需求和信道特征，形成了可伸缩的正交频分复用（OFDM）参数集，RB则由频域中的12个连续子载波组成。如图3-10所示，BWP从某个特定的RB开始，由一组给定载波上具有给定编号（SCS和循环前缀）的连续RB组成。对于UE所在的服务小区，网络至少配置一个UL/DL BWP（初始UL/DL BWP）。当前3GPP R16可以为每个UE配置最多4个UL/DL BWP，但同一时间只能激活一个UL/DL BWP。此外，NR支持补充上行链路（SUL），可类似地配置UL BWP。对于FDD，需分别配置DL BWP和UL BWP。对于TDD，DL BWP自动连接到相同的UL BWP。需要注意的是，成对的DL BWP和UL BWP必须共享相同的中心频率，但可以具有不同的带宽。

通常，UE仅在激活的DL BWP内接收PDSCH、PDCCH或CSI-RS，且需要在激活的DL BWP外进行GAP测量。类似地，UE仅在激活的UL BWP内发送PUSCH或PUCCH，且对于本服务小区，UE仅在激活的UL BWP内发送SRS。

NR中引入了基于BWP的带宽自适应配置方法，该方法通过对频率维度上的流量变化进行更细粒度的自适应调整，提高UE的功率效率；通过为UE配置多个BWP，并在已配置的BWP之间动态切换UE的活动BWP，实现带宽自适应。为了使UE节电增益最大化，通常结合CDRX和/或SCell的快速激活/去激活方法，实现基于BWP的带宽自适应。

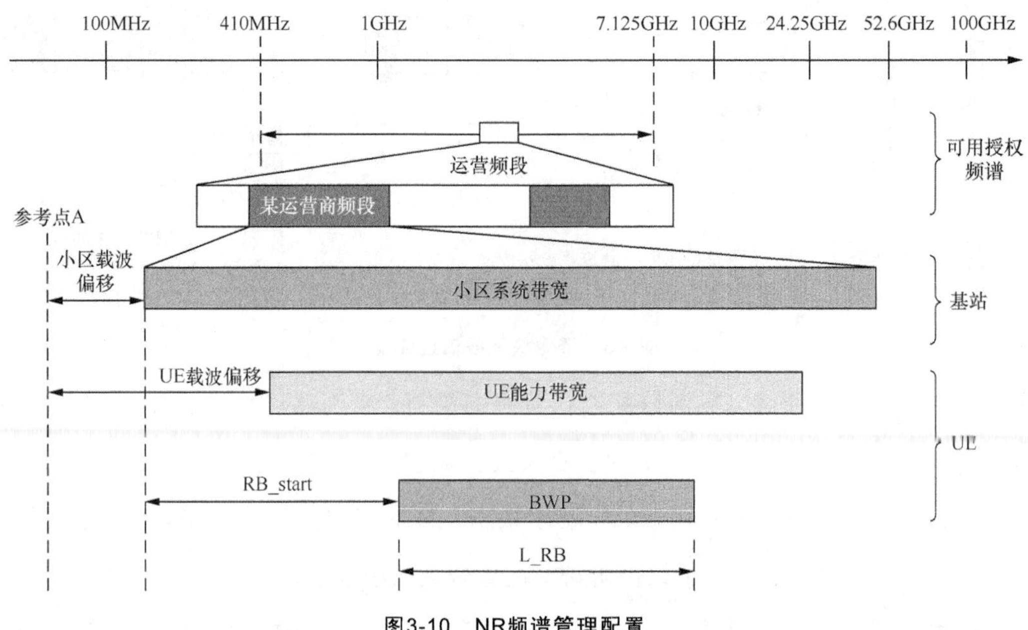

图3-10 NR频谱管理配置

NR频谱管理具体配置过程如下。首先，根据实际需求分配具有不同带宽的BWP资源，BWP分配完成后，所有数据的传输只能在分配的BWP上进行，BWP的频带宽度可小于或等于Sidelink所能占用的频域资源。为进一步提高频域资源的利用率，并减少不同终端之间的信号冲突，分配的BWP资源可进一步分成若干资源池（RP），不同的终端群使用不同的RP收、发数据，从而降低数据传输的冲突和干扰。

（3）调制增强

NR-V2X在LTE-V2X的QPSK、16QAM、64QAM调制的基础上增加了256QAM高阶调制方式，从而进一步提升数据传输速率，以支撑上述场景中娱乐信息类场景的应用需求，比如高清视频、VR/AR等业务。从物理层的信号调制波形来讲，NR-V2X仅支持CP-OFDM的调制方式。

（4）二级侧链路控制信息（SCI）传输机制

在NR-V2X中引入了二级SCI传输机制。

阶段1：在PSCCH发送调度信息，调度的对象是需要在阶段2中PSSCH上发送的SCI信息和后续PSSCH中传输的数据信息。具体的调度信息包括多个PSSCH传输的优先级、PSSCH解调的MCS信息、传输PSSCH的端口信息、PSSCH的DMRS的参考信息、PSSCH的初传和重传的资源分配信息、阶段2中PSSCH传输数据的资源块大小及位置信息等。阶段1在PSCCH上发送的调度信息所用的资源位置是固定的，PSCCH传输的信令需要终端实时解调，终端在解调信息时无须盲检。PSCCH传输阶段1信令的位置如图3-11所示。

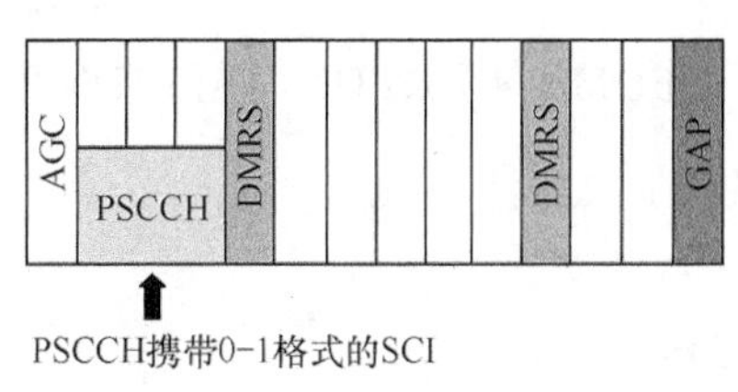

图3-11　PSCCH传输阶段1信令

阶段2：在阶段2，信令在PSSCH中传输，调度由阶段1的PSCCH完成，因此，PSSCH发送信令的资源位置是确定的，终端在解调信息时无须盲检。阶段2的信令可用于后续的PSSCH数据的解调，并辅助后续物理层的关键过程，比如HARQ过程、用于信道估计的CSI资源的调度。具体的调度信息包括Sidelink通信中发收双方的ID信息、HARQ的进程ID、新数据指示（NDI）、冗余版本（RV）信息、CSI请求、ZONE ID、用于多播HARQ反馈的通信距离要求。需要注意的是，PSSCH映射的资源与DMRS、CSI、PTRS信号在资源位置上不可重叠，此外，为了及时、准确地解调出阶段2 PSSCH发送的信令信息，阶段2信令中将一列DMRS信号前置，如图3-12所示。

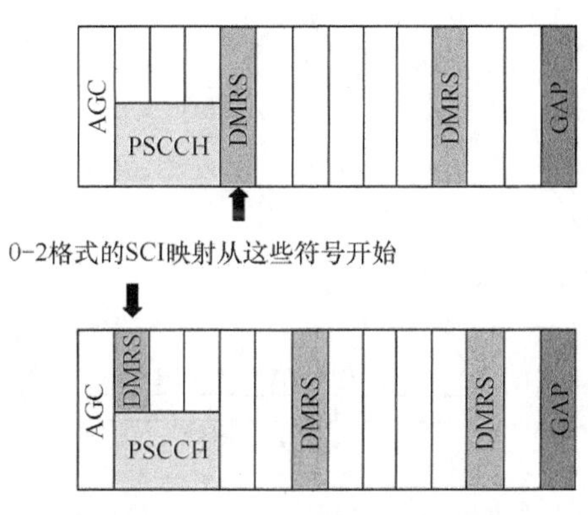

图3-12　PSCCH传输阶段2信令

在阶段2的PSSCH端口映射上，如果PSSCH能够支持两流传输，则阶段2的PSSCH上传输的信令数据信息可以映射成两流，如果PSSCH只支持一流数据传输，则阶段2

的PSSCH上传输的信令信息只能是一流。

（5）DMRS的资源配置

PSSCH信道的DMRS与5G移动蜂窝网中PDSCH信道的DMRS相似，DMRS信号的生成是用长度为31的伪随机序列形式表示的。

根据PSSCH业务信道配置的符号数，PSSCH的DMRS在时频资源中可灵活配置位置，并支持2个OFDM、3个OFDM、4个OFDM符号的DMRS。PSCCH的DMRS序列生成方法与PSSCH的是一致的，此处不再赘述。

3. NR-V2X资源分配方法

NR-V2X中有两种资源配置方式，模式1和模式2，下面对这两种资源分配方式进行详细介绍。

（1）模式1资源配置方式：在模式1资源配置方式中，无线资源由gNB统一配置调度，具体配置方法有3种。

① 动态调度。由UE发起资源调度请求（SR），gNB收到SR后在下行发送DCI为后续BSR配置发送资源，UE在配置的资源上发送BSR资源需求，gNB收到BSR后发送DCI为该终端正式分配资源，具体过程如图3-13所示。

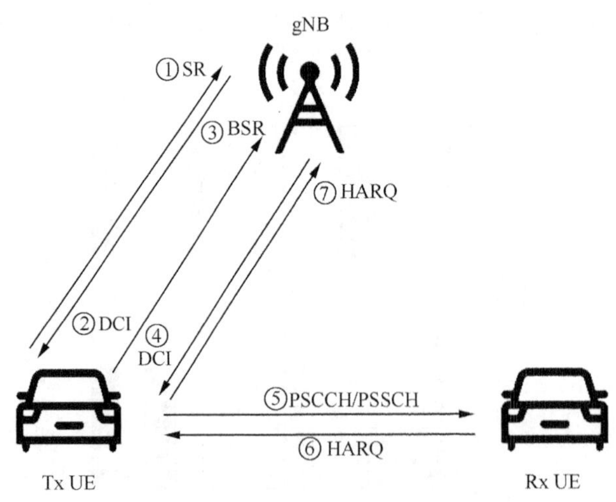

图3-13　基于动态调度的资源配置

② 半静态调度。gNB通过资源管理层RRC为UE配置资源，但是，是否激活该资源由DCI来确定，具体过程如图3-14所示。

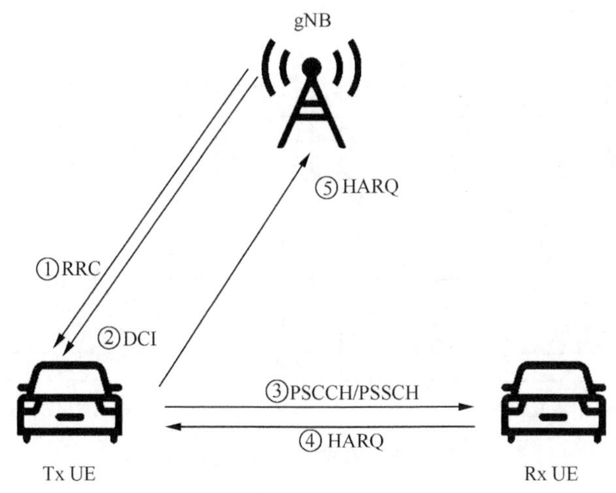

图3-14　基于半静态调度的资源配置

③ 静态调度。gNB通过资源管理层RRC为UE配置资源，UE在RRC分配的资源上发送PSSCH/PSCCH数据。具体过程如图3-15所示。

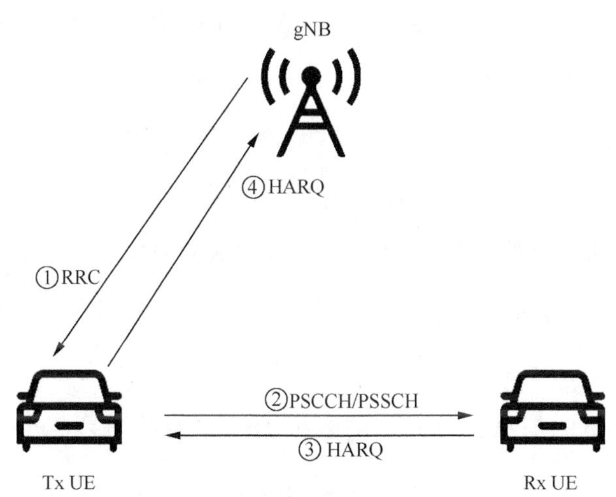

图3-15　基于静态调度的资源配置

（2）**模式2资源配置方式：**该调度方式由UE主导资源选择。UE的高层有业务数据要发送时，指示UE主动探测可用无线资源，发送端通过SCI将其发送给接收端，指示发送信息的资源和下次发送的信息的资源位置。模式2资源配置方式如图3-16所示。

图3-16中T_0是预配置的，其可选范围为[100ms,1000+100ms]。探测窗口为$\left[n-T_0, n-T_{\text{proc},0}\right]$，其中，$T_{\text{proc},0}$和当前探测窗口的数据处理时长与$T_0$有关。数据的发送窗口为$\left[n+T_1, n+T_2\right]$，须满足$T_1 < T_{\text{proc},1}$。$T_2$的长度由待处理的数据量确定，在系统中，根据待处理数据量和时延要求可为其设置一个最小值$T_{2,\min}$。

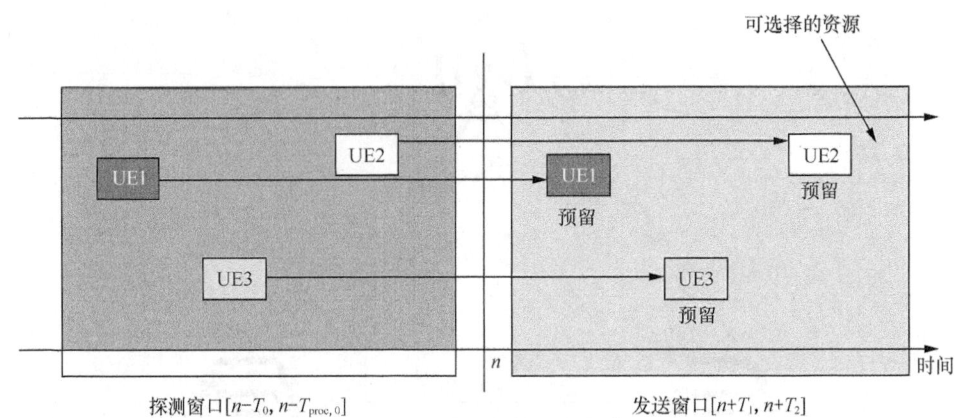

图3-16　模式2资源配置方式

4. NR-V2X HARQ反馈机制

3GPP的R16中定义了Sidelink的单播和多播数据发送方式，针对这两种新定义的数据发送方式，NR-V2X引入了HARQ过程以及传输HARQ过程中数据的ACK/NACK信息的物理侧链路反馈信道（PSFCH）。PSFCH资源在时域上的位置是预先配置的，并且无论是在模式1还是在模式2中，PSFCH资源确定方式均相同。

单播和多播两种数据发送方式的HARQ过程不同。在单播中，其HARQ反馈与NR Uu口的设计保持一致，反馈采用HARQ ACK/NACK的方式，并在对应的PSFCH资源上反馈ACK信息。多播存在两种不同的通信模式：无连接的多播通信和面向连接的多播通信。其中对于无连接的多播通信，由于接收端组员是动态形成且实时变化的，发送端不确定组内成员的信息，接收端需要根据一定的准则判断自己是否属于目标接收端，判断准则包括：①收发端距离，距离较近则代表更有可能是目标接收端；②信号强度，信号强度越强则代表更有可能是目标接收端。

5. NR-V2X同步

终端的同步方式可以分为两种，分别是基于全球导航卫星系统（GNSS-based）和基于基站（gNB/eNB-based）的同步。终端同步分成7个优先等级，如表3-3所示。在同一优先级中，终端根据接收到的同步信号中参考信号的信号强度判断要与GNSS-based进行同步还是与gNB/eNB-based同步。如果确定终端与GNSS-based进行同步，则可以通过预先配置将基于基站的同步功能禁用，如表3-3中的优先级P3、P4、P5。

表3-3 终端同步优先等级

优先级等级	基于全球导航卫星系统（GNSS-based）的同步	基于基站（gNB/eNB-based）的同步
P0	GNSS	gNB/eNB
P1	终端与GNSS直接同步	终端与gNB/eNB直接同步
P2	终端与GNSS非直接同步	终端与gNB/eNB非直接同步
P3	gNB/eNB	GNSS
P4	终端与gNB/eNB直接同步	终端与GNSS直接同步
P5	终端与gNB/eNB非直接同步	终端与GNSS非直接同步
P6	其他终端	其他终端

R16规定，NR-V2X的同步信号与NR的同步信号结构类似，主同步信号（PSS）、辅同步信号（SSS）与PSBCH绑定成SSB，在频域占11个RB，在时域占1个时隙。主同步信号共有336组，标记为[0，335]，每组PSS中有2个辅同步信号，因此同步序列长度为672。1个SSB中PSS/SSS/PSBCH的资源占用情况如图3-17所示。图中上方为Normal CP（NCP）的S-SSB结构示意图，下方为Extended CP（ECP）的S-SSB结构示意图，从图中可以看出，在Normal CP情况下，PSBCH占用9个符号，在Extended CP情况下，PSBCH占用7个符号。在频域上，PSBCH占满了11个RB的132个子载波。

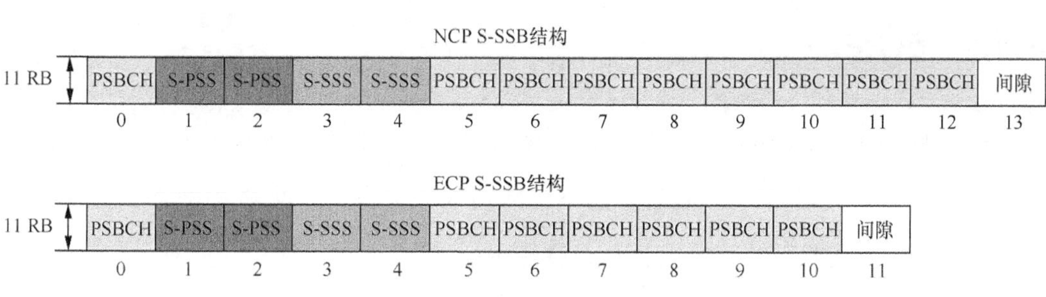

图3-17 1个SSB中PSS/SSS/PSBCH的资源占用情况

3.4 5G技术

随着5G技术的快速发展和商用，汽车网络在架构、通信和安全等方面的功能和性能将得到提升。

2015年，国际电信联盟（ITU）正式确定“IMT-2020”为5G系统命名，并定义了

5G的宏观需求，即增强型移动带宽（eMBB）、大连接物联网（mMTC）、超可靠低时延通信（URLLC），这3个网络特性也经常被简称为大带宽、大连接和低时延。在此基础上，ITU为各个应用场景制定了相应的最小性能需求，鼓励各成员国和相关国际组织提交5G技术方案，并且在收到方案之后，组织公开的技术评审。

3GPP是全球知名的无线技术标准制定组织，成立于1998年12月，最初成立是为了联合全球产业链各方，共同制定3G的技术标准，并从3G时代一直延续至今。3GPP的目标是根据ITU的需求，制定更加详细的5G技术规范和标准，其制定的标准规范以Release作为版本进行管理，目前3GPP已经在制定R18。其中，R15主要针对5G的eMBB场景进行了标准制定；R16在R15的基础上进一步完善了URLLC和mMTC场景的标准规范，在前两个5G版本的基础上，R17对5G系统端到端基础性能进行了强化，包括容量、覆盖、移动性、时延和移动性等，同时进一步增强垂直行业应用的技术特性，包括NPN（非公共网络）、工业物联网确定性、5G邻近服务等；R18作为5G-A的第一个版本，重点布局5G网络演进技术及前沿技术，包括非地面网络、NR全双工、网络节能、XR增强等。

3.4.1　5G空口

与4G网络相比，5G网络在数据速率、移动性、空口时延、可靠性等方面都有大幅度的提升，如表3-4所示。正是这些网络性能指标的提升，才使得5G网络在垂直行业应用中充分发挥优势，从而改变社会、改变生活。

表3-4　4G与5G网络性能对比

网络性能	4G	5G
峰值速率	1Gbit/s	10Gbit/s
用户体验速率	10Mbit/s	100Mbit/s
移动性	350km/h	500km/h
空口时延	10～100ms	1ms
终端连接数	10万/km^2	100万/km^2

为了满足以上性能要求，5G系统需要采用新的架构和新的技术，包括一系列新的空口技术，比如大规模MIMO、新型多址技术和更先进的编码技术等。这些技术可以帮助5G更好地利用频率资源和空间资源，以获得更大的通信保障。

1. 大带宽关键技术

5G大带宽是在车联网中应用最广泛的技术。在下行需求方面，车内的视频下载、车载娱乐等业务需要大带宽支持。在上行需求方面，典型地，远程驾驶场景，需要将车端的多路视频信息回传到云端；路侧的传感器数据也同样需要上传到云端，供云端进行计算决策。面向车联网的大带宽需求，5G可提供多种方案。

（1）载波聚合（CA）

载波聚合是指将多个不同（或者相同）频率的载波聚合成一个更宽的频谱，同时也可以把一些不连续的频谱碎片聚合到一起，从而达到扩展带宽的效果。

对于无线通信系统来说，频率是最宝贵的资源，是基础设施的根本。为了满足单用户峰值速率和系统容量提升的要求，最直接的解决方法就是增加系统传输带宽。

载波聚合分为多种，如果两个载波的频段相同，且频谱连续，就称作频段内连续的载波聚合；如果两个载波的频段相同，但频谱不连续，就称作频段内不连续的载波聚合。

载波聚合利用现有频谱资源可为运营商提供更高的上行和下行数据速率。5G在R15中支持NR的CA技术，最多可以聚合16个载波单元（CC），可以聚合的频带宽度理论上限为6.4GHz（16×400MHz），终端设备可以同时在多个CC上收发数据。NR CA的基本机制可以应用于FR1（低于6GHz）和FR2（高于6GHz）上，并支持多个频带组合，其中CA的频带可以是连续的或不连续的，也可以是频带内（intraband）的或频带间（inter-band）的。另外，CA的部署要求聚合的CC之间的系统帧边界和时隙边界均对齐。不同的载波上可以配置不同的子载波间隔（SCS），即不同的numerology。NR CA支持自载波调度和跨载波调度。

R15已提供NR CA的基本功能，但是仍有可优化之处。例如：

- NR CA要求系统帧和时隙的边界都要对齐，对网络部署有较为严格的要求；
- 跨载波调度时，调度CC和被调度CC的子载波间隔必须相同，限制了跨载波调度的使用场景；
- NR CA的辅小区激活时延较长，辅载波使用效率可进一步提升。

（2）补充上行链路（SUL）

补充上行链路是指5G NR系统除了在正常频段上提供上行接入链路外，在另外一个频段上提供的上行补充接入链路。例如，NR n78（3.4～3.8GHz）本身有TDD的上行链路，还可以在n80（1710～1785MHz）频段上分配并使用一个SUL作为上行补充，如图3-18所示。

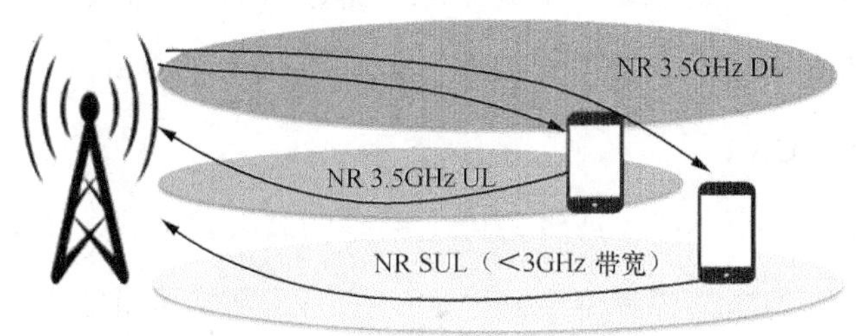

图3-18　补充上行组网示意图

5G频段主要以C波段为主（2.6GHz/3.5GHz），其上行覆盖远小于下行覆盖。而FDD频段一般都是上/下行对称的低频段，覆盖性能好。因此，对于MBB（移动带宽）业务，上行业务量比较小（一般来说，上行 ：下行=1：10），对于4G LTE中的FDD频段，上行载波的资源利用率小，有较多空余资源。补充上行就是将4G LTE中FDD的上行频段取出一部分带宽用于5G NR系统中。

如果UE在TDD的小区中心，则使用TDD UL+TDD DL；如果UE在TDD的小区边缘，则使用FDD UL+TDD DL。UE在任何一个时刻，只能使用一个上行频点，即要么使用普通（normal）UL，要么使用SUL（上行无法进行载波聚合）。SUL只分配了上行频段，没有对应的下行频段，因此，也无法进行下行载波聚合。

R15不支持SUL和普通UL并发工作，也不支持SUL和NUL的动态切换，因此只能通过基站RRC重配指示终端在SUL和普通UL载波间半静态切换，如中心区域半静态选择普通载波UL，小区边缘半静态配置SUL。

R16中对上行发送机制进行了增强，引入了UL TX Switching，即支持SUL与普通UL两种载波时分发射方式。

2. 低时延关键技术

随着蜂窝移动通信网络步入5G时代，蜂窝网络下所承载的业务类型多样化特征愈发明显。在传统蜂窝网络主要追求小区容量、用户速率等网络性能指标提升的背景下，面向URLLC应用场景，ITU对5G网络的低时延能力提出了要求，即终端与无线基站设备间传输用户面业务数据包的单向通信时延不高于1ms。

3GPP标准化组织制定的5G NR规范对URLLC技术方案进行了充分的研究及论证，第一个标准版本（R15）对物理层帧结构、子载波间隔的灵活调整能力进行了规定，并完成mini-slot级调度、配置授权调度、下行抢占调度、低码率调制编码、上行物理层重复传输以及PDCP层包复制等URLLC关键技术方案的研究。

此外，为了进一步提高5G网络的URLLC能力，3GPP在第二个标准版本（R16）中在下行控制信道、调度及HARQ、上行数据信道、上行控制信息、上行配置、上行复用及抢占等技术方面进行了低时延、高可靠的关键技术设计，为5G网络在AR/VR、工业自动化、电力分发与交通运输场景下的应用奠定了基础。3GPP中URLLC技术方案标准进展如图3-19所示。

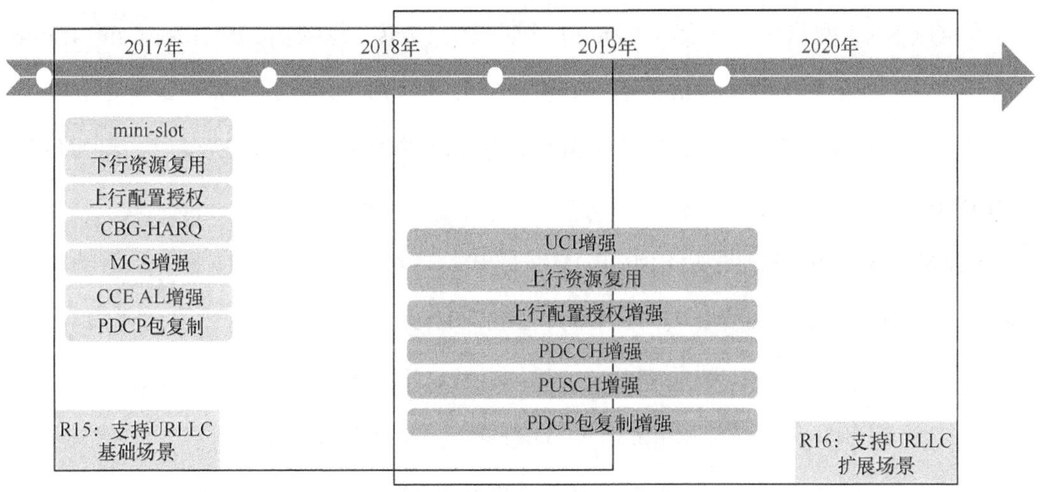

图3-19 3GPP URLLC技术方案标准进展

如图3-20所示，5G网络空口业务时延主要来源于基站的数据发送/接收处理时间、终端的数据发送/接收处理时间、业务数据的调度边界对齐等待时间以及无线信道持续传输业务数据所需的时间。针对不同来源的时延，降低时延的技术方案也并不相同，具体技术方案如下。

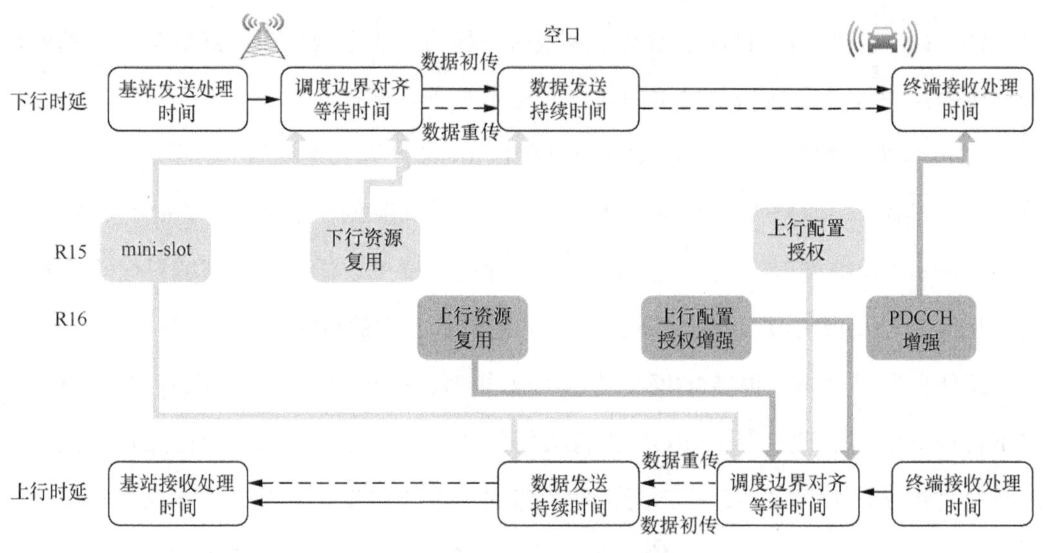

图3-20　5G网络空口业务时延分析

（1）mini-slot调度

在5G（NR）网络中一个帧（frame）的时长为10ms，每帧由10个子帧（sub-frame）组成，每个子帧持续时间为1ms，每个子帧由2^{μ}个时隙（slot）组成，其中$\mu \in \{0,1,2,3,4\}$。对于普通循环前缀，每个时隙有14个OFDM符号；对于扩展循环前缀，每个时隙有12个OFDM符号。

5G（NR）系统允许调度从任何OFDM符号开始直至最后一个保持通信所需的符号，这被称为“mini-slot”调度，与slot不同，mini-slot不与帧结构绑定，因此无须等待帧调度即可对现有帧中的slot进行调度，这有助于在URLLC业务中实现关键数据通信的极低时延。mini-slot可占用2、4或7个OFDM符号，如图3-21所示。

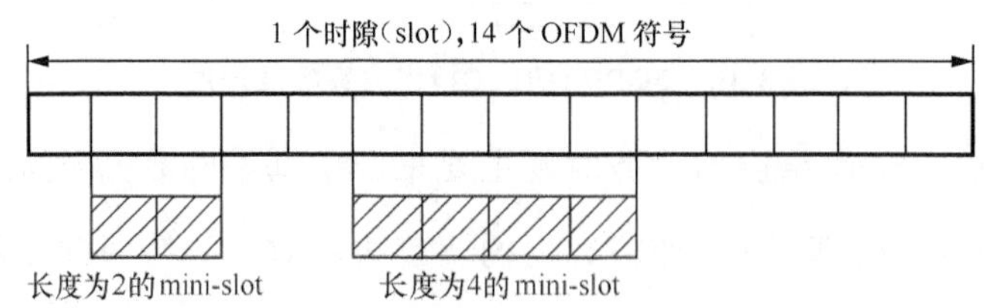

图3-21　普通循环前缀的时隙中的mini-slot

（2）资源复用

在低优先级业务与高优先级业务并发的场景中，由于低优先级业务的时延容忍度较高，可以采用基于slot的调度方式，在高优先级业务触发后，为满足其业务的时延需求，网络可以将已分配用于低优先级业务调度的空口资源复用于高优先级业务，保障高优先级业务的随到随传。

在下行资源复用的情况下，由于低优先级类业务会受到影响，因此，需要基站通过DCI Format 2_1发送相关的抢占指示（PI）信息，向低优先级业务的终端指示业务存在的受损风险，采用下行资源复用方案可以缩短业务数据等待调度边界对齐所需要的时间，具体方案如图3-22所示。

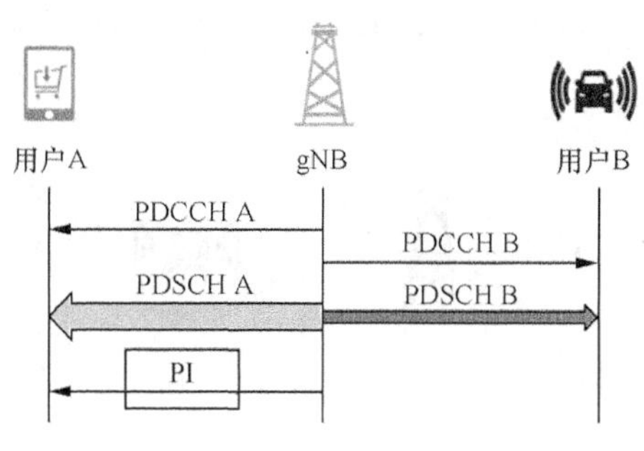

图3-22　下行资源复用流程示意图

在上行资源复用的情况下，基站可以通过DCI Format 2_4发送相关的取消指示（CI）信息，指示终端取消低优先级业务传输，此外，由于基站接收机性能较好，其也可以为高优先级与低优先级业务分别配置不同的上行发射功率，在保障高优先级业务低时延传输的前提下，同时完成低优先级业务的上行传输，具体方案如图3-23所示。

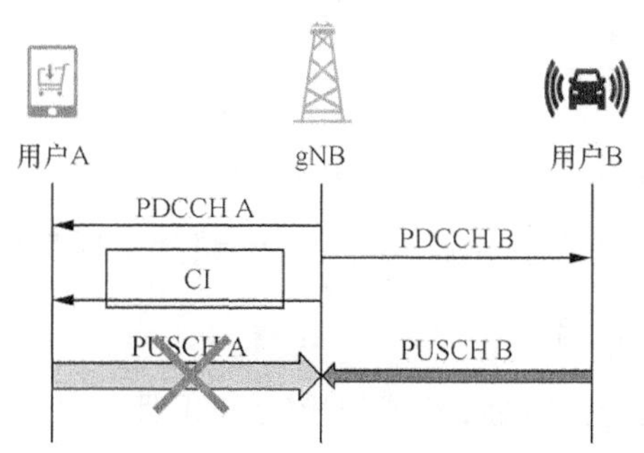

图3-23　基于取消指示的上行资源复用流程示意图

（3）上行配置授权及增强

在5G网络中，基站是无线接入网的控制单元，负责所有上、下行业务的数据调度。当终端存在上行调度需求时，终端需要向基站申请调度授权，以获取相关的调度参数和时频域资源信息。在动态调度方案中，终端与基站的上行调度请求及授权交互需要跨越多个时隙，而上行配置授权调度机制采用了预先配置上行业务传输周期、时频域资源、MCS等参数的方案，在业务数据到达后，终端可以快速完成上行传输。

如图3-24所示，5G网络支持Type 1及Type 2两种配置授权激活方式。Type 1方式下，终端在接收到RRC消息后，根据时域偏置进行授权配置的激活。Type 2方式下，终端通过接收DCI消息激活配置授权。在配置资源数量方面，R15协议仅支持为终端配置1套配置授权资源，而在R16协议中，配置授权的资源数增加至12套，并可以支持多套资源的联合激活与释放。上行配置授权及增强方案可以缩短由于等待上行调度边界而产生的上行业务数据的时间。

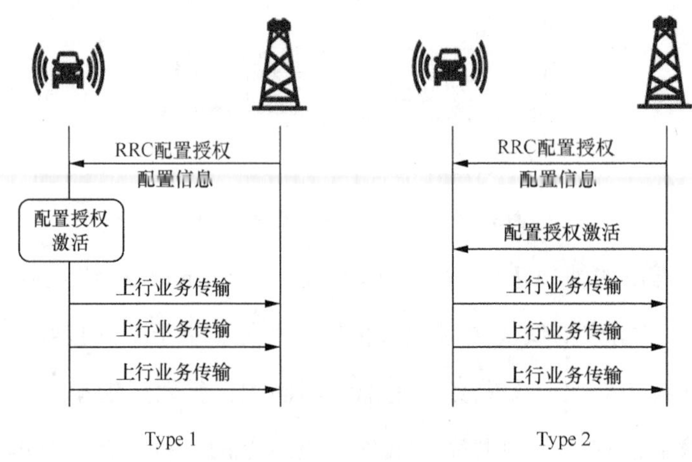

图3-24　配置授权流程示意图

（4）PDCCH增强

“控制+业务”联合传输机制是蜂窝通信网络设计的重要原则，5G在无线接入网中的下行控制信道通过控制资源集（CORESET）承载，CORESET在时域以及频域均支持灵活起始OFDM符号、灵活子载波的配置，时域的灵活配置可以缩小控制信息与数据信息的时间间隔，有利于降低时延。

此外，在PDCCH监测能力方面，为了改善PDCCH拥塞情况以达到降低时延的目的，在基于slot的PDCCH监测方案的基础上，5G网络增强实现了基于span的PDCCH监测机制，通过综合考虑5G网络的子载波间隔、相邻PDCCH监测机会间的间隔符号数与单次监测间隔内的PDCCH监测时机的最大符号数等因素，定义了灵活可配的PDCCH监测能力方案，优化并降低了控制信息接收所需的时延。

注：基站与终端的数据发送/接收处理时间主要与硬件能力关联度较高，本书不做介绍。

3. 高可靠关键技术

5G网络的高可靠性主要受到空口信道环境差引起的错包、缓存区丢包等因素的影响，为了提高可靠性保障能力，需要设计可提升频谱效率或增加冗余备份的技术方案。3GPP完成了物理层低码率调制编码、物理上行共享信道（PUSCH）重复传输、PDCP层数据包复制以及HARQ增强方案的研究。

（1）物理层低码率调制编码

调制与编码方案是影响空口业务数据传输可靠性的重要因素。在URLLC场景下，为了满足99.999%的可靠性要求，引入了π/2 BPSK（二进制相移键控）的调制方案，并可以支持频谱效率低至0.0586的MCS等级，通过MCS自适应机制，可以在恶劣信道环境以及边缘覆盖中进一步增强URLLC单次业务传输的可靠性。此外，提高单次业务传输的可靠性，可以降低业务对重传的需求，从而间接降低业务时延。

5G网络PDCCH所承载的DCI信息主要负责业务信道调度，因此，PDCCH的可靠性会直接影响URLLC业务的传输。3GPP R15协议支持的控制信道单元（CCE）聚合等级最高为16，在信道环境较差的情况下，可以有效保障下行控制信息的可靠性。此外，在R16协议中，综合考虑URLLC的业务特征，对PDCCH所承载的DCI信息格式进行了分析，完成了用于上行URLLC业务调度的DCI Format 0_2与下行URLLC业务调度的DCI Format 1_2设计，通过压缩DCI信息中的信息量、提升单比特控制信息能量，提高了下行控制信息传输的可靠性。

（2）PUSCH重复传输

3GPP R15协议支持Type A的PUSCH重复传输方案，不同冗余版本的业务数据可以基于slot级调度进行重复传输。3GPP R16协议增强支持Type B的PUSCH重复传输方案，不同冗余版本的业务数据可以基于mini-slot级调度进行重复传输，且重复传输的业务数据允许跨时隙边界。不同冗余版本的合并处理可以有效弥补5G网络上行链路的覆盖短板，此外，基于mini-slot的重复传输可以更有效地兼顾业务包传输时延。

（3）PDCP层数据包复制

PDCP层数据包复制是5G网络高层基于载波聚合或双连接方案，提升业务包可靠

性的机制。通过将相同的数据包复制为多份，经不同的无线空口链路进行传输，在接收端可获取相应的分集增益以提升传输的可靠性。

如图3-25所示，PDCP层数据包复制后，通过映射到不同的逻辑信道，会对应不同的无线链路控制（RLC）协议实体，原始的PDCP数据包和复制的PDCP数据包在不同的载波上完成传输。在载波聚合的场景下，不同的逻辑信道属于相同的MAC实体，而在双连接的场景下，不同的逻辑信道属于不同的MAC实体。3GPP R15协议支持双链路PDCP层数据包复制，R16协议增强支持4链路PDCP层数据包复制。

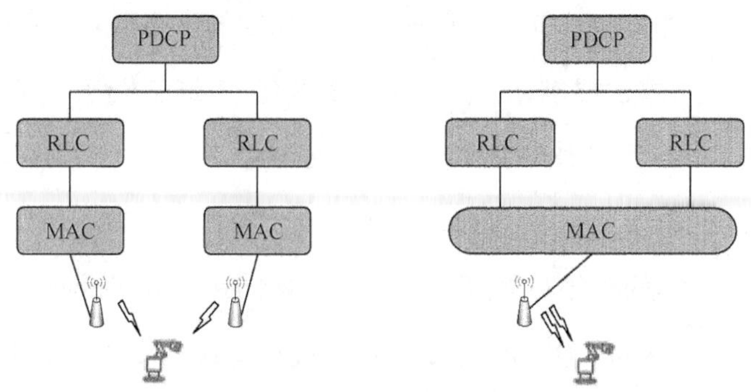

图3-25　双链路PDCP层数据包复制示意图

（4）HARQ增强

为了尽量减小数据业务传输过程中接收端解码失败对业务体验的影响，5G网络沿用了4G HARQ机制的设计思路。为了有效应对URLLC业务的需求，3GPP对HARQ机制进行了如下增强。

基于编码块组（CBG）的HARQ机制：在业务数据支持以传输块（TB）为数据单元粒度进行数据重传的基础上，进一步增强支持以CBG为粒度的重传调度方案，通过将TB灵活地划分为不同的CBG，可以快速调度仅包含错误编码块（CB）的CBG进行重传，提升URLLC业务在单位时间内的可靠性，减少物理资源的浪费。单个TB中可灵活配置的CBG数如表3-5所示。

表3-5　单个TB中可灵活配置的CBG数

指标	单码字	多码字
TB内可配置的CBG数量	2, 4, 6, 8	2, 4

基于sub-slot的HARQ机制：在业务数据支持以slot为时域粒度进行HARQ-ACK反馈的基础上，进一步增强支持以sub-slot为粒度的HARQ-ACK码本构建及反馈的方案，

通过将上行slot划分为若干sub-slot，可以增加用户的上行反馈机会、缩小业务数据与反馈信息的间隔，实现低时延的PDSCH重传，提升单位时间内业务数据的可靠性。在普通循环前缀长度下，支持sub-slot配置为2或7个OFDM符号；在扩展循环前缀长度下，支持sub-slot配置为2或6个OFDM符号。

双HARQ-ACK码本配置：为了有效保障URLLC业务与eMBB业务共存场景下不同业务进行HARQ-ACK反馈信息的传输，5G网络支持同时配置用户基于slot与基于sub-slot的HARQ-ACK反馈方案，不同的HARQ-ACK码本可以配置不同的优先级，实现URLLC业务的HARQ-ACK码本和eMBB业务的HARQ-ACK码本分离，提高URLLC HARQ-ACK的传输可靠性。

3.4.2 MEC

在传统的汽车物联网体系架构中，安装在车辆不同位置的传感器收集信息并传输到云端平台，云平台将数据进行整合和处理。在此架构下，虽然云计算可以处理大量数据，但无法满足苛刻的数据反馈时延要求。换句话说，云平台的价值在于强大的运算能力，而非短时间反馈的能力。车联网业务具有低时延、高可靠的特点，在时延需求上，辅助驾驶的时延要求为20～100ms，而自动驾驶要求时延可低至3ms。于是，边缘计算就成为云计算的有效补充。由于其部署位置更靠近业务侧，因此可满足业务的实时响应需求。此外，边缘计算节点也具备一定规模的运算能力，虽不及云平台的算力强大，但也可以根据实际情况，完成大量边缘侧业务的计算要求。

移动边缘计算（MEC）是在靠近人、物或数据源头的网络边缘侧，融合网络、计算、存储、应用核心能力的开放平台，就近提供边缘智能服务，满足行业数字化在敏捷连接、实时业务、数据优化、应用智能、安全与隐私保护等方面的关键需求。

基于5G的运营商MEC是一种在基站侧利用若干台通用服务器构建的边缘云系统，能够完成流量本地卸载并植入车联网相关应用。MEC提供本地化的云服务，并可连接公有云或其他网络内部的私有云，实现混合云服务。MEC与C-V2X融合的概念是在MEC平台上部署C-V2X服务，并使用Uu接口或PC5接口支持实现“人、车、路、云”的协同交互，降低端到端数据传输时延，减轻网络负载。

MEC与C-V2X融合场景架构如图3-26所示，5G网络中控制面、转发面的彻底分离使得转发面的网络部署更加灵活、可实现性更高。通过UPF（用户面功能）分流，部分时延要求高、数据量极大的业务请求可以在本地得到处理和分析，时延要求敏感度不高的业务数据请求将被分流到上级UPF进行进一步的分流决策处理。NFV/SDN通过网络切片规划出多张逻辑网络，利用数据分流将不同的业务数据导向不同的逻辑网络，从而缓解数据一致性传输给网络带来的传输压力，同时对时延敏感的业务起到软隔离保护作用。在这种方案中，MEC平台作为开放的PaaS（平台即服务）可以为不同的逻辑网络提供应用接口。

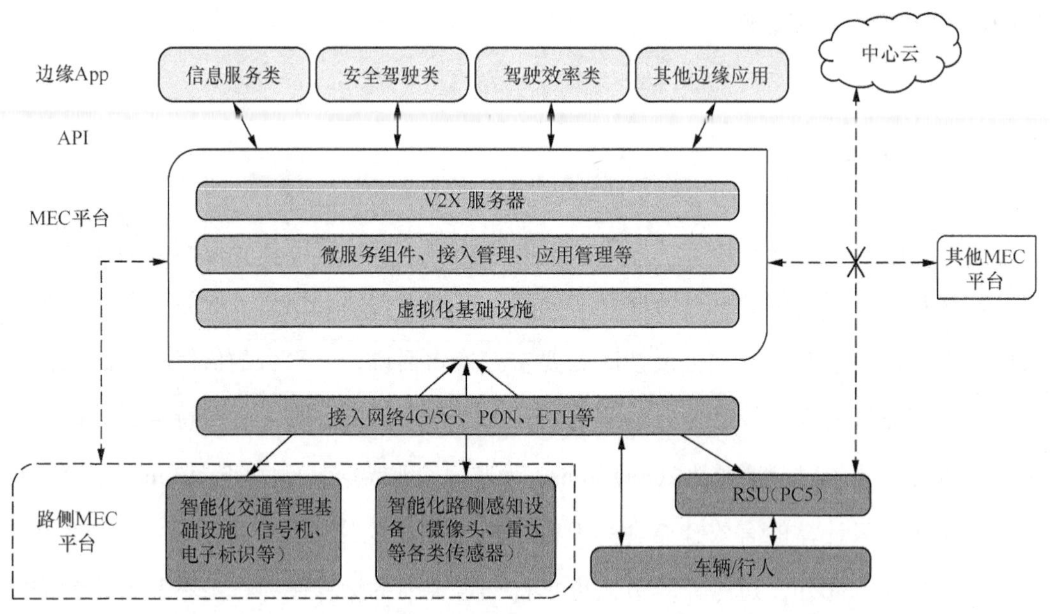

图3-26　MEC与C-V2X融合场景架构［来源：IMT-2020（5G）推进组］

MEC架构可以实现用户面数据的下沉，大数据业务诸如高精度地图、娱乐新闻视频等提前缓存在MEC供端侧下载。与传统的数据集中式中心云处理方法相比，MEC缓存极大地缩短了数据回传的回路，减轻了承载网络的数据传输压力。对于交通安全类业务，路侧各类探头采集数据后集中到MEC单元进行数据分析和决策，并将决策结果回传到RSU或者5G基站，再发送给周围车辆，从而满足车联网业务的低时延需求。

运营商已在全国面向行业部署近千个边缘计算节点，各类车联网应用可部署在MEC节点上，调用其各种能力，为用户提供高精度地图、车辆感知共享、提示与预警、车辆在线诊断、辅助驾驶、远程驾驶、车载信息增强以及协同调度等一系列服务。运

营商的共享型边缘计算节点可充分降低车联网的建设成本，实现车联网应用的规模部署。同时，云边协同可以满足不同的车联网业务需求，用户自控制台可以实现在全国边缘计算节点的“一点创新、全国复制”，从而实现业务的快速、低成本部署，如图3-27所示。

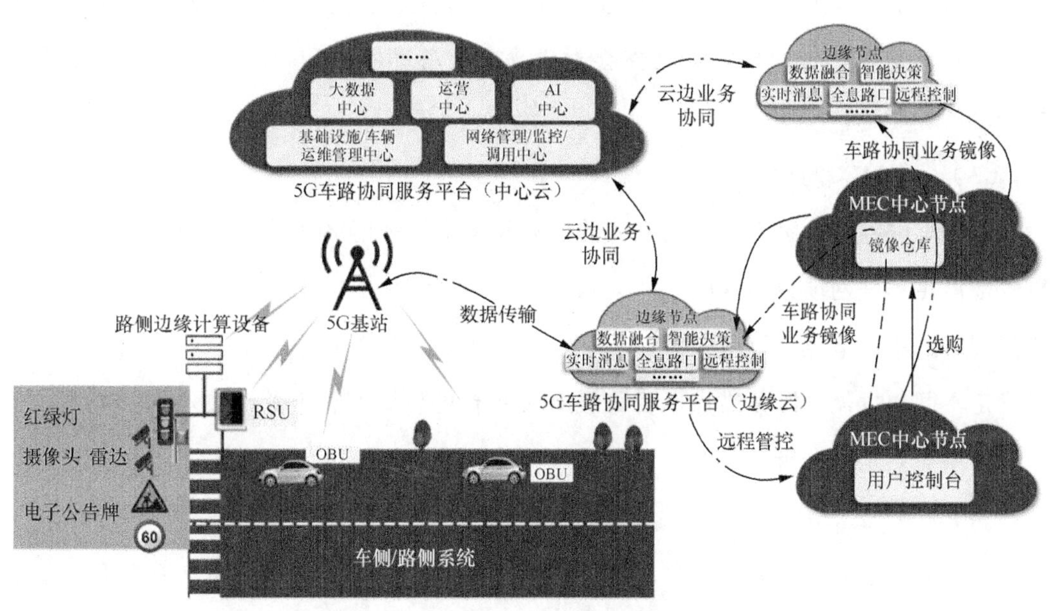

图3-27　5G云边协同满足不同业务需求

MEC是满足车联网超高可靠、低时延、大量数据短回路回传业务需求的重要候选技术之一，但在MEC技术的具体落地实施过程中，仍然存在有待进一步深入研究的关键技术点，具体体现为以下几方面。

（1）业务数据连续传输

在车联网场景中，车辆的移动性导致业务可能间断的情况有3种：第一，车辆在同一UPF下的多个基站间移动，基站间的切换可能导致数据传输中断；第二，当车辆在不同的同构MEC设备之间移动时，不仅涉及基站间的切换，也会涉及同构的MEC平台间的切换，此种情况比第一种情况更难保证业务的连续性；第三，车辆在不同的异构MEC平台移动，此种情况与第二种情况类似，此时涉及不同类型的MEC设备或者不同的服务提供商之间的切换，在这种情况下，业务数据的连续性问题更加难以控制。所以，在车辆的移动过程中，保证业务数据传输的连续性是当前研究的热点和难点。

（2）任务迁移

任务迁移即在车载终端的计算能力、硬件资源受限的情况下，根据需求将应用任务迁移到MEC单元处理，再将处理结果回传给终端。任务迁移能够突破终端硬件的限制，获得强大的计算和数据存取能力，并在此基础上实现用户内容感知和资源的按需分配，极大增强了用户的体验。任务迁移技术强化了移动设备的计算能力并改变了移动应用的计算模式，必然会对未来车载移动应用和车载移动终端的设计产生深远的影响。

（3）分级MEC间业务分流

根据车联网场景中不同数据业务的特点和需求，采用MEC分级部署的方案，可以有效地满足车联网场景中低时延和大数据量短路径回传的需求。MEC可以分级部署在整张网络的不同节点，但是如何定义不同级MEC之间的关系来实现合理分流、如何准确确定不同数据流的服务锚点以及每级MEC平台的资源部署等关键技术点，在MEC落地过程中需要量化分析和研究。

（4）业务接入MEC的安全性

在移动边缘计算场景下，移动终端将会面临更加复杂的环境，因此原本用于云计算的许多安全解决方案可能不再适用于MEC。另外，不同层级的MEC网关等网络实体的认证也是一个需要考虑的安全问题，因此，MEC系统必须解决认证、鉴权等安全性问题。同时，基于MEC的通信过程涉及众多内容的共享和计算协作，用户的隐私保护成为MEC未来发展过程中亟须解决的问题。

3.4.3 切片

切片融合了虚拟化、边缘计算、安全隔离、自动化以及人工智能等技术，是5G时代的关键技术。随着5G的逐步商用，切片将应用于各行各业，促进智能制造、智慧医疗和车联网等领域的发展。切片技术将运营商的物理网络划分为多个虚拟网络，每一个虚拟网络根据不同的业务需求，包括时延、带宽、可靠性等来划分，以灵活应对不同的车联网应用场景。

5G网络切片具有“网络功能按需定制、自动化、业务安全隔离”的典型特征，能

够将物理网络切割成多个虚拟的端到端网络，每个网络切片都可以获得逻辑独立的网络资源，且各切片之间相互隔离。车路协同作为未来智能交通系统的核心，通过车车、车路信息交互和共享，实现车辆和基础设施之间智能协同与配合、优化利用系统资源、保障道路交通安全、缓解交通拥堵的目标。在车路协同系统中，5G网络切片能够发挥重要作用。车路协同系统产生的庞大数据可以通过5G网络切片+边缘计算的方式进行传输和处理，车路协同系统可以通过网络切片的能力开放以满足车辆实时定位需求。面向车路协同信息服务、交通安全等场景，5G网络切片将提供更智能的网络资源、更强的安全隔离，实现各类网络服务的极致性能和用户体验，如图3-28所示。

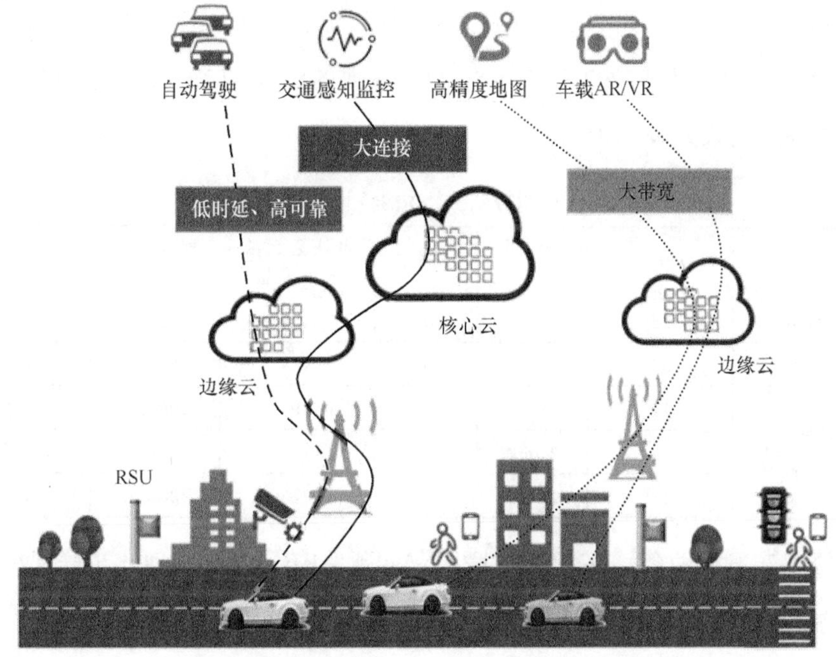

图3-28　基于车联网业务应用的网络切片

车联网有别于公众网应用，对网络的资源隔离、安全保障、业务质量保障等均有比较严格的要求，传输的数据包括控制指令、状态量、图片、视频等，相应地对网络带宽、时延、可靠性、移动性、覆盖范围和用户数等都有不同的要求。网络切片是贯穿无线网、承载网和核心网的端到端网络，需研究各个子域的切片技术方案，实现对车联网业务的端到端服务保障。

（1）无线网子切片选型：5G无线网络可以通过参数配置实现切片的资源隔离和业务质量保障，可以根据行业的安全隔离要求和需要保障的关键SLA选择不同类型的切片，并进行参数配置。

（2）核心网子切片选型：5G核心网采用SBA架构，支持虚拟化跨DC分布式部署，根据用户安全隔离要求不同，可以采用的核心网切片类型有全共享切片、用户面独占切片和全独占切片。

（3）承载网子切片选型：承载网基于SDN架构，根据用户安全隔离要求和带宽需求的不同，可灵活选择QoS、VPN（虚拟专用网）隔离、FlexE等切片类型，可实现基于QoS/Flex-Algo（灵活算法）的软切片差异化调度和基于VLAN/FlexE/以太网端口的硬切片隔离技术。

5G QoS（服务质量）是5G网络面向不同业务需求提供的网络配置方案，为每一类业务建立合适的无线承载。5QI是表示5G QoS参数的标量，与车联网相关的从5QI到5G QoS特性的映射关系如表3-6所示。

表3-6　以5QI到5G QoS特性的映射关系

5QI	资源类型	默认优先级	包时延预算	误包率	默认最大数据突发量	默认平均窗口	应用案例
75	GBR	25	50ms	10^{-2}	N/A	2000ms	V2X消息
79	Non-GBR	65	50ms	10^{-2}	N/A	N/A	V2X消息
81	Delay Critical GBR	11	5ms	10^{-5}	160Byte	2000ms	远程控制
82		12	10ms	10^{-5}	320Byte	2000ms	智能交通系统
83		13	20ms	10^{-5}	640Byte	2000ms	智能交通系统

为了满足车联网业务，5G可为车联网业务预留RB，当有其他非车联网终端接入，车联网终端能够按照预留RB提供车联网业务保障，如图3-29所示。

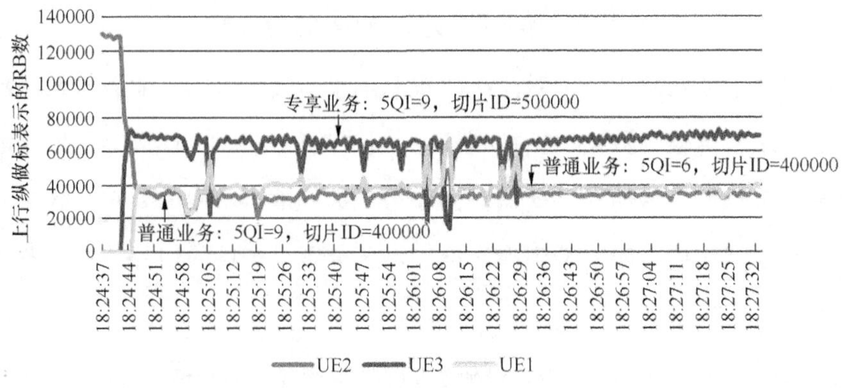

图3-29　RB资源预留车与联网终端资源占用情况

3.5 5G安全通信

3.5.1 5G车联网通信架构

基于Uu接口的车云、路云通信是车联网通信的重要组成部分，如前面所述，在5G+C-V2X车路协同融合通信网络架构中，其主要用于承载RSU/OBU至云端的业务，如RSU上传激光雷达、视频监控等感知数据或OBU上报自身状态等信息，其中包含大量用户敏感信息，如车辆的位置、行驶轨迹、用户身份等。目前，智能汽车制造商如特斯拉、理想、蔚来等，均通过移动蜂窝网将车辆接入中心云平台，实现信息采集、远程启动、系统升级等功能。另外，RSU通过移动蜂窝网与业务平台实现信息交互。上述功能对安全性要求极高，而传统移动蜂窝网通信可能会导致关键业务流量暴露在IP公共互联网上，存在受到网络攻击的风险。

在5G车联网中，基于运营商网络安全技术能力，可以实现车云与路云的端到端安全通信，并满足各类智慧交通业务对时延、可靠性和连续性的要求，根据不同场景按需提供通信服务。在5G车联网中，车云通信及路云通信的业务流如图3-30所示。车云通信一般访问车辆制造商部署在公有云的业务；而路云通信一般将路侧信息回传至道路管理或运营方的私有云，实现车联网相关数据处理业务。

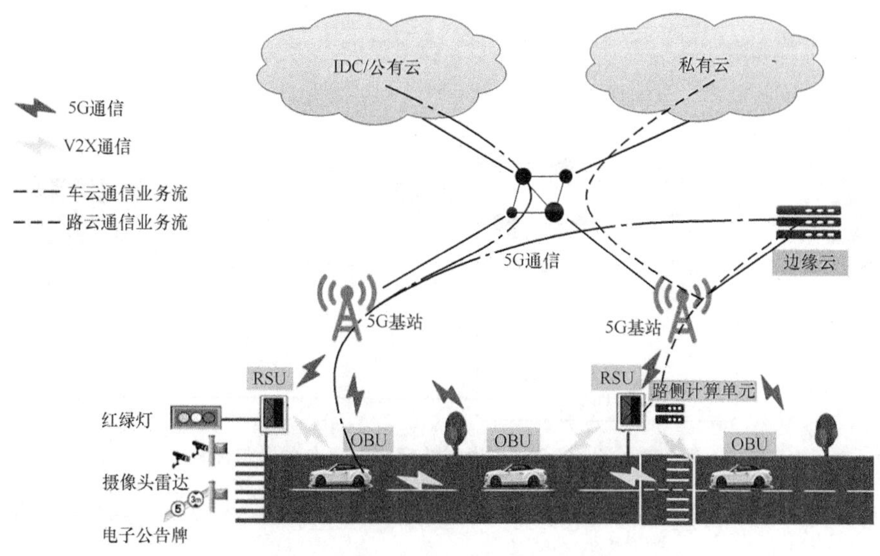

图3-30　车云通信及路云通信的业务流

在部分场景中，通过5G网络接入具有一定的优势。运营商5G网络已在全国部署，5G/V2X双模RSU/OBU可随时接入，部署简单、快捷、成本较低，通过5G网络接入可便捷地使用运营商的边缘计算能力。5G网络低时延特性逐渐完善，未来5G的空口时延将进一步降低并接近于有线网络的空口时延，足以满足车路协同通信对低时延的要求。在路侧与云端（含MEC）车路协同平台之间的数据及状态信息交互的应用中，典型如I2N、V2N场景等，已经有实际案例采用5G广域移动蜂窝网接入方式。

3.5.2 公众5G移动蜂窝网通信流程

公众5G终端通过蜂窝网与平台的通信流程如图3-31所示，主要分为串行的3段网络。

（1）移动终端通过内嵌5G模组/CPE（客户前置设备）接入5G基站，如图中标号①所示。

（2）5G基站将用户面数据通过GTP-U隧道协议封装，回传至5G核心网用户面出口设备，对GTP-U隧道进行解封装。该过程在运营商核心网中完成，由GTP-U隧道保护该过程的通信安全，如图中标号②所示。

（3）5G核心网通过N6接口将业务报文送至IP公共互联网，业务报文通过IP公共互联网传输并到达云平台所在的数据中心，由于IP技术尽力而为的传输特点，本段通信无安全性及可靠性保障，如图中标号③所示。

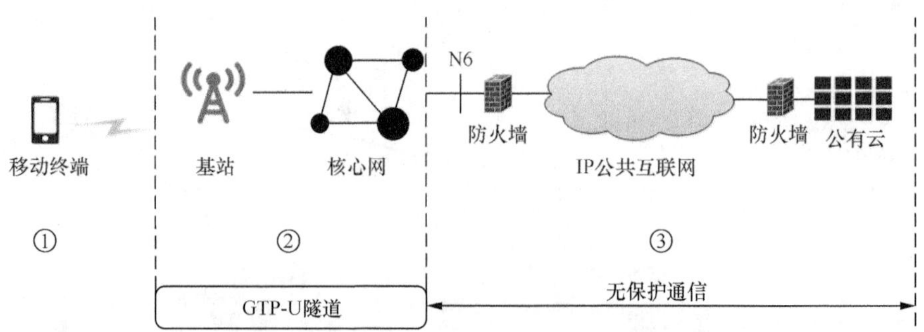

图3-31　公共5G终端通过蜂窝网与平台的通信流程

用户数据从移动核心网出去后会在IP公众互联网上进行传输，导致通信数据易被监听、窃取和篡改。

3.5.3 隧道解决方案

根据5G端云通信的安全风险，利用运营商网络技术能力，基于隧道技术的5G移动蜂窝网接入的端到端安全通信解决方案被提出，该方案能够实现车云的安全通信，为车路协同业务提供更优质的通信管道资源、多样的业务模式及车联网业务的可扩展性。

1. 终端侧

该方案需要对5G终端进行改造，集成安全模组或在终端侧部署安全网关，其中安全模组可以集成到5G终端设备内部，集成度较高；而安全网关采用的是旁挂式的部署方式，部署比较便捷，但无法做到车规级或工业级集成。安全模组和安全网关的实样如图3-32所示。

图3-32 安全模组（左）和安全网关（右）实样

安全模组与安全网关的功能相同，主要实现重点业务流量的识别和安全隧道的封装。重点业务流量是指如车端发送到车厂云平台的关键数据，需要安全保障；而普通互联网流量是指车端访问其他互联网业务的流量，如地图、微信、视频类业务，该部分业务一般情况下不需要特殊的安全通信防护。

对于终端上行的数据，安全模组/安全网关通过数据包的目的地址判断该流量是普通互联网流量还是重点业务流量。其中，普通互联网流量的目的地址为部署在IP公共互联网的服务器地址，而重点业务流量需要对其进行隧道封装，可选隧道协议包括GRE（通用路由封装）、IPSec等，安全模组/安全网关是隧道封装的起点。封装后的数据包源地址为安全终端预先分配的固定IP，目的地址为网络侧隧道端点，隧道端点可根据实际业务需求灵活部署。因此，在终端侧，安全模组/安全网关能够区分IP公共互联网流量和重点业务流量，为两类流量分别匹配路由表和防火墙，实现流量的软隔离，相互不可见，从而保证信息安全。

2. 网络侧

运营商网络侧在车载终端及云控平台之间建立隧道安全连接，提供数据加密和专有承载保护，防止数据被窃取，隧道端点终结在运营商网络中。SDN和NFV后的网络架构能够对网络中的隧道端点进行统筹管理，并实现车辆和云端之间传输路由的智能动态调整，确保选择最优的传输路径进行数据传输。同时通过环网、双节点、双平面等网络保障手段，确保网络节点故障时路由自动切换，提升数据传输的可靠性。

对于终端访问边缘云业务，隧道起点在RSU，经由运营商5G网络到达本地MEC，MEC中部署云化网关，对隧道流量进行解封装，并对业务进行处理，如图3-33中黑色粗实线所示。MEC部署了对外互联的接口，通过专线或建立VPN的方式连接至用户部署的外部云服务器，用于将部分处理结果回传，如图3-33中的虚线所示。

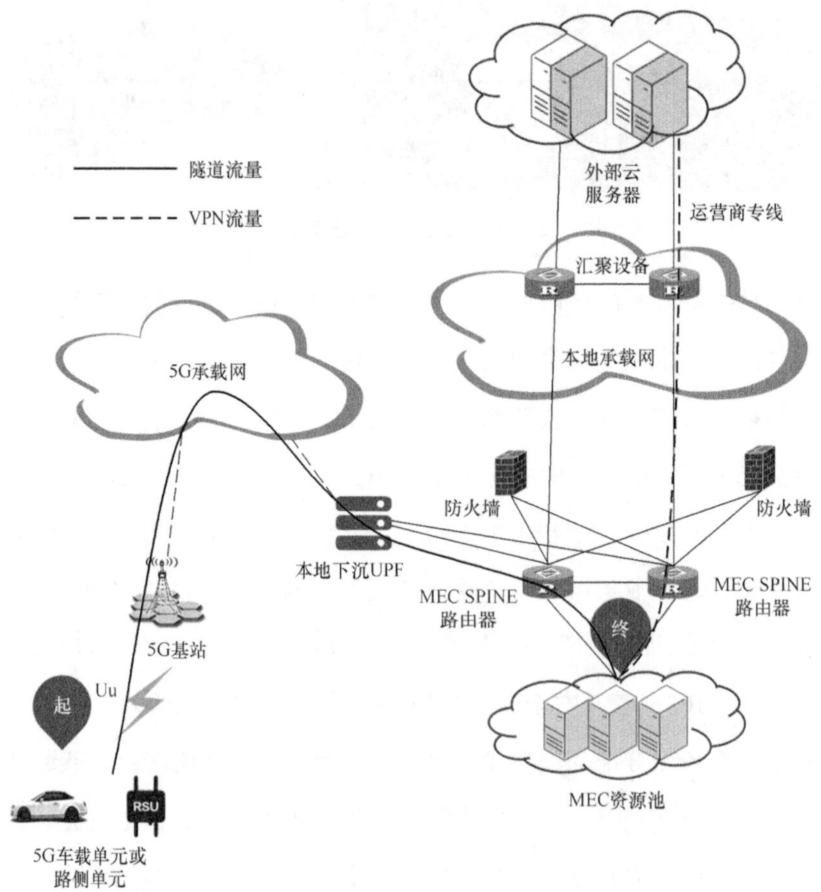

图3-33 访问边缘云业务隧道方案网络架构

对于终端访问中心云业务，隧道起点在RSU，经由运营商5G网络直接到达运营商网络中的汇聚设备，即隧道终点，如图3-34中粗实线所示。该设备将流量解封装，并直接连接用户的外部云服务器，可选择通过光纤直连或建立VPN等方式，保障网络的对接安全和用户数据的隔离，如图3-34中的虚线所示。

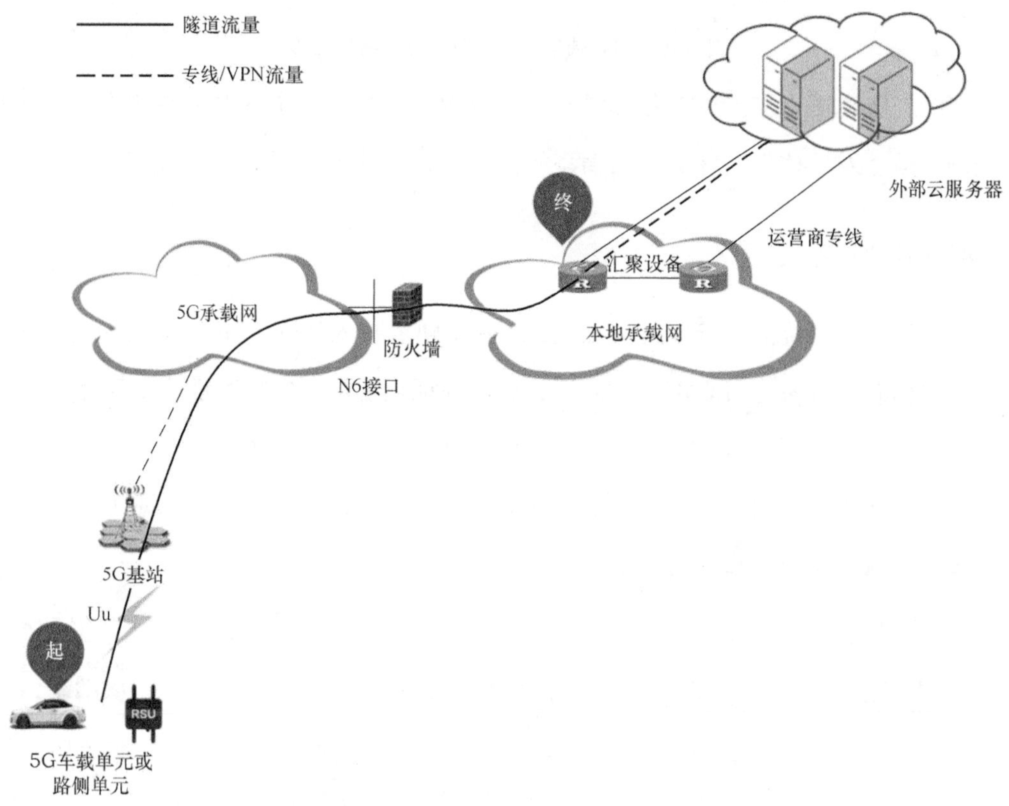

图3-34　访问中心云业务隧道方案网络架构

网络侧隧道端点的具体功能如下。

（1）网络侧隧道端点对重点业务数据包进行解封装，剥离IPSec/GRE的包头，获取内层数据包，读取内层数据包的目的地址，即重点业务的中心云平台的专网地址。

（2）将内层数据包转发到运营商专网上，通过二层或三层VPN技术实现安全和高可靠性传输。

端到端安全传输隧道封装通信过程如图3-35所示。

用户面数据表示用户实际的业务数据，先经过安全模组/安全网关的IPSec隧道封装，然后由基站进行GTP-U封装，再层层解封，最终到达中心云平台。

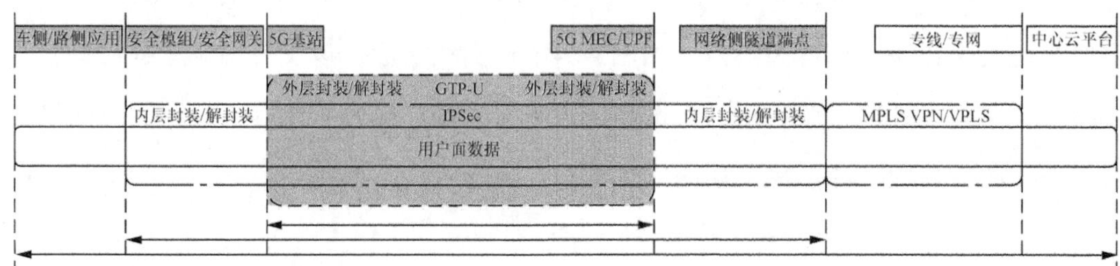

图3-35　端到端安全传输隧道封装通信过程

网络侧隧道端点支持SDN化配置，通过SDN控制器，可实现对终端的配置管理及业务的分级下发。此外，该安全通信系统支持多接入模式，可前向兼容3G和4G。

3. 测试验证

本书为验证系统的可行性及可靠性，对基于隧道技术的5G移动蜂窝网接入的端到端安全通信解决方案进行现网测试验证，测试验证环境如图3-36所示。安全模组/安全网关-1部署在A省，安全模组/安全网关-2及安全模组/安全网关-3部署在B省，并通过移动蜂窝网络接入运营商专网，重点业务中心云平台接入运营商专网，普通互联网业务中心云平台接入IP公共互联网。

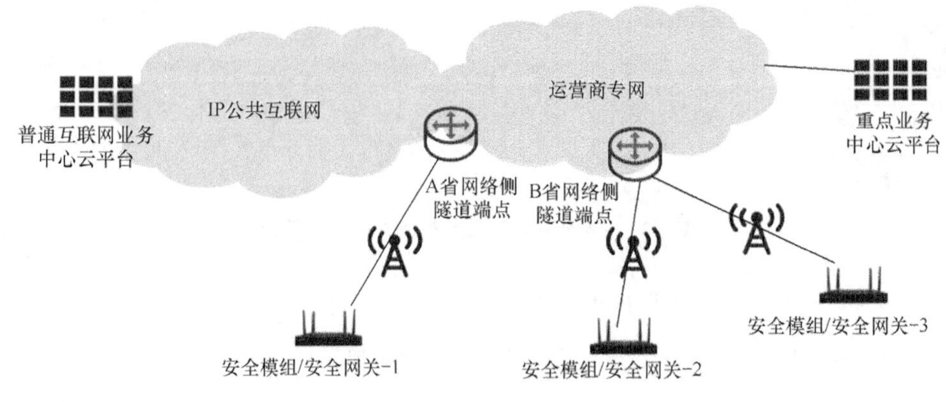

图3-36　测试验证环境

（1）测试项1——安全终端访问普通互联网业务中心云平台

普通互联网业务中心云平台部署在IP公共互联网上，提供面向公众用户的普通互联网业务，如地图、微信、娱乐视频等。安全模组/安全网关对于普通互联网业务采用直接透传转发的处理方式，本测试主要测试安全终端区分普通业务数据的能力。安全终端访问普通互联网业务数据流如图3-37所示。

测试结果表明，安全模组/安全网关到IP公共互联网网络可达，时延、丢包率等各项指标满足业务要求。

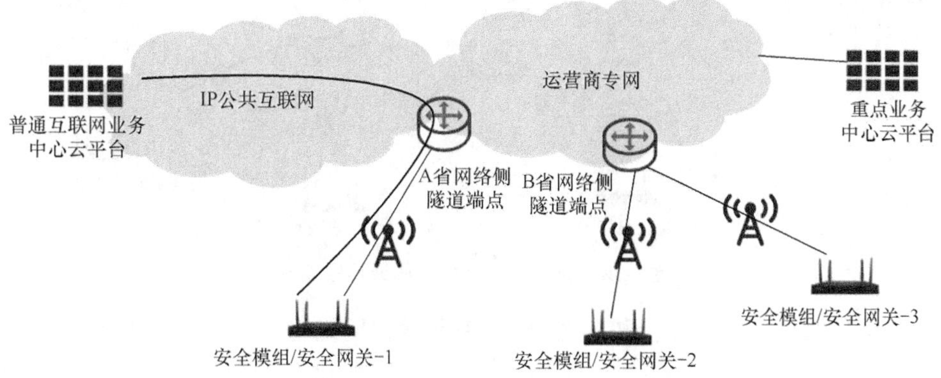

图3-37 安全终端访问普通互联网业务数据流

（2）测试项2——安全终端访问重点业务中心云平台

重点业务中心云平台接入运营商专网，通过安全终端进行访问。当安全终端识别到该流量为重要业务流量时，将进行IPSec封装，并通过运营商专网传输至重点业务中心云平台，安全终端访问重点业务数据流如图3-38所示。

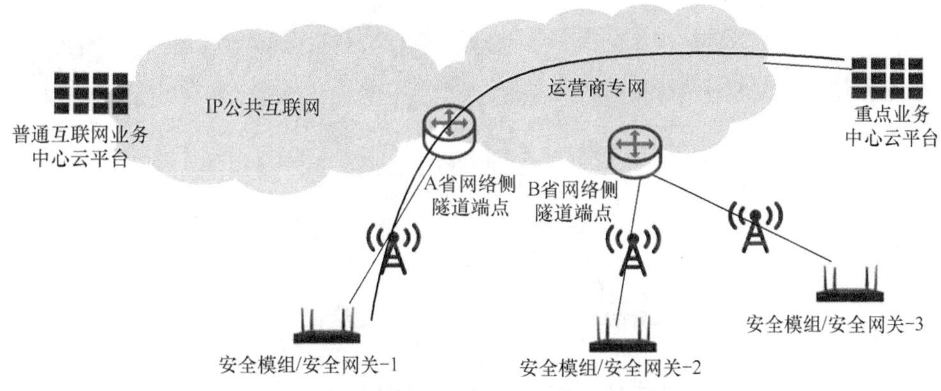

图3-38 安全终端访问重点业务数据流

测试结果表明，安全模组/安全网关到IP公共互联网网络可达，时延、丢包率等各项指标满足业务要求。

（3）测试项3——省内安全终端之间的通信

安全终端之间支持点到点安全通信，发送端以接收端的私网IP地址作为IPSec隧道封装的目的地址，并通过网络侧隧道端点作为数据转发点，可实现省内点到点通信，省内安全终端之间通信数据流如图3-39所示。

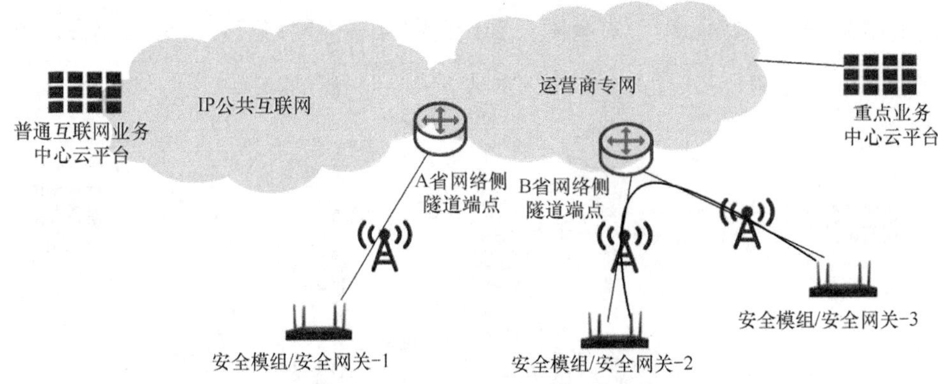

图3-39　省内安全终端之间通信数据流

测试结果表明，省内安全模组/安全网关间通信网络可达、时延、丢包率等各项指标满足业务要求。

（4）测试项4——省际安全终端之间的通信

安全终端之间支持点到点安全通信，发送端以接收端的私网IP作为IPSec隧道封装的目的地址，并将两个省的网络侧隧道端点作为数据转发点，可实现省际点到点通信，省际安全终端之间通信数据流如图3-40所示。

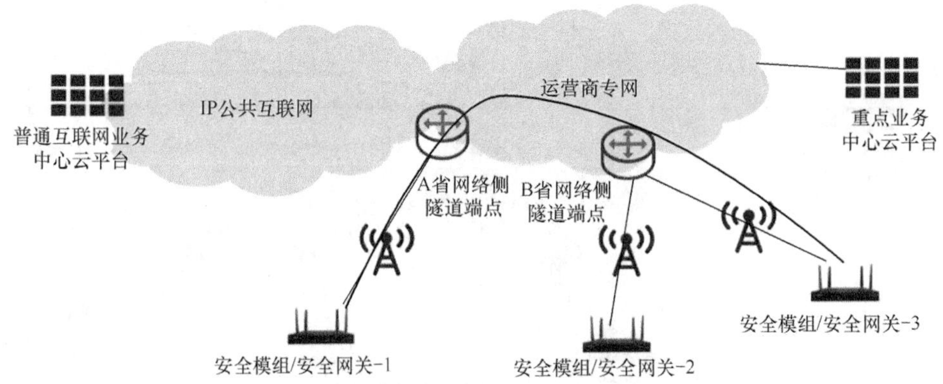

图3-40　省际安全终端之间通信数据流

由于传输网的网络指标与路由节点的数量和传输距离相关，传统的互联网传输方式经过的路由节点多、传输路径长，并且受到承载业务量波动的影响，网络时延等网络指标较差且不稳定。5G可靠通信方案通过终端和云端之间传输路由的智能动态调整，环网、双平面的冗余保障以及健康的承载业务量，同时结合MEC的本地分流，可实现网络路由节点最优，经过实际测试，时延等网络指标优于4G等传统通信方案。

3.5.4　专线/专网解决方案

部分5G终端，如已经商用的OBU/RSU，可能不便于额外增加上述安全通信设备，运营商可以利用5G网络安全技术，基于普通5G终端实现车云、路云的安全通信。

对于终端访问边缘云业务，用户流量从基站进入运营商5G网络，经由5G承载网到达本地分流UPF。在此过程中，用户流量为无线网流量，封装在GTP-U隧道中，在UPF解封装，进行用户标识的分配，上述过程如图3-41中粗实线所示。

用户数据从UPF N6出去后，使用GRE/IPSec隧道封装或使用VPN方式以保证其在运营商本地承载网内安全传输。最终用户数据到达本地承载网的汇聚设备，该汇聚设备对接外部用户设备，可选择采用光纤直连或VPN方式与用户设备对接，保证在传输过程中数据隔离和安全，如图3-41中点划线所示。可考虑双平面网络架构，以提高业务可靠性。

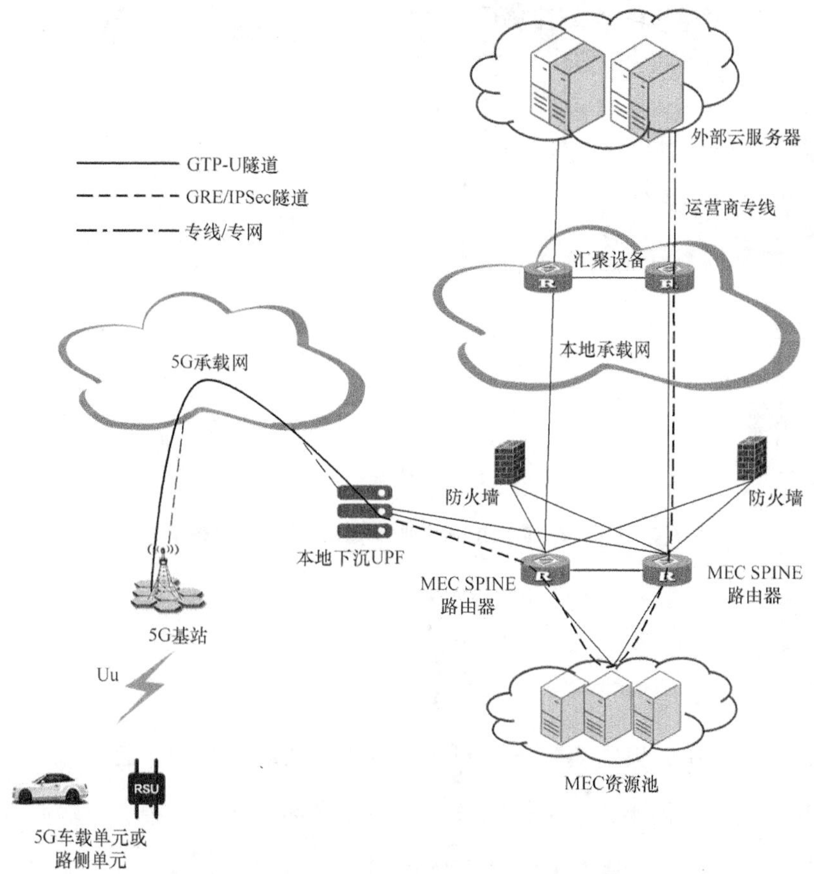

图3-41　访问边缘云业务专网方案通信架构

对于终端访问中心云业务，终端直连用户云平台进行通信。数据由5G Uu进入5G承载网，在运营商5G承载网中，GTP-U隧道保证数据安全，在UPF处解封装GTP-U隧道，如图3-43中粗实线所示。用户数据从N6接口出去后，再封装GRE/IPSec隧道，直至承载网中的汇聚设备，如图3-42中虚线所示。汇聚设备负责对接外部用户云服务器，可选择采用光纤直连或VPN方式与用户设备对接，以保证在专线传输过程中数据隔离及安全，如图3-42中点划线所示，可考虑双平面网络架构，以提高业务可靠性。

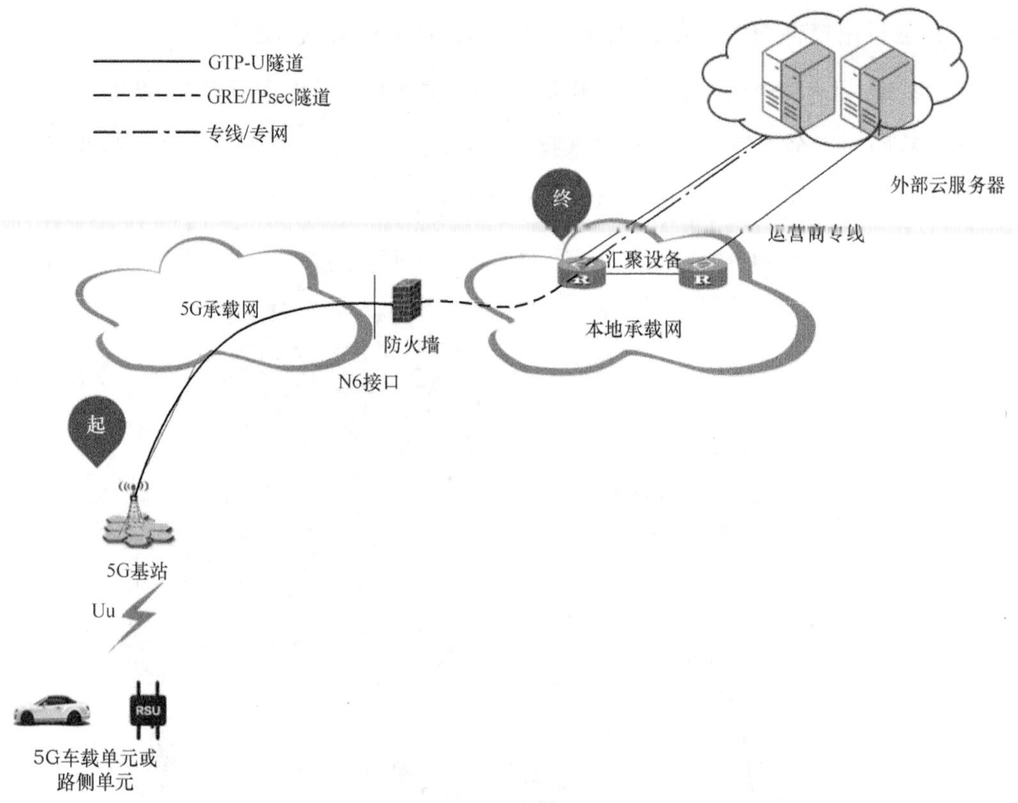

图3-42　访问中心云业务专网方案通信架构

3.5.5　总结

综上，隧道解决方案需要配置并部署于隧道的两端，其中，起点部署在通信终端侧，即车载单元或路侧单元，另一端根据业务需求部署在网络中。车端部署的隧道起点主要实现对终端上行业务数据进行分组识别，对重要业务数据进行加密通信，且不影响非重要业务数据与IP公共互联网系统的交互。网络侧利用运营商的网络能力实现

隧道的解封装及数据的安全转发，最终到达用户的云服务器。对于不便于部署安全模组或安全网关的终端设备，可直接采用5G空口进行数据传输，并在运营商网络中分段进行安全隧道的封装，以保证用户数据的隔离和安全性。

相比而言，隧道方案是从终端直接进行加密，安全可靠性更高，借助运营商网络调度能力，业务部署时间较短，可以实现业务快速开通。而专线/专网方案无须对终端进行改动，但网络侧配置较复杂。

此外，基于5G网络的安全通信，可以利用5G网络的QoS能力实现业务端到端的网络质量保障，例如无线侧RB资源预留、载波隔离等。

3.6　高精度定位

3.6.1　车联网高精度定位现状及产业情况

根据场景及定位性能的需求不同，车辆定位方案是多种多样的。在大多数的车联网应用场景中，通常需要通过多种技术的融合来实现精准定位。

（1）GNSS（全球导航卫星系统）：一种空间无线电定位系统。在地球上的任何时间、地点和天气条件下，只要接收机能接收到良好的卫星信号，就能确定它自身的准确位置。目前在轨运行的卫星导航系统包括美国的GPS、中国的北斗导航卫星系统（BDS）、俄罗斯的GLONASS（全球轨道卫星导航系统）及欧盟伽利略（Galileo）系统。

（2）无线网络（例如蜂窝网、局域网等）：一种利用现有网络，通过测量信号的某些特征值来完成定位的技术。因为蜂窝网覆盖比较广，不需要移动终端硬件的升级，在室内也能完成定位，所以基于无线电的定位是目前比较常用的定位技术。依据定位技术所采用的测量值，可以将基于无线电的定位技术分为基于到达时间、到达角度、接收信号场强的定位技术及混合定位技术等。

（3）惯性测量单元（IMU）：一种测量载体（如车辆）加速度、姿态及位置的装置，由三轴陀螺仪、三轴加速度计组成。

（4）传感器及高精度地图：通过车辆中传感器装置（如激光雷达、毫米波雷达、摄像头等）获取道路及周边环境信息后，与高精度地图进行匹配，进而获得车辆位置的技术。

其中，GNSS或其差分补偿实时动态（RTK）载波相位差分技术是最基本的定位方法。考虑到GNSS技术在遮挡场景、隧道以及室内的不稳定（或不可用）情况，其应用场景局限于室外环境。基于传感器的定位是另一种常见的定位方法，然而高成本和对环境的敏感性也限制了其应用前景。通常，GNSS或传感器等单一技术难以满足现实复杂环境中车辆高精度定位的要求，无法保证车联网定位的稳定性。因此，通过其他一些辅助方法，如惯性导航、高精度地图等，可以满足高精度定位的需求。

高精度定位硬件、软件、位置校正服务是自动驾驶汽车的核心要素。在恶劣天气、非视距场景和车载传感器不稳定的情况下，高精度定位在自动驾驶中起决定性作用。车企对于高精度定位的需求举例如表3-7所示。

表3-7　车企对高精度定位的需求举例

车企	自动驾驶何时需要高精度地图	辅助驾驶定位精度要求	自动驾驶定位精度要求
车企一	L3级及以上	<1m	<10cm
车企二	L4级及以上	偏转后1.5m内	<10cm
车企三	L3级及以上	<50cm	<20cm
车企四	L3级及以上	<50cm	<20cm
车企五	L3级+至L4级	1m左右	<20cm
车企六	L3级及以上	<1m	<10cm
车企七	L3级及以上	1m左右	<10cm

随着ADAS（高级驾驶辅助系统）进入高速发展期，高精度定位功能成为传统汽车的标配，自动驾驶也逐步渗透到人们的生活中，高精度定位在汽车行业的应用具有非常广阔的前景。

2021年，中国汽车产销分别为2608.2万辆和2627.5万辆，其中乘用车共销售2148.2万辆，汽车保有量超3.95亿辆。2021年我国卫星导航与位置服务市场规模达到4690亿元，较2020年增长16.29%，体现了产业的良好韧性和可持续发展的强大动能。巨大的汽车市场为车联网的发展奠定了坚实基础，目前高精度导航设备的成本在3万元左右。然而，在星地基增强系统一体化建成以及导航终端芯片化集成以后，高精度

导航设备技术方案必然会明显简化，当其具有明显的规模优势后，成本将降到汽车市场认可的量产价格。2021年全球汽车V2X市场规模约151亿元，预计未来将持续保持平稳增长的态势，到2028年市场规模将接近659亿元，未来6年的CAGR（复合年均增长率）为23.1%。

3.6.2 车联网定位需求与挑战

1. 车联网定位需求指标

车联网主要涉及三大业务应用，包括交通安全、交通效率和信息服务，不同的业务应用有不同的定位性能指标需求。同时，车辆作为移动的实体会经历不同的应用场景，包括高速公路、城市道路、封闭园区以及地下车库等。不同的应用场景对定位的技术要求也各不相同，如表3-8所示。

表3-8 C-V2X主要应用场景及定位指标

用例/要求	速度/（km·h^{-1}）	车辆密度/（辆·平方千米$^{-1}$）	定位精度/m
交叉口左转辅助	120	1500	1.5（3σ）
交叉口移动辅助	120	12000	1.5（3σ）
紧急刹车告警	250	12000	1.5（3σ）
交通拥堵告警-城市/乡村/高速公路	70/120/250	12000/9000/4500	20（1σ）
车辆健康监测	250	1200	1.5（3σ）
高清传感器共享	250	12000	0.1（3σ）
弱势交通参与者（VRU）——意识到周边潜在的危险环境/碰撞风险预警	城市：70 乡村：120	相关的VRU：300 当前VRU：10000 车辆：1500	1（3σ）/0.5（3σ）
远程驾驶	50	10	0.1（3σ）
紧急情况下自动驾驶车辆的协同操纵	城市：70 乡村：120 高速公路：250	4500（高速公路） 9000（乡村） 12000（城市）	0.2（3σ）
通过绿灯协调的连续交通流	70	3200	1.5（3σ）
取消远程自动驾驶	250	1500	10（1σ）
高精度地图采集与共享	城市：70 高速公路：250	12000	0.1～0.5（3σ）

续表

用例/要求	速度/（km·h^{-1}）	车辆密度/（辆·平方千米$^{-1}$）	定位精度/m
自动交叉穿行	城市：70 乡村：120	3200机动车 10000 VRU	0.15（3σ）
稳定状态下的车辆编队	100	4500（高速公路） 9000（城市） 12000（乡村）	1.5（3σ）
协同并道	城市：70 乡村：120 高速公路：250	4500（高速公路） 9000（城市） 10000（乡村）	1.5（3σ）
基础设施辅助环境感知	250/120	1200	0.1（3σ）
基于基础设施的远程操作驱动	10	1200	0.1（3σ）
请求/撤销公交专用道共享	70	10	1.5（3σ）

同时，自动驾驶作为车联网的典型应用已经逐步渗透到人们的生活中，封闭或半封闭园区的无人摆渡、无人清扫、无人派送，以及矿区的无人采矿、无人运输等，已经成为无人驾驶的典型应用。高精度定位是实现无人驾驶或者远程驾驶的基本前提，因此对定位性能的要求也非常严苛，其中L4/L5级自动驾驶汽车定位系统指标要求如表3-9所示。

表3-9　L4/L5级自动驾驶汽车定位系统指标要求

项目	指标	理想值
位置精度	误差均值	< 10cm
位置鲁棒性	最大误差	< 30cm
姿态精度	误差均值	< 0.5°
姿态鲁棒性	最大误差	< 2.0°
场景	覆盖场景	全天候场景

2. 车联网定位面临的挑战

车联网场景的定位需求主要面临的挑战包括以下几方面。

（1）满足不同应用场景下的定位需求。目前室外的定位技术以RTK为主，在室外空旷无遮挡环境下可以达到厘米级定位要求，但考虑到城市环境中的密集高楼区，以及信号传输会经历隧道、高架桥、地下停车场等遮挡场景，需要结合惯性单元并使用融合算法来保持一定的精度。所以如何保障车辆在所有场景下的长时间稳定的

高精度定位，是车联网应用场景下车辆高精度定位面临的巨大挑战。业内普遍认为需要结合蜂窝定位、惯性导航、雷达、摄像头等，通过多源数据融合保障车辆随时随地的定位精度。

（2）高精度地图的绘制和更新。高精度定位需要有与之匹配的高精度地图才有意义。从定位技术上，对于摄像头、雷达等传感器的定位，需要有相应的高精度地图匹配，以保证实现厘米级的定位需求。另外，从车联网业务上，路径规划、车道级监控和导航也需要高精度地图与之配合才能实现。然而，绘制高精度地图存在成本高和绘制复杂的问题，且需要定期更新才能保证定位的性能和业务需求。

（3）高精度定位成本较高。为保障车辆高精度定位的性能需求，需要融合蜂窝网、卫星、惯性导航系统、摄像头以及雷达数据，而惯性导航系统、雷达等部署和计算成本较高，难以实现快速普及，限制了车辆高精度定位的商业应用。

3.6.3　车联网高精度定位系统架构

随着5G及C-V2X技术的快速发展，为满足多样化的业务需求，基于车联网的应用服务行业也在蓬勃发展。对业务场景的性能分析发现，高精度定位已经成为V2X系统中重要的一环。本书将高精度定位分为基于终端的定位和终端辅助定位两大类，并进行分析。

1. 基于终端的定位架构

基于终端的定位是指利用网络侧提供的RTK数据、地图数据等进行定位解算，其解算过程完全在终端侧进行。

在基于终端的定位架构中，网络侧主要负责RTK的矫正数据传输和基于5G的定位，终端侧主要负责RTK定位和融合算法，定位辅助信息可以通过eNB/gNB/RSU获得。通过已知位置的RSU或基站进行RTK信息广播，可以避免传统的RTK定位中终端初始位置上报，这与使用SSR（状态域）方案的GNSS定位技术相似，都不需要终端上报其初始位置，收集、合并定位辅助信息会增加终端的复杂性。

高精度定位是车联网整体系统中的关键部分，通过对车辆高精度定位的场景分析和性能需求分析，本书将基于终端的定位架构分为终端层、网络层、平台层和应用层，如图3-43所示。终端层主要实现多源数据融合算法，保障不同应用场景、不同业务的定位需求。平台层提供一体化车辆定位平台功能，包括差分测量上报、高精度地图数据库等，并实现定位能力开放。网络层包括5G基站、RTK参考站和RSU，为定位终端提供数据的可靠传输。应用层主要提供车道级导航、辅助环境感知、自动驾驶等应用。

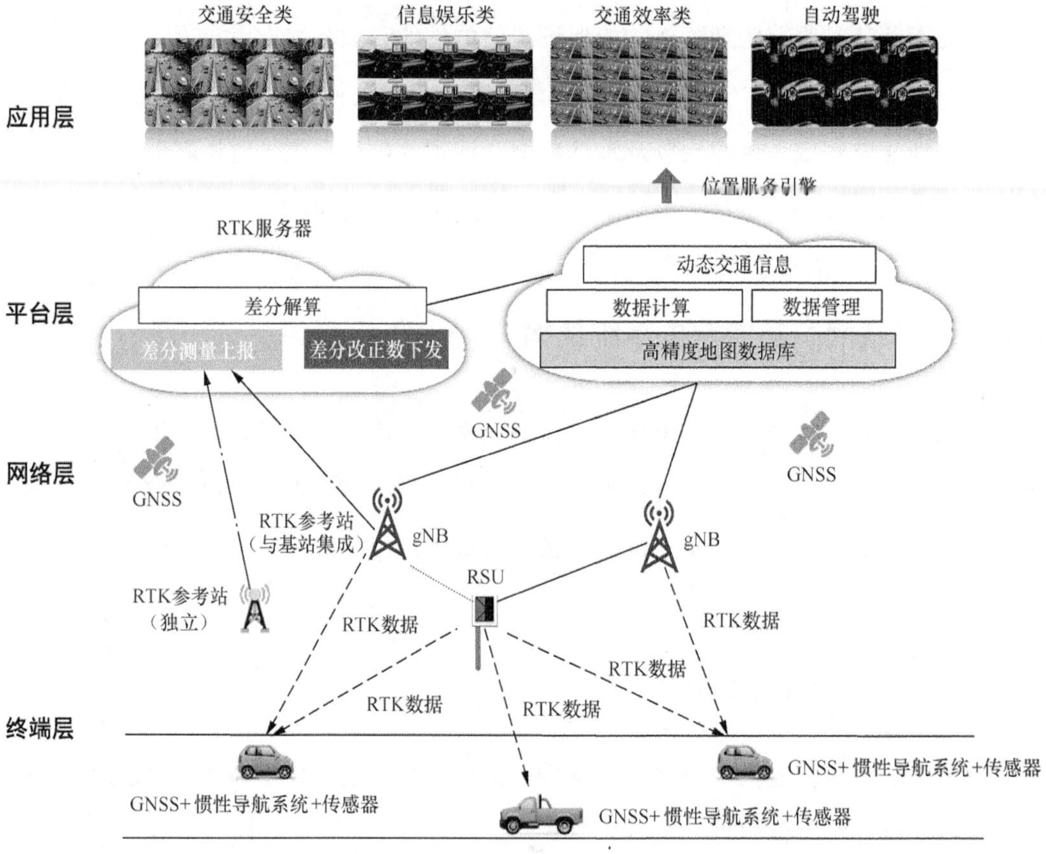

图3-43　基于终端的定位架构

（1）终端层

为满足车辆在不同环境下的高精度定位需求，需要在终端采用多源数据融合的定位方案，包括基于差分数据的GNSS定位数据、惯性导航系统数据、传感器数据、高精度地图数据以及蜂窝网数据等。

（2）网络层

网络层主要实现信号测量和信息传输，包括5G基站、RTK基站和RSU。5G作为新一代的通信技术，可以保证较高的数据传输速率，满足高精度地图实时传输的需求。5G基站也可完成对终端的信号测量，并上报上级平台完成基于5G信号的定位，为车辆高精度定位提供辅助。基于5G边缘计算，网络层可实现高精度地图信息的实时更新，提升高精度地图的实时性和准确性。

地基增强站主要完成RTK测量，它可以与运营商基站共建，大大降低网络部署和运维成本。同时，可通过5G网络实现RTK基站测量数据的传输，完成参考站的快速、灵活部署。

RSU一方面可实现RTK信息播发，避免传统的RTK定位中终端初始位置的上报，同时可提供局部道路车道级地图、实时动态的交通信息广播等服务。

（3）平台层

平台层可实现功能模块化，主要包括以下功能。

- 高精度地图数据库。包括静态高精度地图信息，如车道线、车道中心线、车道属性变化等，也包括道路的曲率、坡度、航向、横坡等参数，能让车辆准确地转向、制动、爬坡等，还包括交通标识牌、路面标识等道路部件，标注出特殊地点，如 GNSS 消失的区域、道路施工状态等。
- 动态交通信息。动态交通信息包括道路拥堵情况、施工情况、交通事故、交通管制、天气情况等。
- 差分解算。平台通过RTK基站不断接收卫星数据，对电离层、对流层、轨道以及多路径效应等各种主要系统误差源进行优化分析，建立整网的电离层延迟、对流层延迟等误差模型，并将优化后的空间误差发送给移动车辆。
- 数据管理。需管理的数据包括全国行政区划数据、矢量地图数据、基础交通数据、海量动态应急救援车辆位置数据、导航数据、实时交通数据、POI（兴趣点）数据等。
- 数据计算。数据计算功能包括路径规划、地图静态数据计算、动态实时数据计算、大数据分析、数据管理等。

（4）应用层

在客户端，应用层为用户提供地图浏览、规划路线显示、数据监控和管理等功能，以及基于位置的其他车联网业务，例如辅助驾驶、自动驾驶等。

各层级之间的信息交互与处理如图3-44所示。

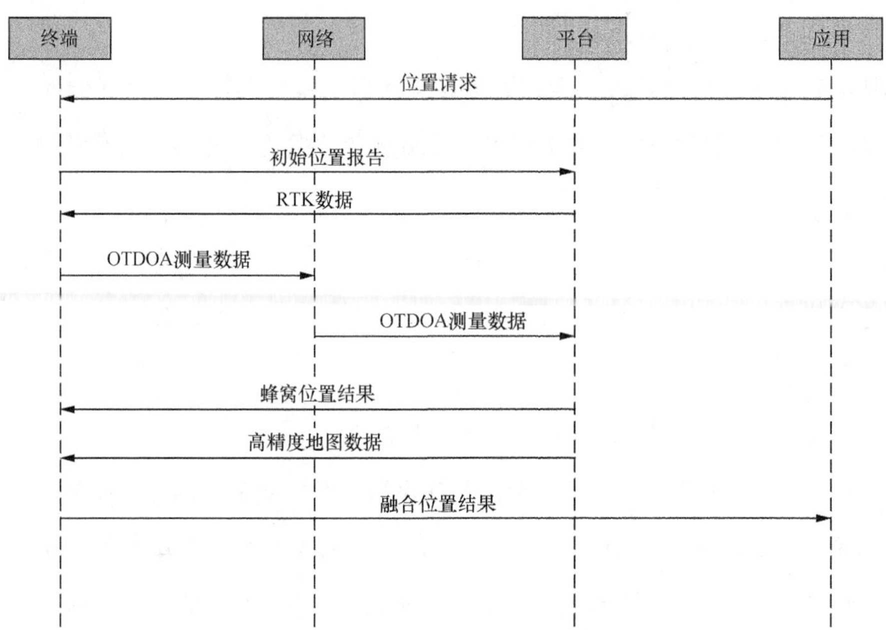

图3-44　基于终端的定位体系架构信息处理举例

2. 终端辅助定位架构

终端辅助定位计算完全在网络侧进行，其原始数据来源于路侧单元和终端。

终端辅助定位架构如图3-45所示，网络层主要用来进行RTK定位、基于5G定位、融合计算和定位结果传输。终端层主要用来进行测量报告和接收定位结果，定位结果可以通过eNB/gNB/RSU进行传输。

终端辅助定位架构的功能模块与基于终端的定位架构相似，与图3-43相比，终端辅助定位架构在网络功能模块执行融合算法，利用MEC可以快速实现计算过程。典型的终端辅助定位场景包括弱势交通参与者与交通监管。终端辅助定位架构降低了终端的复杂性，适用于智能交通中行人和非机动车辆的高精度定位。

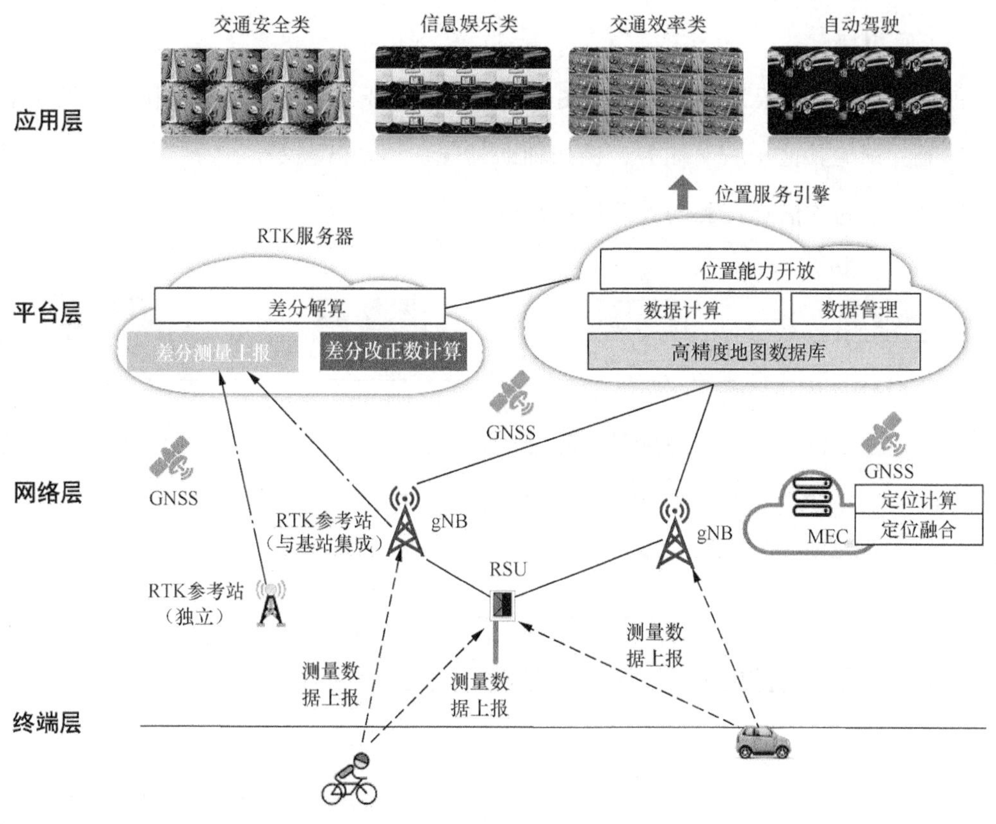

图3-45 终端辅助定位架构

（1）终端层

为了实现在平台上的位置计算，终端需要将测量数据传输到平台，包括GNSS数据、传感器数据和惯性导航系统数据。

（2）网络层

网络层主要实现信号测量和信息传输，以及5G基站、RTK基站的部署。5G作为新一代的通信技术，保证了较高的数据传输速率，可以满足高精度地图实时传输的需求。5G基站也可与终端、上报平台协同完成信号测量，上报平台依据5G信号计算定位信息，为车辆高精度定位提供辅助。

（3）平台层

终端辅助定位架构与基于终端的定位架构相比，在MEC侧增加了位置计算模块，除了计算基于RTK的GNSS定位算法及基于蜂窝的定位算法，还需要将GNSS定位数据、蜂窝定位数据、惯性导航系统数据、传感器数据与高精度地图数据结合进行融合计算，得出终端位置。

（4）应用层

在客户端，应用层为用户提供地图浏览、规划路线显示、数据监控和管理等功能，以及基于位置的其他车联网业务，例如辅助驾驶、自动驾驶等。

各层级之间的信息交互与处理如图3-46所示。

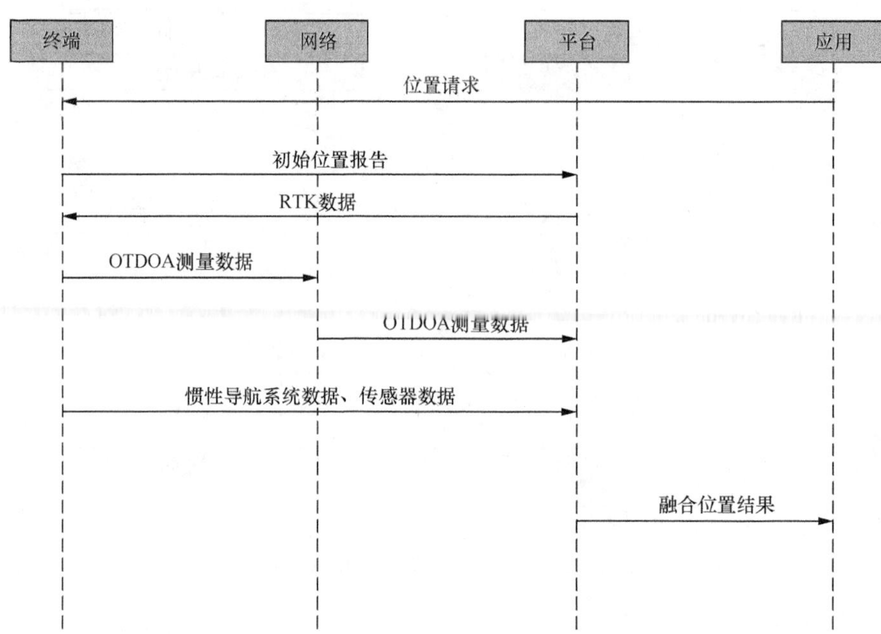

图3-46　终端辅助定位体系架构信息处理举例

3.6.4　车辆高精度定位关键技术

1. 基于RTK差分系统的GNSS定位

GNSS是能在地球表面或近地空间的任何地点为用户提供全天候的三维坐标、速度以及时间信息的空基无线电导航定位系统，包括美国的GPS、俄罗斯的GLONASS、欧洲的GALILEO系统和中国的BDS。

高精度GNSS增强技术通过地面差分基准参考站进行卫星观测，形成差分改正数，再通过数据通信链路将差分改正数播发到流动测量站，流动测量站根据收到的差分改正数据进行定位。

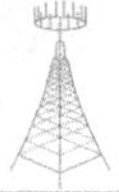

（1）高精度GNSS差分改正数通过蜂窝网络向用户面播发

差分改正数的用户面播发是基于NTRIP、RTCM等协议实现的单播传输方法，如图3-47所示。

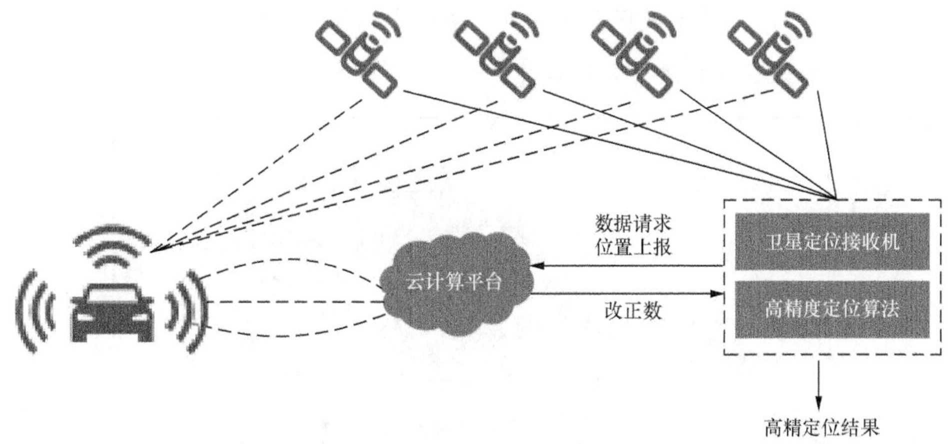

图3-47　高精度GNSS差分改正数通过蜂窝网络用户面播发

- 由地面基准参考站观测卫星数据，将原始卫星观测值传输至云端改正数解算及播发平台。
- 云端改正数解算及播发平台收到原始卫星观测数据后进行实时组网建模解算，形成区域网格化差分改正数。
- 终端流动站发起高精度改正数请求，并上报当前卫星定位取得的初始位置。
- 云端改正数解算及播发平台根据终端位置匹配相应改正数，通过蜂窝网络用户面（互联网）下发至终端。
- 终端设备根据自身的卫星观测值以及接收到的差分改正数进行高精度定位。
- 在这种播发方式中，移动通信网络仅作为数据通路，差分改正数据与单个蜂窝不产生直接关联关系。

（2）高精度GNSS差分改正数通过蜂窝网络控制面播发

为了应用于不同场景，将高精度GNSS引入移动通信网络控制面，不仅可以支持单播改正数的播发，还支持广播的方式，如图3-48所示。具体的实现主要基于如下步骤。

- 运营商定位服务器可以从参考站获得观测值，该参考站可以是第三方参考站，也可以是基于蜂窝网络中基站进行改造升级的参考站。

- 在一个小区内，基站的位置可以被看作是用户的概略位置，定位服务器通过部署方式或者基站上报的方式可以获得基站的位置信息。
- 定位服务器，基于获得基站的位置信息以及参考站的测量值，进行建模并产生改正数，根据应用场景的不同以单播或者广播的形式发送给终端。
- 终端获取改正数后进行定位解算。

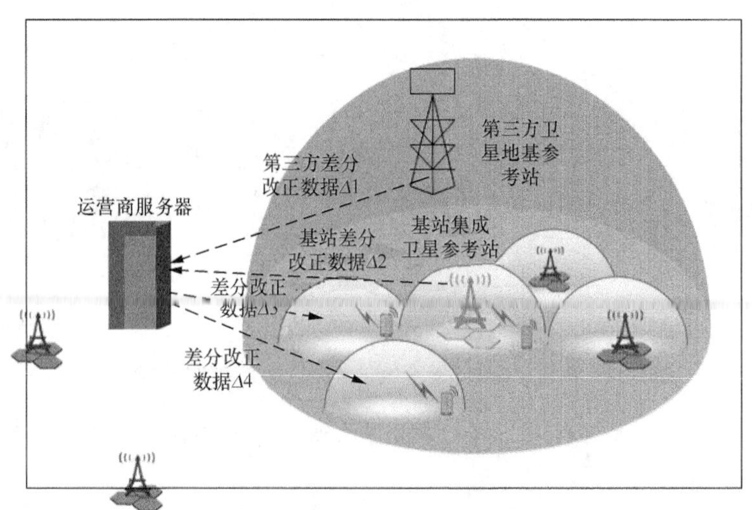

图3-48　基于移动通信网络的高精度GNSS定位原理

差分改正数据通过蜂窝网络控制面播发的标准体系框架如下。

高精度GNSS在移动通信网络中主要涉及的网元有UE、eNB、MME以及E-SMLC（演进服务移动定位中心）。单播时，主要涉及的是UE与E-SMLC网元，E-SMLC和UE之间的定位信令协议栈如图3-49所示。广播时，定位服务器通过与基站的接口协议LPPa将数据发送给基站。基站通过空口广播给终端，E-SMLC和eNB之间的定位信令协议栈如图3-50所示，广播时eNB与UE之间的协议栈为控制面协议栈，如图3-51所示。

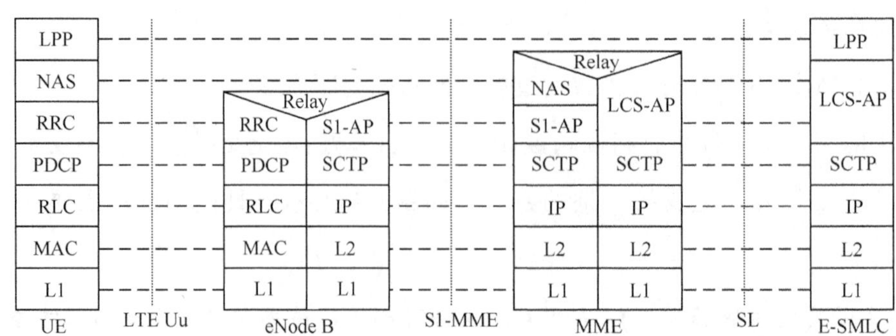

图3-49　E-SMLC和UE之间定位信令协议栈

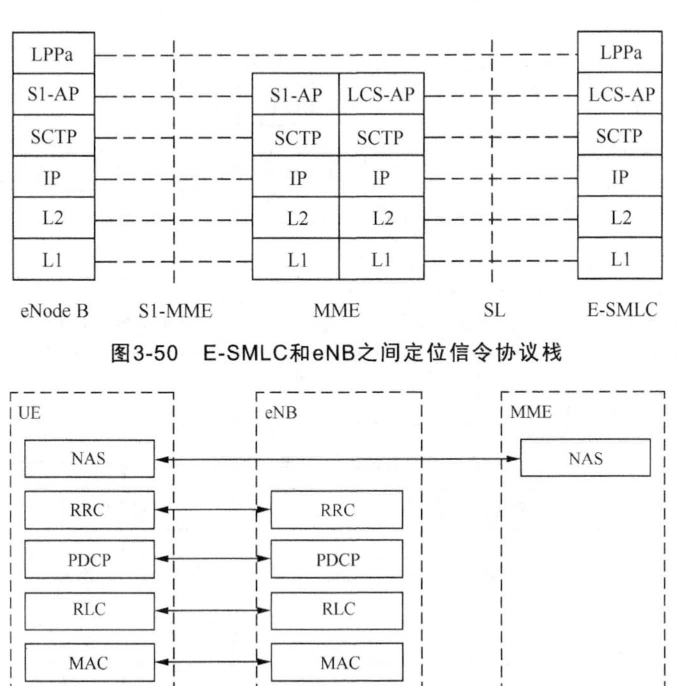

图3-50　E-SMLC和eNB之间定位信令协议栈

图3-51　控制面协议栈

2. 传感器与高精度地图匹配定位

视觉定位通过摄像头或激光雷达等视觉传感器设备获取视觉图像，再提取图像序列中的一致性信息，根据一致性信息在图像序列中的位置变化估计车辆的位置。

相较于传统地图，应用于自动驾驶的高精度地图提供了更加丰富的语义信息，除了包含车道模型如车道线、坡度、曲率、航向、车道属性、连通关系等内容外，还包括大量定位对象（Object），即路面、两侧或上方的各种静态物体，如路缘石、栅栏、交通标牌、交通灯、电线杆、龙门架等，这些元素均包含精确的位置信息，通过激光雷达（LiDAR）、相机（Camera）和毫米波雷达（Radar）识别出地图上的各类静态地物，然后将这些对象与地图上存储的对象进行比对，匹配通过后，利用相对姿态和位置关系，即可得到车辆自身的精确位置和姿态，实现无GPS条件下的自定位。

基于语义级的高精度地图匹配定位原理的流程为：采用惯性递推或航位推算获取定位预测值，再通过地图匹配定位与GNSS高精度定位进行滤波融合，对预测结果进行校正，即可获得精确定位信息，如图3-52所示。

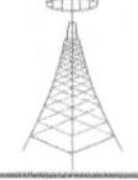

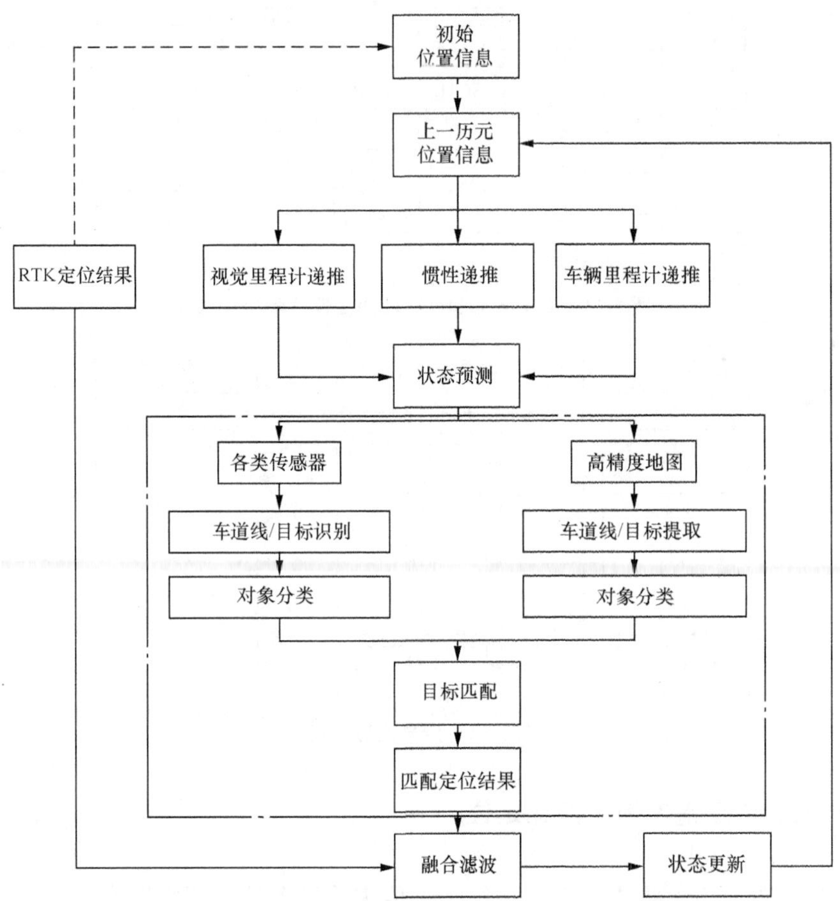

图3-52　基于语义级的高精度地图匹配定位流程

（1）车身各类传感器（激光雷达、毫米波雷达、相机）通过标定与授时进行空间同步和时间同步。

（2）使用GNSS高精度定位及惯性导航系统获取初始位置、速度、姿态。

（3）在上一历元的状态下，通过惯性导航系统惯性递推/车辆里程计/视觉里程计递推，获得下一历元的预测状态（通常情况下取惯性导航系统输出时间间隔为一历元）。

（4）根据当前预测位置，由高精度地图提取车身周围的高精度地图语义信息，包括车道线、马路牙、栅栏、交通标牌、交通灯、电线杆、龙门架等对象信息，并按目标类别进行分类。

（5）各传感器结合车辆预测状态进行车道线/目标识别，并同样进行对象分类。

（6）通过分类对象进行对象匹配。

（7）匹配完成后，根据高精度地图中存储的对象位置、姿态信息，结合传感器测

距、测姿结果，反向计算车辆位置、姿态信息，获得匹配定位结果。

（8）将RTK定位结果、匹配定位结果及车辆预测状态进行融合滤波，获得最终定位状态，并进行状态更新。

3. 蜂窝网定位

蜂窝网络对于提高定位性能至关重要，尤其是伴随着5G的到来，其大带宽、低时延、高可靠的网络性能可支撑RTK数据和传感器数据的传输、高精度地图的下载和更新等。此外，基于5G信号的定位服务也为车辆高精度定位提供强有力的支撑。

蜂窝网定位基本流程如图3-53所示，在定位流程中，定位业务（LCS）客户端发起定位请求信息到定位服务器，定位服务器作为命令的执行中枢将定位请求发送到无线接入节点，一般为移动网络的基站端（在5G通信网络中为gNB），并通过RAN侧空口将定位请求相关的消息发送给定位终端。定位终端收到请求信息后，按请求的内容将相关信息反馈给无线接入节点，无线接入节点以消息透传的方式将测量信息上行传送到核心网，再到达定位能力服务器。定位能力服务器对接收到的定位终端信息进行核算和确信，将核算后的定位结果反馈给定位请求端，完成整个定位流程。

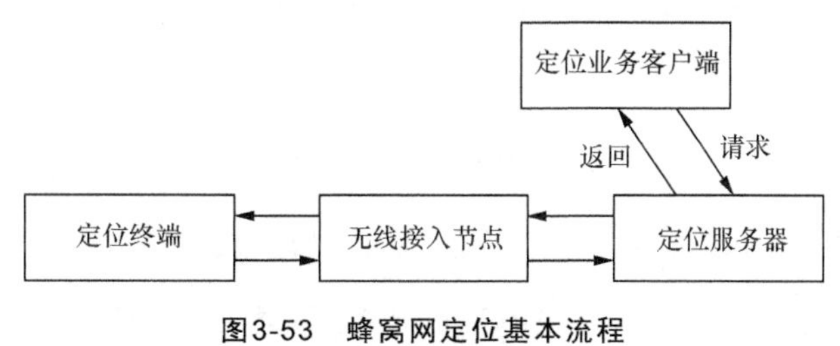

图3-53　蜂窝网定位基本流程

整个定位流程主要涉及3类接口，终端（定位目标）与无线接入节点之间的接口、无线接入节点与定位服务器之间的接口、定位服务器与定位客户端之间的接口。

（1）5G蜂窝网常见定位方法

① NR E-CID方法

NR E-CID定位使用额外的UE、gNB，或者二者同时使用，从而提升UE的定位估计性能。

由于UE的测量值一般不仅仅用于定位,NR E-CID定位有可能会利用RRC协议中既定的测量控制系统的测量值，这样可以避免额外测量，并且定位程序本身不会要求UE

有测量行为。

② Multi-RTT定位

Multi-RTT定位中，gNB和UE分别针对来自多个发送接收点（TRP）的上下行信号进行Rx-Tx时差测量，并携带相应的DL-PRS-RSRP信息和UL-SRS-RSRP信息，上报到定位服务器。

UE利用从定位服务器接收的辅助数据，测量UE的Rx-Tx时差（DL-PRS-RSRP可选），TRP使用从定位服务器接收的辅助数据，测量gNB的Rx-Tx时差（UL-SRS-RSRP可选）。测量值用于确定位于定位服务器上的RTT，从而进行定位。

③ DL-AOD定位

DL-AOD利用终端从多个传输点（TP）接收到的下行信号中测量到的DL-PRS-RSRP信号进行定位，利用从定位服务器接收到的辅助数据，UE测量接收信号的DL-PRS-RSRP，测量结果与其他配置信息共同用于定位UE相对于邻近TP的位置。

④ DL-TDOA定位

DL-TDOA利用终端从多个传输点（TP）接收的下行参考信号时差（DL RSTD、DL-PRS-RSRP可选）进行定位。利用从定位服务器接收到的辅助数据，UE测量所接收信号的DL RSTD（DL-PRS-RSRP可选），测量结果与其他配置信息一起用于定位UE相对于邻近TP的位置。

⑤ UL-TDOA定位

UL-TDOA利用在多个接收点（RP）收集的UE上传的上行链路相对到达时间（UL-RTOA、UL-SRS-RSRP可选）进行定位。利用从定位服务器接收到的辅助数据，RP测量接收信号的UL-RTOA（UL-SRS-RSRP可选），测量结果与其他配置信息一起用于UE定位。

⑥ UL-AOA

UL-AOA利用在多个接收点（RP）收集的UE上传的测量到达方位角（A-AOA）和到达顶角（Z-AOA）进行定位。利用从定位服务器接收的辅助数据，接收点（RP）测量所接收信号的A-AOA和Z-AOA，测量结果与其他配置信息一起用于UE定位。

（2）5G蜂窝网定位业务流程

基于5G蜂窝网络的定位模块架构如图3-54所示，在该图中定位模块不仅支持LTE网络的定位功能，还前向兼容了5G的定位功能。定位业务流程中，AMF（移动性管理功能）网元与外部定位模块相连，AMF收到定位请求后，一方面通过NL接口将定位请求

信息发送给LMF（定位管理功能）模块，对定位请求进行识别和处理，另一方面向无线接入网节点发送定位测量请求，gNB收到定位测量信息请求后，通过NR-Uu接口向待定位终端发起定位测量请求，在规定的测量周期内，定位终端通过无线接口将测量信息反馈给5G网络无线接入节点，节点通过NG-C接口将测量信息上行回传给AMF，AMF将测量结果发送给LMF，根据待定位终端测量的信息量对其进行位置解算。SLP（服务定位协议）与LMF连接，使得定位模块能够通过数据面数据进行位置测算和解算。

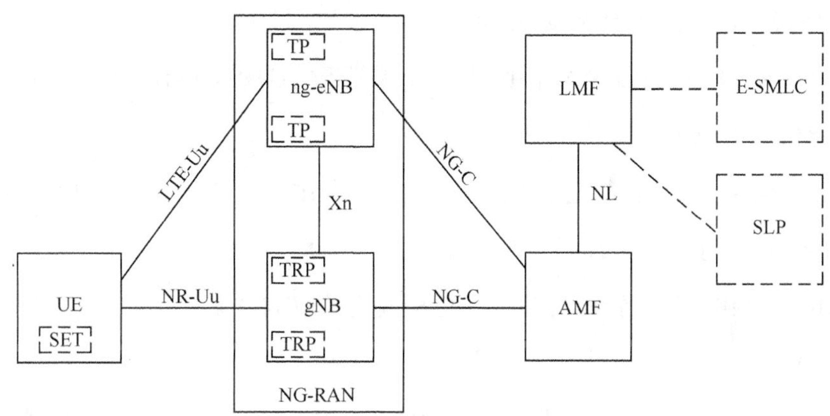

图3-54 基于5G蜂窝网络的定位模块架构

NG-RAN定位业务交互流程如图3-55所示。

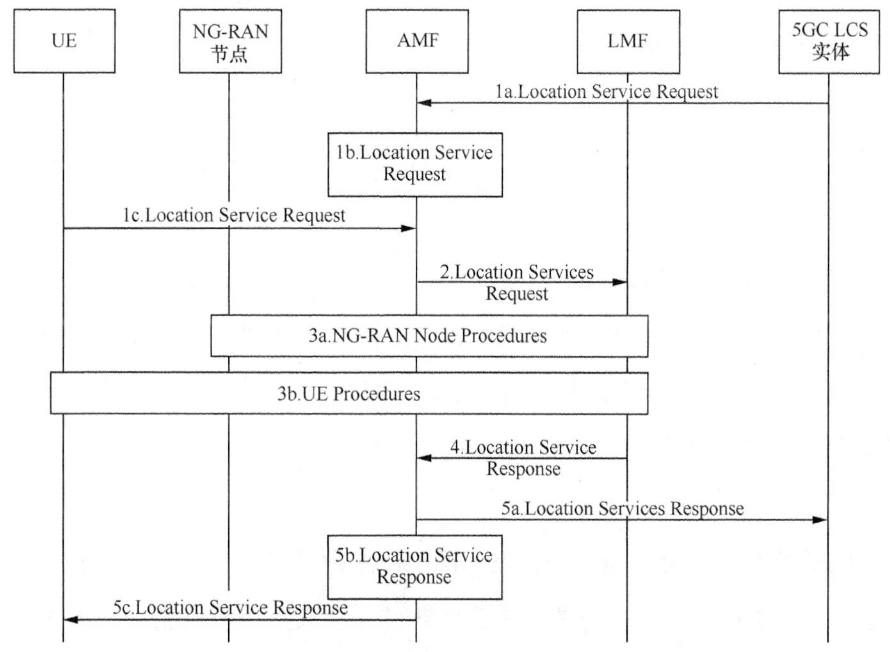

图3-55 NG-RAN定位业务交互流程

1a. 场景1：5GC中的一些实体，如GMLC（网关移动位置中心），向提供服务的AMF请求目标UE的一些位置服务（例如定位）。

1b. 场景2：目标UE的服务AMF确定是否需要某些位置服务（例如，为紧急呼叫定位的终端）。

1c. 场景3：UE在NAS级别向提供服务的AMF请求一些位置服务（例如定位或提供援助数据）。

2. AMF将位置服务请求转移到LMF。

3a. LMF与5G网络中正在提供服务的或者邻近的eNB或gNB进行定位信息交互，例如获取定位测量或辅助数据。

3b. 除步骤3a之外（或者无步骤3a），LMF还对UE启动定位应用，例如获取估计位置或定位测量或转移位置辅助数据到终端。

4. LMF为AMF提供位置服务响应，包括规定的响应结果，例如成功或失败指示、请求并获得UE的位置估计。

5a. 如果执行了步骤1a，AMF将向步骤1a中的5GC实体返回一个位置服务响应，并包含所需要的结果，例如UE的位置估计。

5b. 如果执行了步骤1b，AMF将使用步骤4中接收到的位置服务响应来协助在步骤1b中触发此响应的服务（例如，可能提供与对GMLC的紧急呼叫相关联的位置估计）。

5c. 如果执行了步骤1c，AMF将向UE返回一个位置服务响应，并包含所需要的结果，例如UE的位置估计。

（3）5G蜂窝网定位的适用环境

车联网定位服务应该同时考虑室内、室外、隧道等场景，其中室外和隧道场景中支持的最高车速可达250km/h。在有相应的定位请求出现时，无论终端在网络覆盖范围内还是在网络覆盖范围外，都需要满足定位请求。当基于GNSS的定位不可用或不够精确时，也应满足这些定位请求。

基于4G的蜂窝网络定位受信号带宽、同步以及网络部署的影响，定位精度一般在几十米左右，而随着5G时代的到来，有了大带宽、多天线以及高精度同步技术等的支撑，5G的定位精度大大提高，目前在仿真/测试场景下，室内定位可达2～3m的精度，

可在室内及隧道环境下弥补卫星定位的不足。

3.6.5 C-V2X高精度定位技术发展方向探讨

车辆高精度定位是实现智慧交通、自动驾驶的必要条件。随着C-V2X服务从辅助驾驶向自动驾驶发展，其性能要求也在可靠性、时延、移动速度、数据速率、通信范围以及定位精度等方面发生变化。与其他服务不同，定位信息是保证车联网业务安全的基本要素之一。3GPP中定义了一些定位的关键指标，如定位精度、时延、更新速率、功耗等。此外，对于V2X服务，其定位存在一些特殊需求，例如连续性、可靠性和安全/隐私等。其中定位精度是V2X定位服务中最基本的要求，在一些高级驾驶的业务服务（例如自动驾驶、远程驾驶和编队行驶）中，稳定的厘米级定位是其安全可靠服务的必要保障。

根据环境以及定位需求的不同，定位服务也有多种解决方案，GNSS或其差分补偿RTK载波相位差分技术是最基本的定位技术。考虑到GNSS在隧道或密集城市等场景中的性能较差，其应用场景仅限于室外环境，因此GNSS通常要与惯性导航系统结合以增加其定位稳定性和场景适应性。基于传感器的定位也是车辆定位的另一种常见定位技术，但高成本、对环境的敏感性以及地图的绘制和更新的复杂度也限制了其快速普及和推广。GNSS或基于传感器的定位等单一技术无法保证车辆在任意环境下的高精度定位性能，因此会结合惯性导航系统、高精度地图、蜂窝网等以提高定位的精度和稳定性。其中，蜂窝网络对于提高定位性能至关重要，可应用于RTK数据和传感器数据的传输、高精度地图的下载等。另外，5G本身的定位能力也为车辆高精度定位提供了强有力的支撑。

第4章

车联网无线场景库

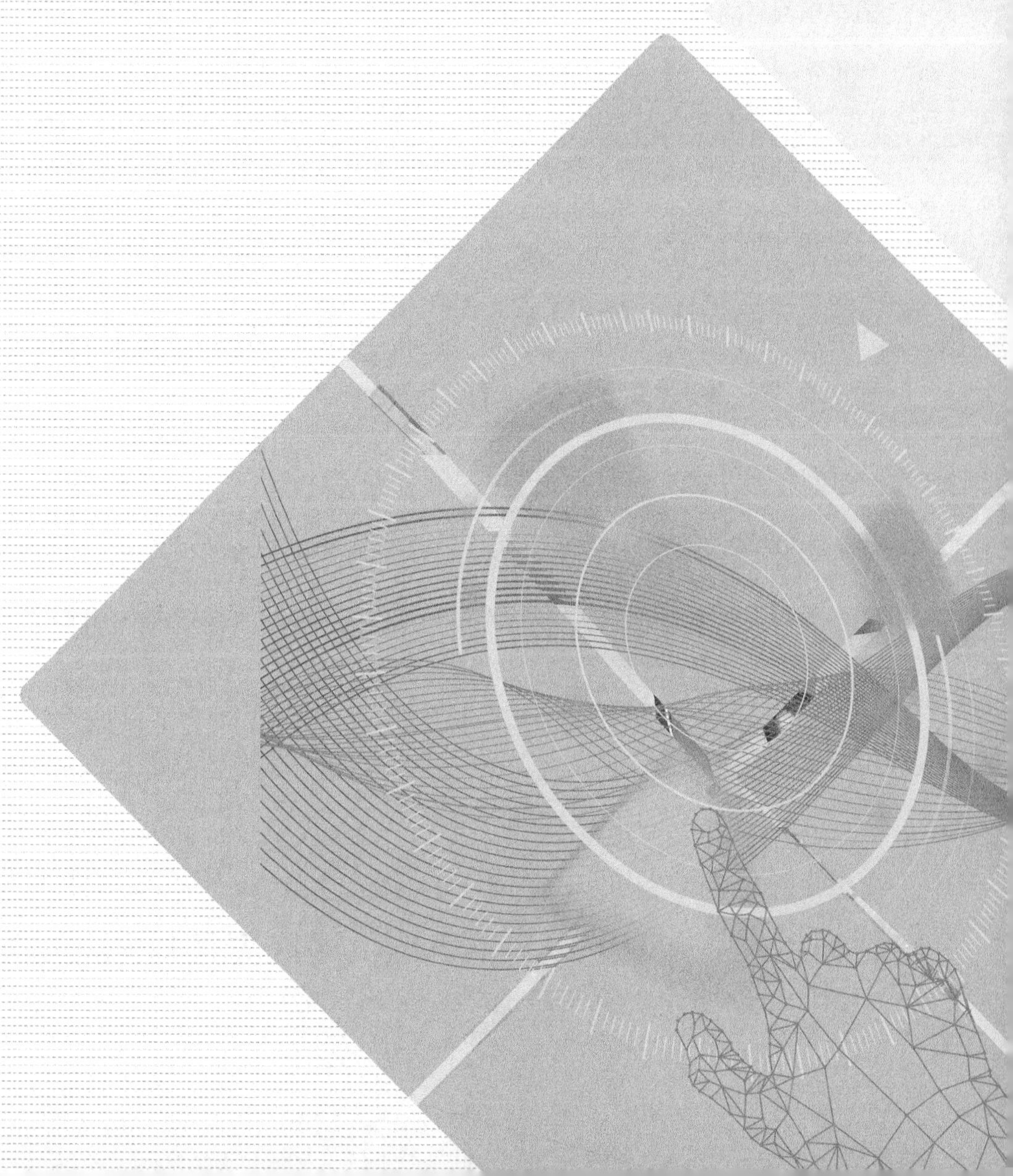

4.1 车联网无线场景库的研究背景及意义

近年来车联网发展迅速，并在标准化、产业链、应用示范等方面日渐成熟，基本具备规模化试商用的条件。车联网业务对可靠性、时延、覆盖等网络指标有较高的要求，因此网络性能直接影响车联网业务的开展。区别于移动蜂窝网络，车联网在技术原理、部署方式、业务应用等方面存在差异性。目前在行业内尚未有成体系的车联网网络规划、建设、优化方法，车联网的网络整体性能缺少量化评估的手段和依据。

因此，本章针对车联网网络质量评测以及车联网无线网络进行研究，旨在描述C-V2X网络无线覆盖性能和无线传播特性，为网络规划、部署、优化、系统评测、仿真研究等提供参考。

4.2 车联网无线场景库定义

本书中涉及的典型道路场景包括高速道路、城区道路、隧道、高架桥、环岛、停车场等。不同场景下的C-V2X（蜂窝车联网）无线传播特性不尽相同，RSU部署方式也有所不同，因此需要对不同场景进行分类讨论。

1. 高速道路

高速场景包括高速直道和高速弯道，视距为1～2km。高速道路周围较空旷，遮挡物及反射物较少，因此多径较少，以LOS径为主，信号传播距离较远。高速场景最高车速120km/h，车辆高速移动导致较高的多普勒频偏。如图4-1所示，高速道路具备较好的基础设施条件，RSU可部署在龙门架。

图4-1 高速道路场景示意图

2. 城区道路

城区道路场景包括城区直道、城区弯道、城区路口等，视距为500～1000m。城市道路标识牌、树木及建筑物较多，多径较丰富，存在LOS径和NLOS径，V2X信号传播距离受限。城市场景最高车速为40～80km/h，存在多普勒频偏及多普勒扩展。如图4-2所示，城市道路具备较好的基础设施条件，RSU可部署在电警杆、信号灯杆、路灯杆等。

图4-2 城区道路场景示意图

3. 隧道

隧道场景空间狭小，视距为100～200m。隧道作为密闭空间反射较多，多径丰

富，最高车速为80km/h，多普勒频偏及多普勒扩展现象明显。如图4-3所示，隧道中具备较好的基础设施条件，RSU可以部署在隧道侧壁、顶部等，但隧道内无法通过卫星同步。

图4-3 隧道场景示意图

4. 高架桥

高架桥周围较空旷，视距为500～1000m，多径较少，存在较强的LOS径，V2X信号传播距离较远。高架桥场景最高车速为80km/h，多普勒频偏较高。如图4-4所示，高架桥可能不具备电、网等基本条件，可通过地面RSU进行覆盖。

图4-4 高架场景示意图

5. 环岛

环岛场景无高大建筑物，视距为50～100m，多径较少，最高车速为40km/h，多普勒频偏较低。如图4-5所示，环岛一般具备较好的基础设施条件，RSU可以部署在电警杆、路灯杆等。

图4-5 环岛场景示意图

6. 停车场

停车场分为地面停车场和地下停车场。地面停车场视野较开阔，周围无高大建筑，存在较强的LOS径，最高车速为10km/h，多普勒偏移和多普勒扩展较弱。如图4-6所示，地面停车场一般具备较好的基础设施条件，RSU可以部署在路灯杆。

图4-6 地上停车场场景示意图

地下停车场由于墙体遮挡，视距约为5～10m，多径丰富，存在LOS径和NLOS径，最高车速为10km/h，多普勒偏移较小。如图4-7所示，地下停车场一般具备较好的基础设施条件，RSU可以部署在墙壁、停车场顶部等，但地下停车场内无法通过卫星同步。

图4-7　地下停车场场景示意图

4.3 车联网无线场景库测试参数、方法及设备

C-V2X网络性能评估面向实际环境，测试C-V2X网络的覆盖性能以及对车联网业务的支撑能力，指标包括RSRP、RSSI、PRR、SNR、CBR等。本书结合实际部署场景开展相关测试，相应的测试分析结果可作为近似场景的参考依据。

4.3.1 测试参数

PSSCH-RSRP（后文简称RSRP，参考信号接收功率）：计算方法为共享信道上承载解调参考信号的所有RE（资源元素）功率（单位：W）的线性平均值。

S-RSSI（后文简称RSSI，接收信号强度指示）：计算方法为在配置的子信道内，V2X终端所接收到的子帧去除第一个和最后一个SC-FDMA符号，对其余SC-FDMA符号的接收信号强度取线性平均值（单位：W）。详细参见3GPP TS 36.214。

PRR（包接收率）：LTE-V2X是基于广播的通信模式，通过盲重传的方式保障业务的可靠性，即每一个数据包都发送两次，从概率上提高包接收率。本书统计应用层PRR，即不区分初传包和重传包。PRR有两种统计方法：①接收端解析RSI/RSM消息中的MsgCount字段，由于MsgCount编号是连续累加的，因此通过分析其中丢失的部分可以较准确地统计某一时间段内的包接收情况；②配置RSU发送一定数量的V2X消息，接收端统计收到的数据包，并与之相除。

SNR（信噪比）：是指接收到的有用信号功率与接收到的干扰信号（噪声和干扰）功率的比值。其中噪声和干扰的估算方法不在本书讨论范围之内。

CBR（信道繁忙率）：当前子帧的CBR是统计在此之前的100ms内的物理子帧中，RSSI值高于既定门限的子信道比例。因此，CBR直接反映的是当前空口传输资源繁忙状态，终端可以根据当前CBR的值选择最优化的发送策略，使得系统整体通信效率最大化。

网络层传输时延：主要是设备对于可用发送资源进行选择的时间，当空口CBR较高时，根据C-V2X空口资源选择机制，设备将用更长的时间选择发送资源。

在测试网络层传输时延时，可构建UDP/IP或DSMP数据包并将时间戳嵌入某个固定字段，接收机在相同字段解析时间戳，从而获得发包时间，再用本地的包接收时间减去发包时间即可获得网络层传输时延，如图4-8所示。

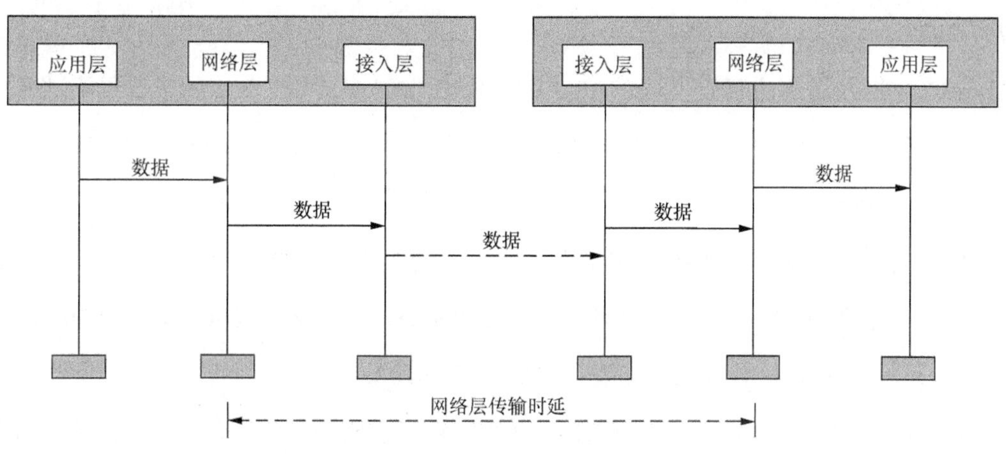

图4-8　网络层时延示意图

应用层的传输时延包含收发端设备对数据依照ASN.1格式进行编解码的时延，该时延与设备性能相关，不在本书的讨论范围内，因为LTE-V2X有增强的DMRS设计及接收机的多普勒纠偏算法，降低了速度对信号传输的影响，故本章不考虑车辆行驶速度。经实验室测试，多普勒频偏对接收信号质量影响不大，相关测试结论详见附录1。

4.3.2 测试方法

测试方法主要包括打点测试和覆盖测试。

打点测试是针对单个RSU的覆盖性能进行的测试。以该RSU所在位置为起点，逐步拉远，在接收端统计每一个测试点的RSRP、RSSI和PRR。

覆盖测试是针对目标区域内所有RSU的覆盖性能进行的测试。RSU周期性发送RSM、RSI、SPAT、MAP消息。接收端以低于10km/h的速度遍历该区域路面，包括同一路面的不同车道，并从接收消息中提取相应的网络指标，进行统计分析，从而得出该区域内V2X网络整体覆盖性能。

4.3.3 测试设备

V2X数据发送端应符合《基于LTE的车联网无线通信技术支持直连通信的路侧设备技术要求》（YD/T 3755-2020）、《基于LTE的车联网无线通信技术 消息层技术要求》（YD/T 3709-2020）、《基于LTE的车联网无线通信技术 网络层技术要求》（YD/T 3707-2020）。

V2X数据发送端应配置不同的RSU ID，RSU ID是指《基于LTE的车联网无线通信技术 消息层技术要求》（YD/T 3709-2020）中定义的RSI/RSM消息体中RSU ID，作为RSU的唯一标识。

V2X数据发送端可选支持自定义发送参数，包括数据包的内容（填充字段或标准消息体、添加发送时间戳）、包大小（可选150Byte、400Byte、600Byte、1000Byte、1300Byte）、发送频率（10Hz）和发送包数量（>1000个）。

V2X数据接收端应符合《基于LTE的车联网无线通信技术支持直连通信的车载终端设备技术要求》（YD/T 3756-2020）、《基于LTE的车联网无线通信技术 消息层技术要求》（YD/T 3709-2020）、《基于LTE的车联网无线通信技术 网络层技术要求》（YD/T 3707-2020）。

V2X数据接收端作为测试终端，相比商用车载终端，应支持输出网络性能参数及统计信息，如表4-1所示。

表4-1　V2X数据接收端自定义输出信息

参数	说明
时间	接收到每条V2X消息的时间
位置	接收到每条V2X消息时，V2X接收端所处的经度、纬度、海拔高度
速度	接收到每条V2X消息时，V2X接收端的瞬时速度
发包周期	如果该数据包为周期性消息，V2X接收端显示发包周期值；如果该数据包为触发性消息，则显示为N/A
网络指标	接收到每条V2X消息的RSRP、RSSI、SNR、CBR
V2X消息内容解析	支持解析消息内容，可获取该消息的发送设备ID以及消息类型（RSM、RSI、SPAT、MAP）；支持获取发送时间戳，计算出该报文传输时间

4.4　车联网无线场景库测试及分析

4.4.1　V2I测试

1. 城区场景

城区场景测试地点位于某市科技园区，园区内分布若干台RSU设备，测试目标是其中一个路口的RSU设备覆盖性能，如图4-9所示，该RSU部署在路口南侧红绿灯灯杆上，距离地面高度约5m，发射功率为23dBm，天线增益约为6dBi。测试的主要目的是测试城区场景中，V2X网络性能随距离的变化趋势以及受周围环境影响的情况，采用打点测试和覆盖测试方法。

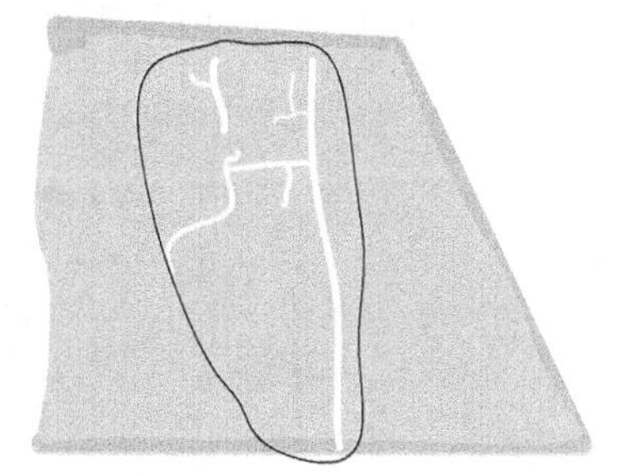

图4-9　某市科技园区示意图

（1）打点测试

打点测试分别沿图4-10中箭头所指的南向及西向两个方向进行，拉远的步长为30～50m。在每个测试点进行测试时，发送端设置发送1000个包，包大小为400Byte，测试终端接收并统计包接收个数。该测试主要用于验证单站的覆盖能力，评估PRR、RSRP、RSSI随着距离的变化趋势。

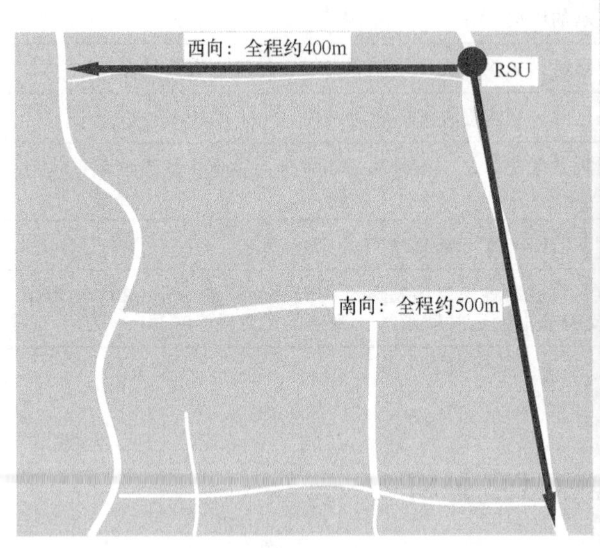

（a）测试路线图

（b）实景图

图4-10 某市科技园区测试路线及实景图

在南向打点测试中，从图4-11、图4-12、图4-13中RSRP/RSSI/SNR与距离的对应关系可见，RSRP/RSSI随距离增加整体呈下降趋势。其中，在逐步远离的过程中，网络指标出现几次急剧衰落，随后又有一定的回升，每次网络指标的衰落发生在通过某一路口之前，回升发生在通过该路口之后。主要原因是测试车辆在接近路口时，进入右转专用车道停车测试，如图4-14中箭头所指示的路线，而道路周围的树木对LTE-V2X信号形成遮挡，因此网络指标下降。在通过路口后，车辆又回到直行道路上，与RSU之间恢复视距通信，因此信号质量回升。

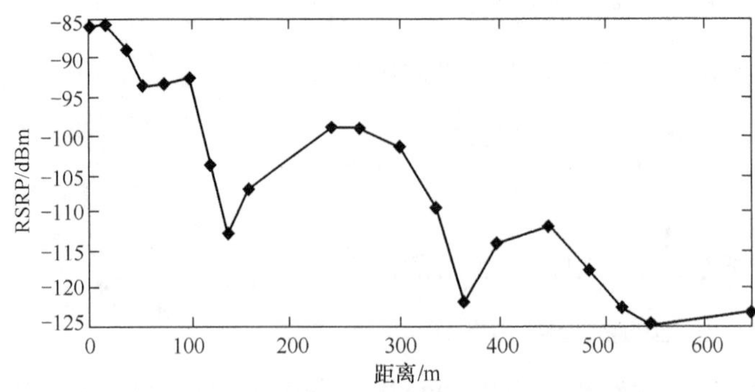

图4-11 南向打点测试RSRP与距离对应关系

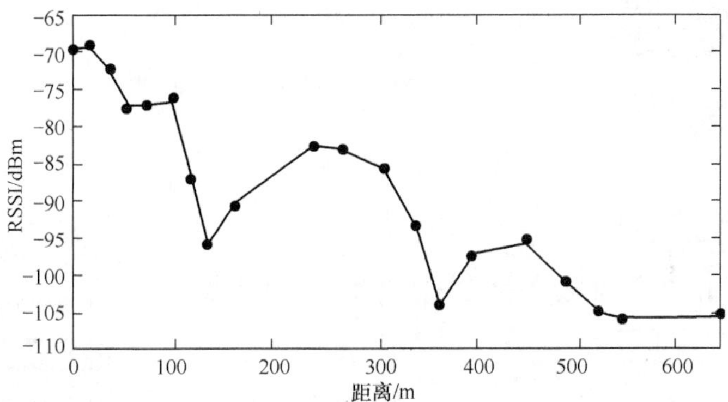

图4-12　南向打点测试RSSI与距离对应关系

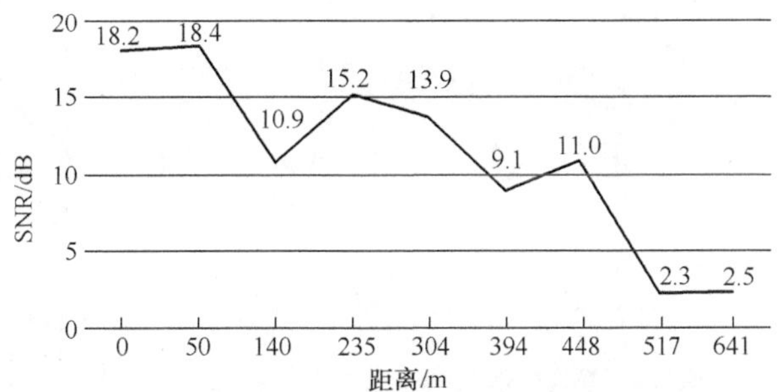

图4-13　南向打点测试SNR与距离对应关系

图4-14　某科技园区南向路口实景图

根据实际地形绘制RSRP、RSSI、SNR、PRR在不同位置的数值，可以直观地展示在路口前、后的网络指标对比情况，并佐证上述树木遮挡对V2X信号传播产生的影响，如图4-15所示。

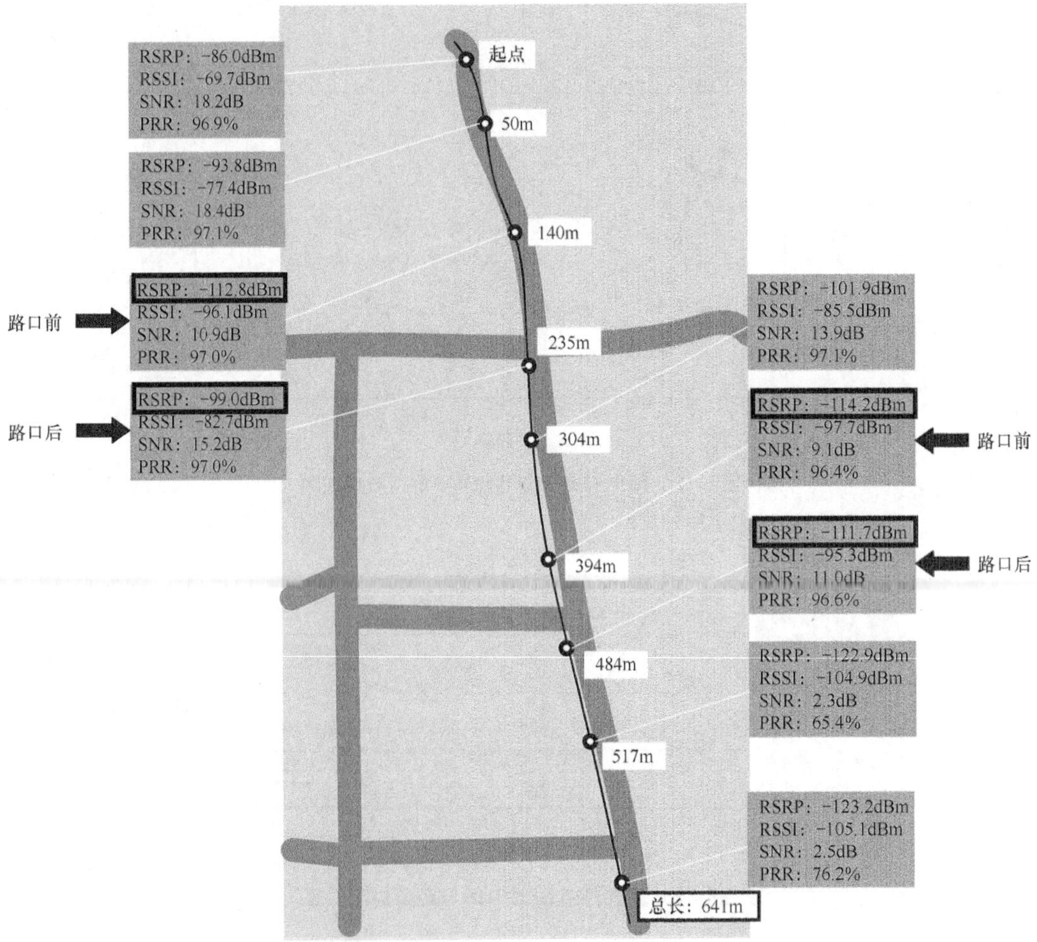

图4-15　南向打点测试的信号强度示意图

南向打点测试PRR与距离对应关系如图4-16所示，由图可知PRR与RSRP/RSSI/SNR的整体趋势不完全一致，当RSRP/RSSI/SNR在某一范围内波动时，PRR变化不明显，但当RSRP/RSSI/SNR低于某一值时，PRR会急剧下降。测试例中，南北向道路在约500m距离以内仍能够保持较高的PRR。

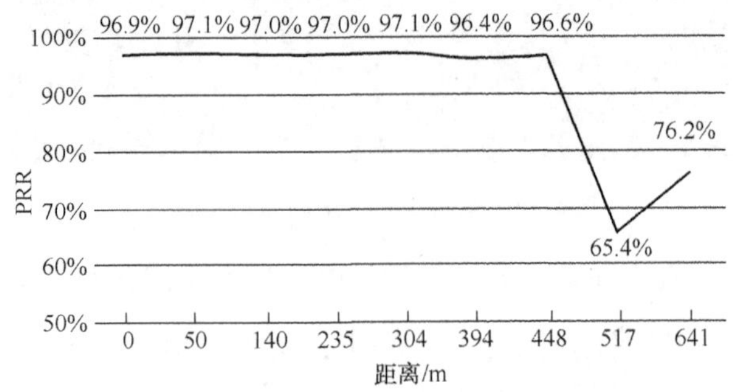

图4-16　南向打点测试PRR与距离对应关系

在西向的打点拉远测试中，道路上无明显遮挡，RSRP/RSSI/SNR随距离变化趋势平缓且均匀，如图4-17～图4-19所示。此外，在西向道路下一个路口的南北向道路上无法收到该RSU信号。如图4-20所示，PRR曲线在西向约350m处有明显拐点。

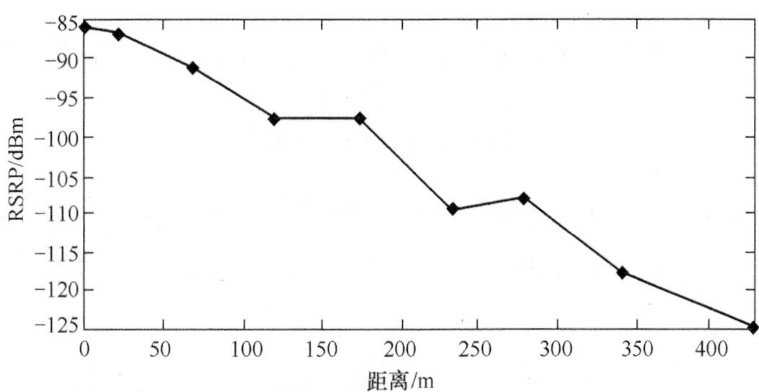

图4-17　西向打点测试RSRP与距离对应关系

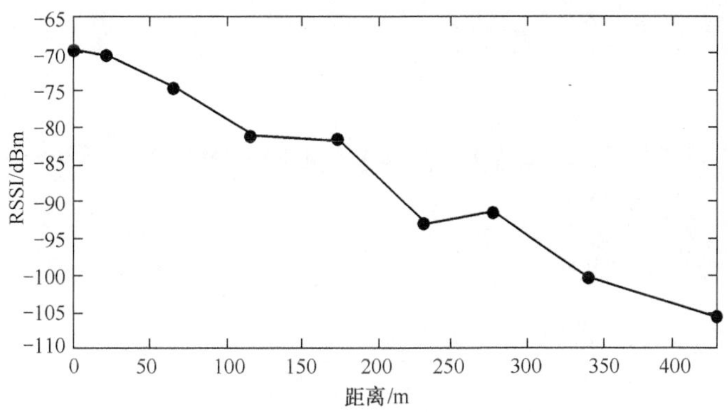

图4-18　西向打点测试RSSI与距离对应关系

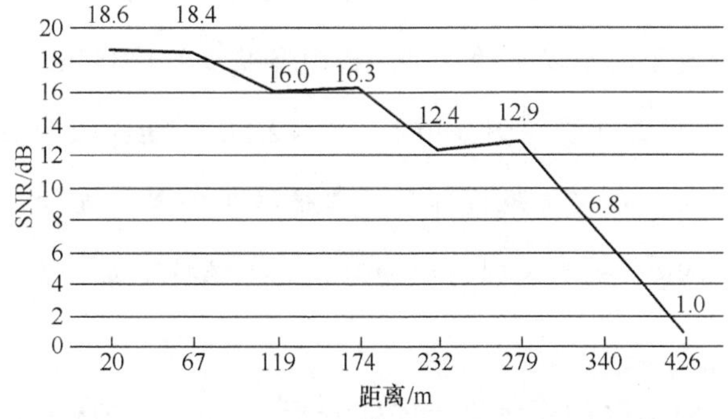

图4-19　西向打点测试SNR与距离对应关系

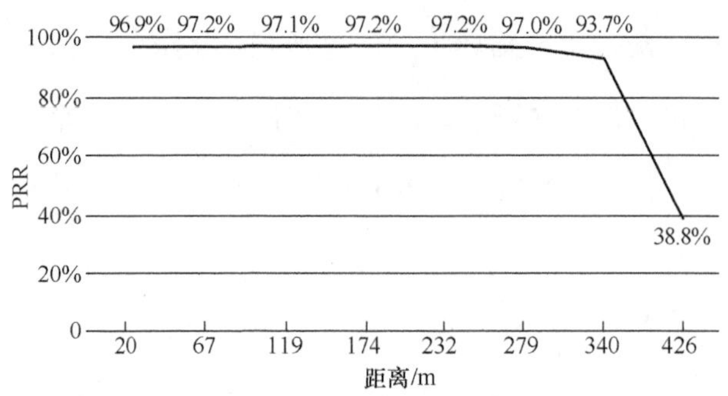

图4-20　西向打点测试PRR与距离对应关系

根据实际地形绘制RSRP、RSSI、SNR、PRR在不同打点处的数值，网络指标随距离均匀下降，在350m处存在明显拐点，在下一个路口的南北向道路上均无法收到V2X信号，如图4-21所示。

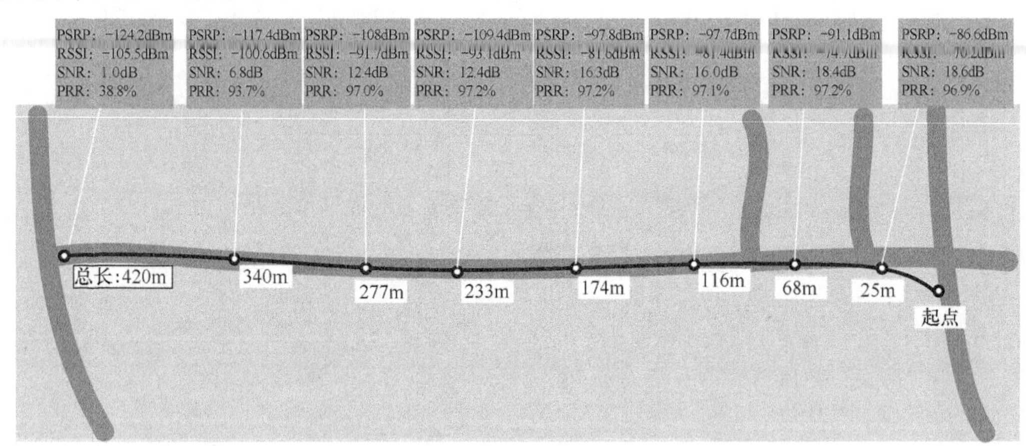

图4-21　西向打点测试的网络指标示意图

城区场景打点测试分析如下。

- 在城区场景测试例中，由于RSU部署在道路南侧，因此南向覆盖比西向好。南向有效覆盖约500m，可覆盖两个以上的路口；西向有效覆盖约350m，仅能覆盖一个路口。
- 城区道路中，周围环境（例如树木）对V2X信号遮挡较明显，导致不同车道的V2X信号覆盖性能不同，在实际规模部署时需根据业务需求进行补充覆盖。
- RSRP/RSSI/SNR在一定范围内波动时，PRR保持不变。

（2）覆盖测试

覆盖测试适用于对园区的覆盖进行整体分析。该科技园区为V2X试点部署园区，受测试环境限制，在此仅做了单站覆盖测试，以此例展示测试方法和分析方法。图4-22展示了某市科技园区场景单个RSU覆盖性能，其中图4-22（a）为该RSU所测得的全部

覆盖点热力图，图4-22（b）为RSRP＞–120dBm的热力图。

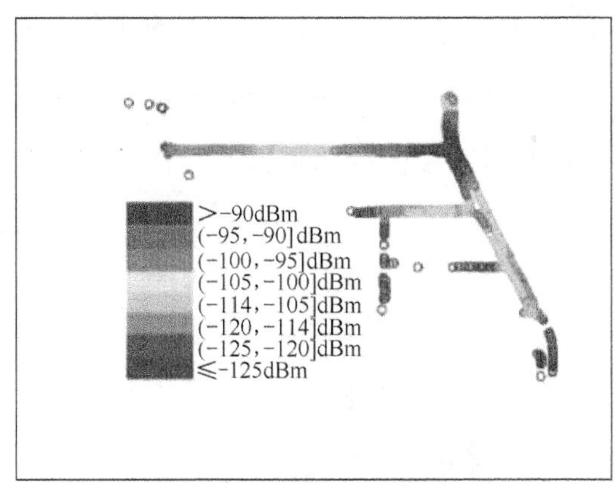

（a）RSU 全部覆盖点热力图

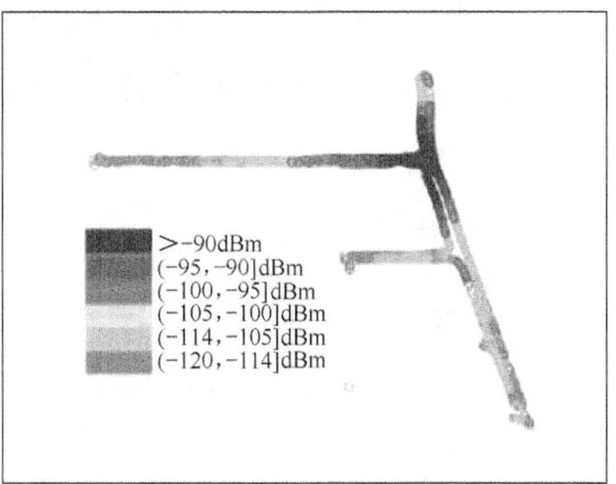

（b）RSRP>-120dBm 热力图

图4-22　某市科技园区城区场景单个RSU覆盖性能

同时在上海某开放测试道路进行了城区场景多点覆盖测试，分析结果如图4-23所示。热力图可直接展示不同的RSRP条件下园区的覆盖情况。

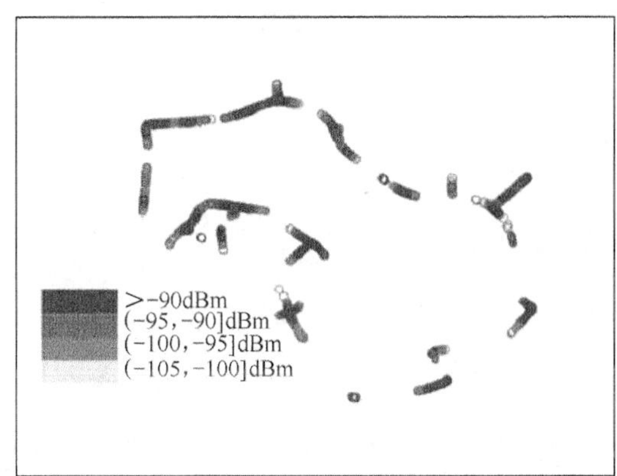

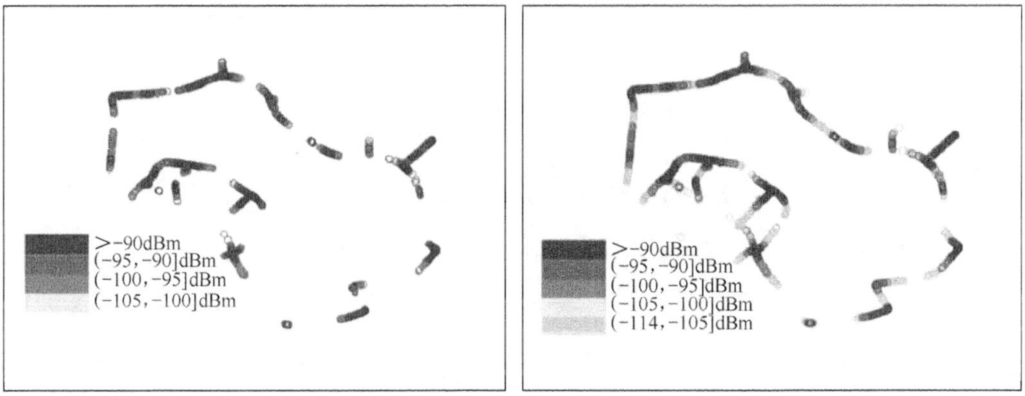

（a）RSRP>-105dBm热力图

（b）RSRP>-114dBm热力图

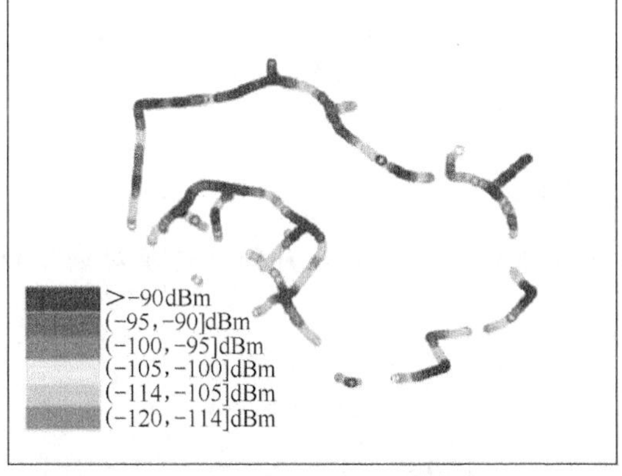

（c）RSRP>-120dBm热力图

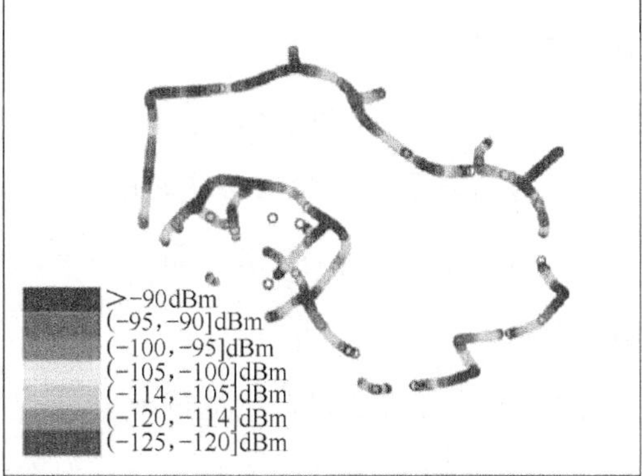

（d）RSRP>-125dBm热力图

图4-23　上海某开放测试道路覆盖测试结果

图4-24显示了速度对V2X信号质量的影响情况。其中，测试车辆的最大速度约为65km/h，图中打点颜色表示测试点SNR值。从图中可以看出，沿Z轴，点的颜色及分布比较均匀，未有较大变动。因此，在低速场景下车速对于网络质量影响较小，这主要是由于LTE-V2X具有增强的DMRS设计以及接收机的多普勒纠偏算法，降低了速度对信号传输的影响。

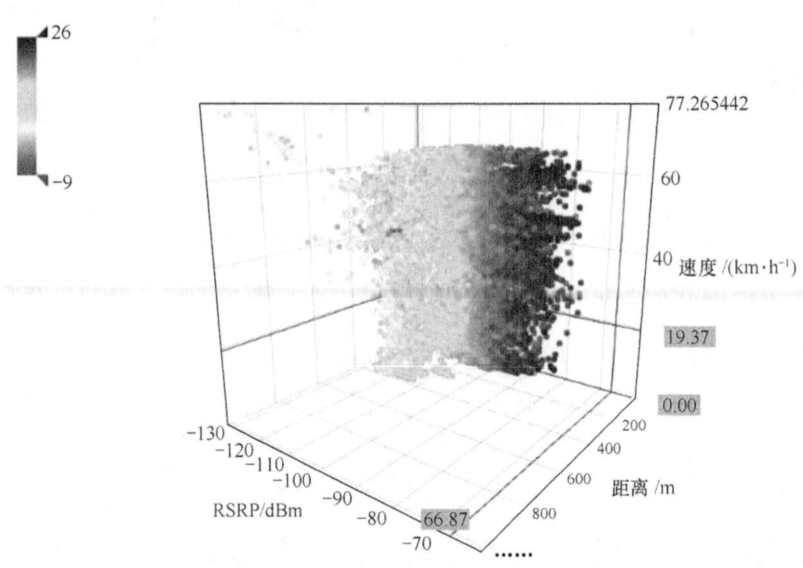

图4-24　上海某开放测试道路SNR vs.速度

图4-25展示了上海某开放测试道路测试样本中RSRP与距离的对应关系。该图中RSRP的值为开放测试道路上所有RSU的平均值。由图可见，在400m范围内RSRP呈对数趋势下降，RSRP与距离的对应关系符合自由空间信道传播模型。400m以外，RSRP抖动较大，表示接近RSU的覆盖极限。SNR与RSU距离的对应关系如图4-26所示，所得结论一致。

城区场景覆盖测试分析如下。

- 城区场景，单站RSU覆盖距离为300～500m。
- 城区低速场景下，通过帧结构设计及接收机频偏校正算法可降低速度对网络性能的影响。

（3）天线部署位置对比测试

LTE-V2V车载终端的安装方式是车企重点关注的内容，因此需要测试评估OBU天线放置在车内和车顶对接收信号质量产生的影响。

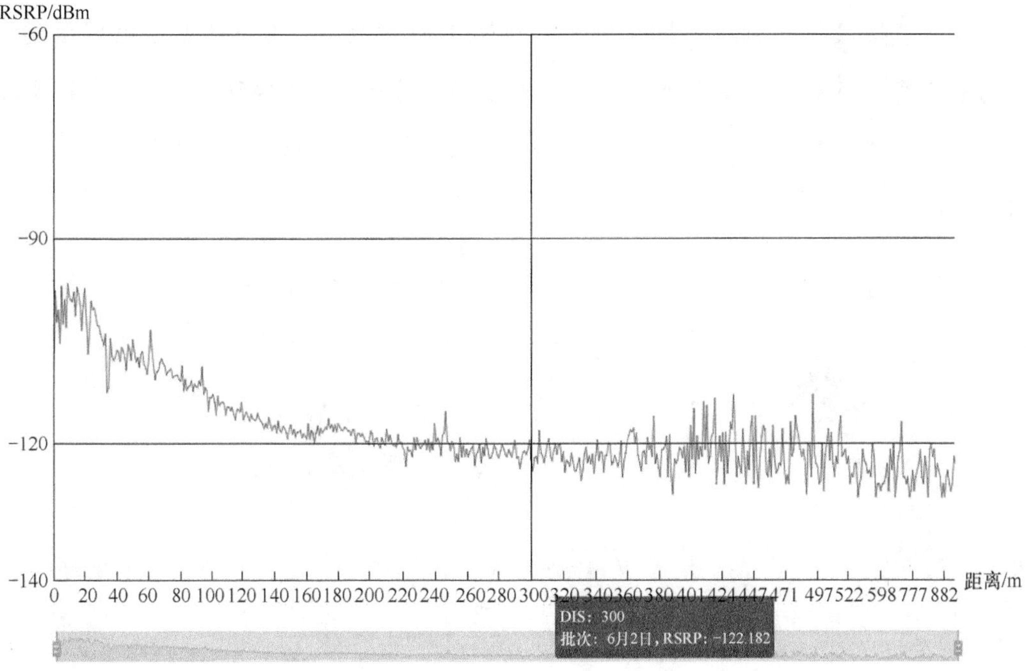

图4-25　上海某开放测试道路样本点平均RSRP vs.距离

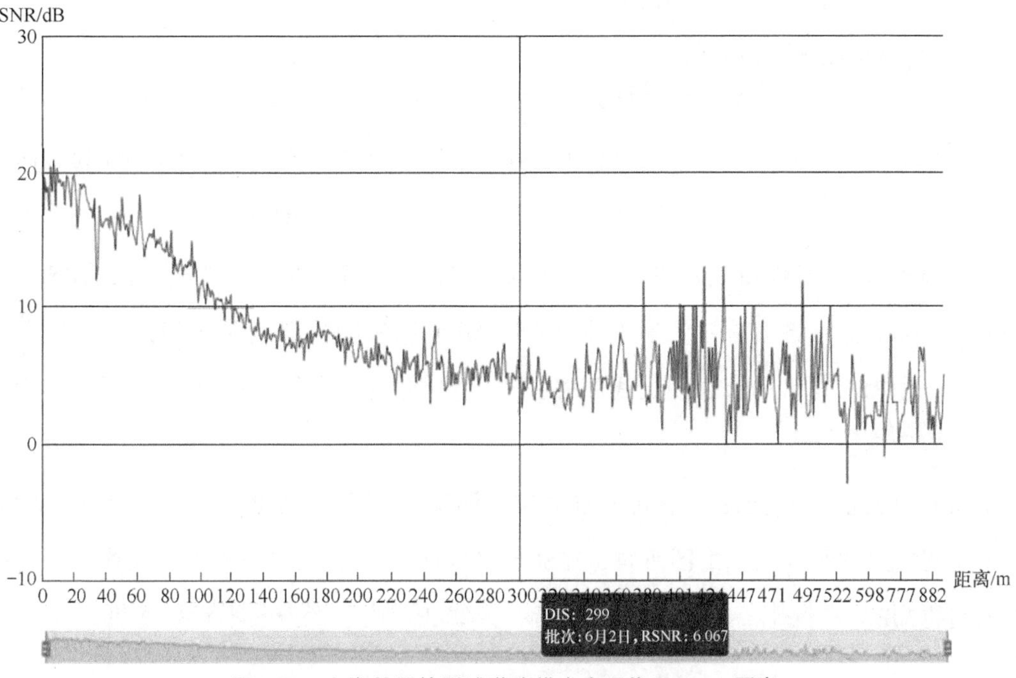

图4-26　上海某开放测试道路样本点平均SNR vs.距离

在上海某开放测试道路，分别将天线部署在车内和车顶进行覆盖测试。图4-27展示了接收天线置于不同位置测得的RSU覆盖范围。图中打点颜色表示测试点的SNR值。当RSU天线置于车顶时，RSU平均覆盖距离为450m。天线放置于车内时，平均覆盖范围约为300m，与图4-27（a）相比，整体平均覆盖距离减少了约100m。

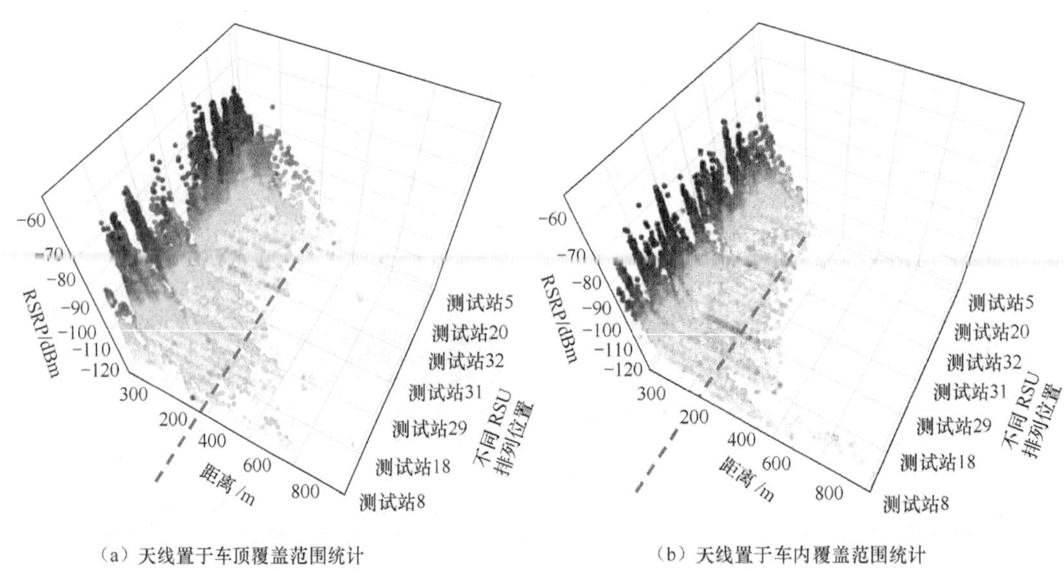

（a）天线置于车顶覆盖范围统计　　（b）天线置于车内覆盖范围统计

图4-27　天线置于车顶及车内多站覆盖范围统计

图4-28展示了天线置于不同位置时RSRP随距离的变化情况。图中RSRP为园区内所有RSU所测结果的平均值。由图可见，上述两种条件下RSRP的变化差距主要体现在车辆距离RSU 20～310m的范围内。在此范围内，天线在车顶比天线在车内的RSRP平均高10dBm。天线部署位置还影响距离RSU 500m以外的范围，500m以外逐渐只有天线置于车顶RSRP测量值，说明天线部署在车内的极限覆盖距离小于天线部署在车顶的极限覆盖距离。

图4-29展示了天线置于不同位置时SNR随距离的变化情况，SNR为园区内所有RSU所测结果的平均值，由图可得，在80～350m范围内，天线在车顶比天线在车内的SNR高约7dB。车辆距离RSU超过500m后，天线在车内已经接收不到数据包。

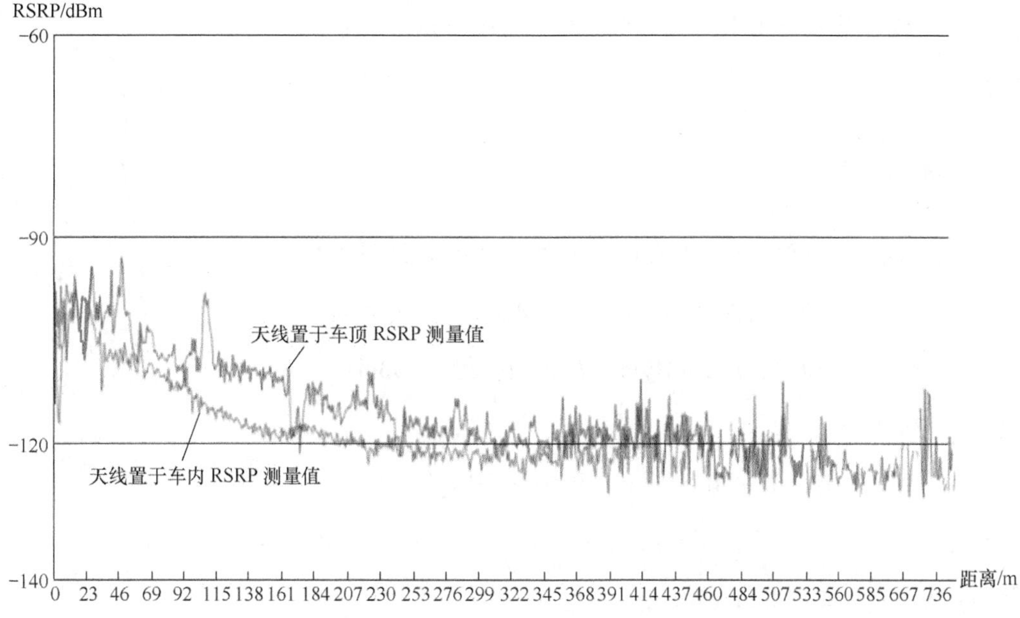

图4-28 RSU覆盖距离与RSRP对应关系

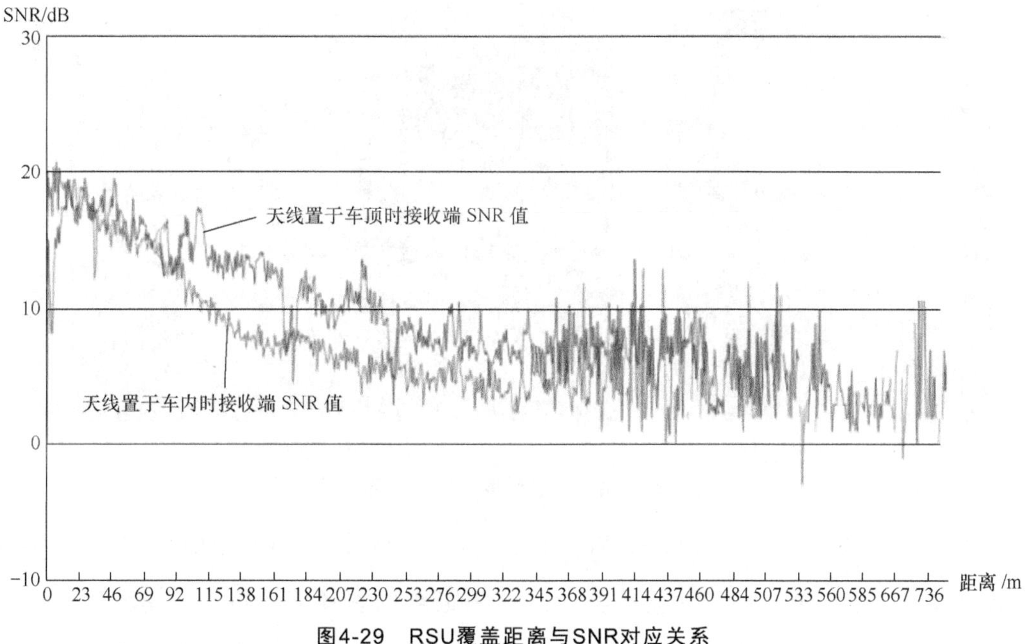

图4-29 RSU覆盖距离与SNR对应关系

城区场景天线位置测试分析如下。

- 在车辆与RSU相距20～310m的范围内，天线在车顶比天线在车内的RSRP平均高10dBm，SNR差值约7dB，天线部署在车内的极限覆盖距离小于天线部署在车顶的极限覆盖距离。

- 天线部署在车内具备可行性，但会损失一部分信号质量。

2. 高速场景

高速场景的测试地点位于某市智能网联开放道路测试路段，如图4-30所示。RSU发送功率为23dBm，天线增益为6dBi，RSU发送RSI，约150Byte，发送间隔约为100ms，发包数为3000个。

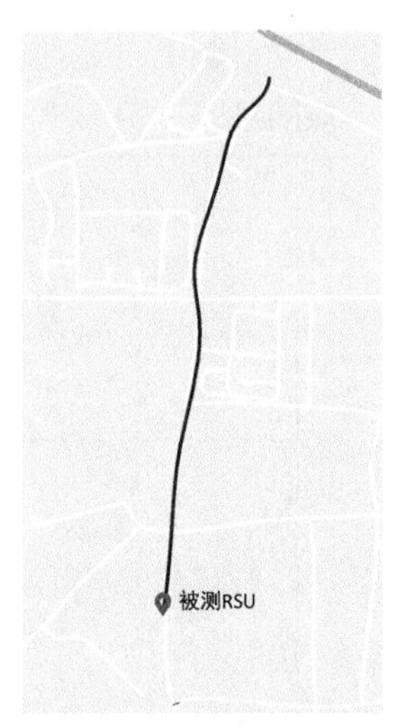

图4-30 高速场景俯视视角

该路段实景情况如图4-31所示，周围无建筑物，环境开阔，符合高速场景的测试条件。RSU部署位置位于图4-31（a）标出的龙门架上，RSU近距离部署位置如图4-31（b）所示。

（a）高速场景实景

（b）RSU部署位置

图4-31 高速场景实景及RSU部署位置

测试以该RSU位置为起点，沿道路向北进行打点测试，测试结果如图4-32～图4-34所示，其中，RSRP与RSSI变化趋势一致，随距离总体呈下降趋势，其间由于遮挡出现小幅波动。在距离RSU 800m范围内，PRR波动较小，为良好覆盖路段。距离超过900m后，PRR波动较大；在1200m处，PRR约为92.95%；而距离达1300m后，PRR为0。

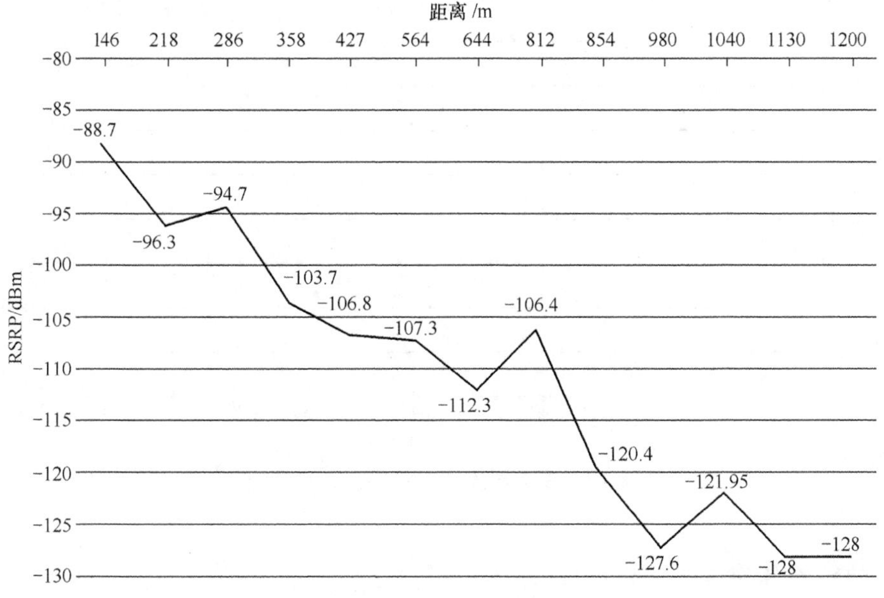

图4-32　高速直道RSRP与距离的对应关系

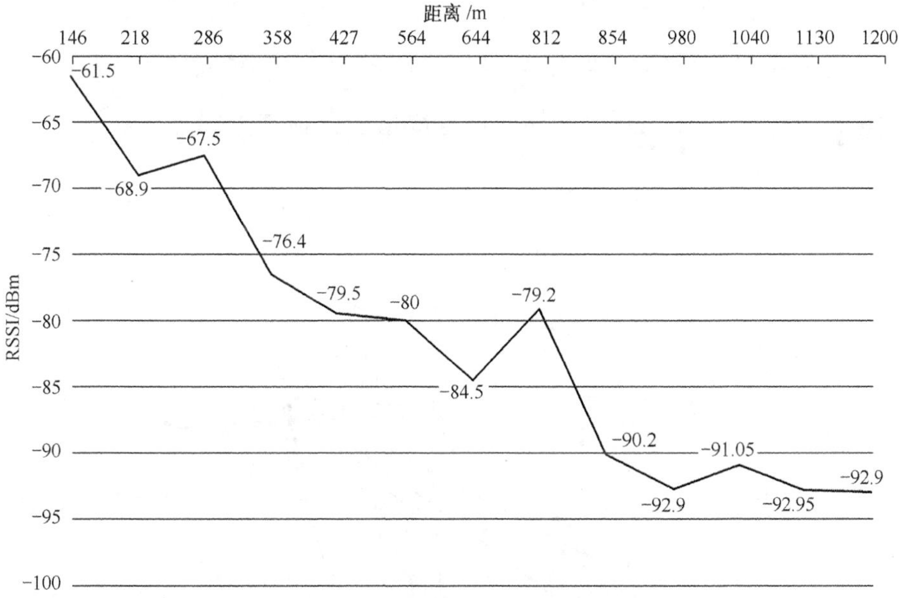

图4-33　高速直道RSSI与距离的对应关系

高速场景覆盖测试分析如下。

- RSU在高速场景覆盖范围较城区场景大，小包测试条件下约800～900m。
- 覆盖范围内PRR波动较小，超过覆盖范围PRR会出现明显拐点。

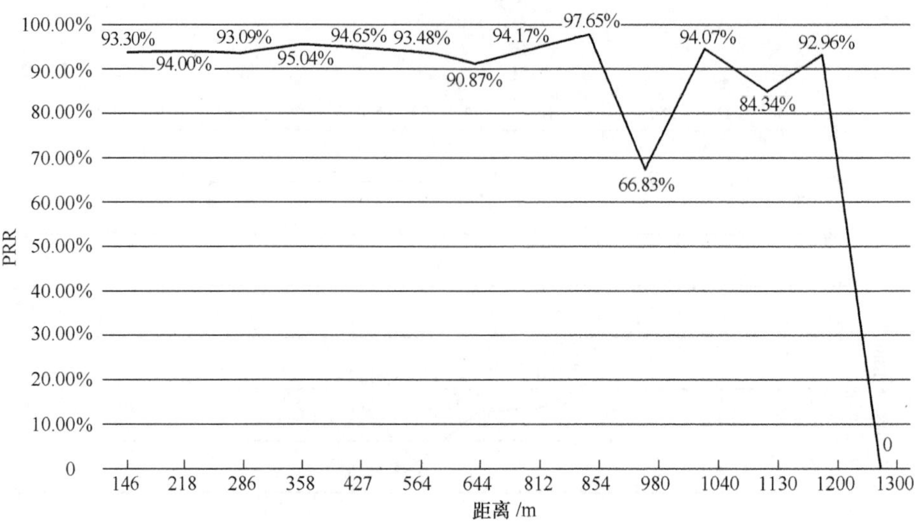

图4-34　高速直道PRR与距离的对应关系

3. 高架桥场景

高架桥测试所在地点为某市智能网联开放道路测试路段，高架桥所在位置如图4-35黑色粗标线所示，受条件限制，高架桥上无RSU部署，被测RSU位置分别为图中RSU-1、RSU-2、RSU-3、RSU-4，4个RSU所在位置距离高架桥顶部的直线距离分别为600m、800m、1.7km和1.8km。打点测量点包括高架起点、高架半腰点、高架最高点。

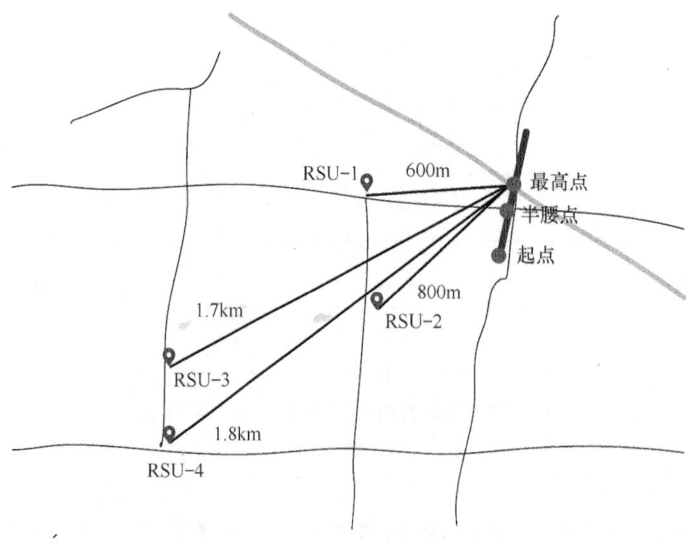

图4-35　高架与观测点相对位置

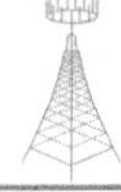

高架桥体整体跨度约700m，最高点约在20m处，起始点距半腰点约200m，如图4-36所示。高架桥实际环境如图4-37所示，可见该高架桥面上并无电、网基础设施。

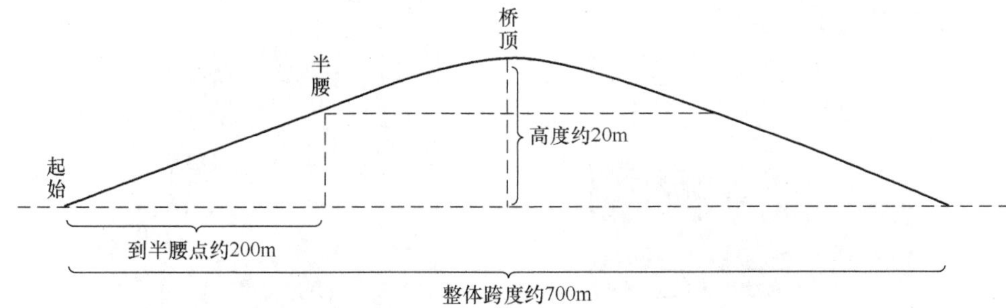

图4-36　高架结构示意图

图4-37　高架桥实际环境

4个被测RSU发射功率为23dBm，天线增益为6dBi，RSU发送RSI，约150Byte，发送间隔100ms，发送总数为3000个。RSU的部署高度如表4-2所示。

表4-2　RSU的部署高度

RSU	部署高度/m
RSU-1	6.3
RSU-2	5
RSU-3	7
RSU-4	6.5

其中，RSU-1实际部署环境如图4-38所示，周围环境开阔，无遮挡。

RSU-2部署在普通城市道路的灯杆上，如图4-39所示，有少量树木遮挡。

图4-38　RSU-1实际环境

图4-39　RSU-2实景图

RSU-3部署在龙门架上，距地高度较高，周围开阔，无遮挡，如图4-40所示。

RSU4部署在城市道路路口，周围开阔，无遮挡，如图4-41所示。

图4-40　RSU-3实景图

图4-41　RSU-4实景图

共进行两组对比测试，第一组测试点选在桥顶，分别接收4个RSU数据包，并进行对比，测试结果如表4-3所示。

表4-3　对4个RSU在桥顶测试结果及环境对比

被测RSU	桥顶平均包接收率	RSU高度/m	RSU与桥顶距离/m
RSU-1	94.49%	6.3	600
RSU-2	71.93%	5	800
RSU-3	47.05%	7	1700
RSU-4	26.62%	6.5	1800

对测试结果进行的统计如图4-42所示，4个RSU对桥顶的覆盖由近到远依次递减，仅RSU-1满足业务质量需求。RSU-2部署位置较低，周围环境有遮挡，导致在桥顶的包接收率较低；RSU-3和RSU-4距离桥顶的距离均超过1km，路径损耗过大。

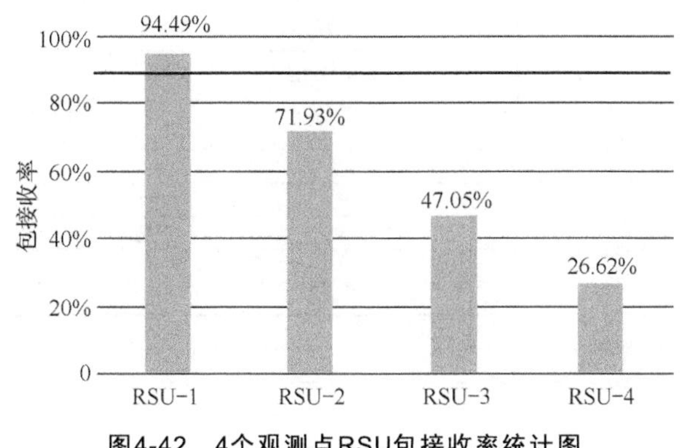

图4-42　4个观测点RSU包接收率统计图

针对RSU-1，分别在高架起点、半腰和桥顶进行打点测试，RSU-1距离高架起点、半腰和顶点的直线距离分别为570m、560m和600m，如图4-43所示。

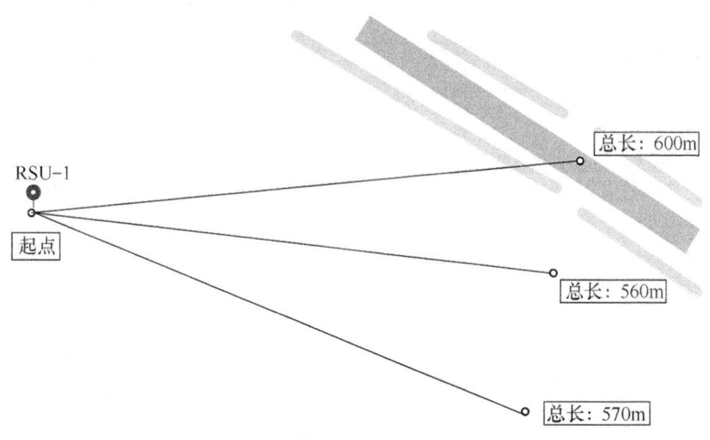

图4-43　RSU-1与高架桥相对位置图

具体测试结果如表4-4所示。包接收率变化曲线如图4-44所示，由图可得，RSU-1对于高架桥顶、半腰的覆盖符合业务要求，而高架桥起点海拔高度较低，与RSU-1之间遮挡物较多，导致RSU-1在高架桥起始点的覆盖不足。

表4-4 RSU-1在桥面主要位置打点测试结果

桥面位置	RSU-1（包接收数量）	RSU-1（包接收率）
桥顶1	2833	94.49%
桥顶2	2728	
桥顶3	2943	
半腰	2791	93.03%
起始	2574	85.8%

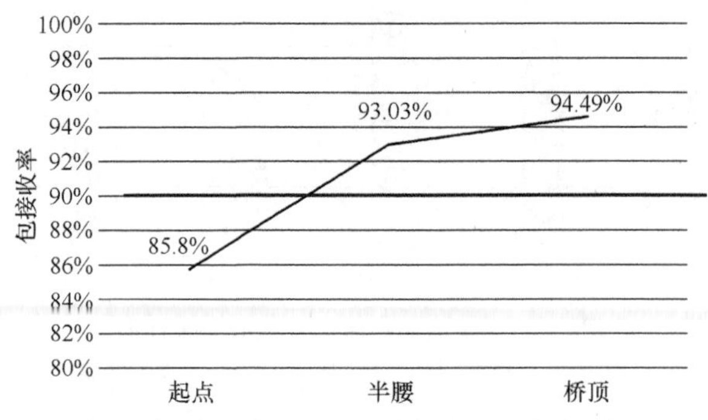

图4-44 RSU-1在桥面主要位置打点测试统计

高架桥场景覆盖测试分析如下。

- 借助RSU向上辐射的能力，通过地面部署的RSU覆盖部分桥面具有可行性。
- 增加RSU-1高度，可以增强对高架桥起点和半腰点的覆盖。

4.4.2 V2V测试

1. 大规模背景流量

LTE-V2X PC5空口调度机制采用感知+预约的半持续调度机制，因此一旦出现空口资源选择冲突，就会产生时延。在中国信息通信研究院组织的大规模测试期间，利用180台OBU作为背景流量验证交通密集场景下LTE-V2X通信时延和PRR的变化。

采用两台V2X网络层测试设备分别作为收、发端，设备配置按照“新四跨”配置模板，构造网络层UDP测试包，加入特殊标记字段用于统计网络层时延和PRR，此过程不包括V2X消息的编解码，测试验证了100ms和400ms两个发包间隔，测试包大小从100Byte到1200Byte不等，统计参数包括PRR、最小时延、最大时延、

平均时延。

本次测试包含4个测试例：（1）一车静止、一车行驶；（2）两车同向行驶；（3）两车对向行驶；（4）两车静止。

测试例1：A车从起点向终点行驶，B车在起点静止；A车从起点向终点行驶，B车在路口静止。两种情况如图4-45所示。A车发，B车收，A车车速保持在30km/h。

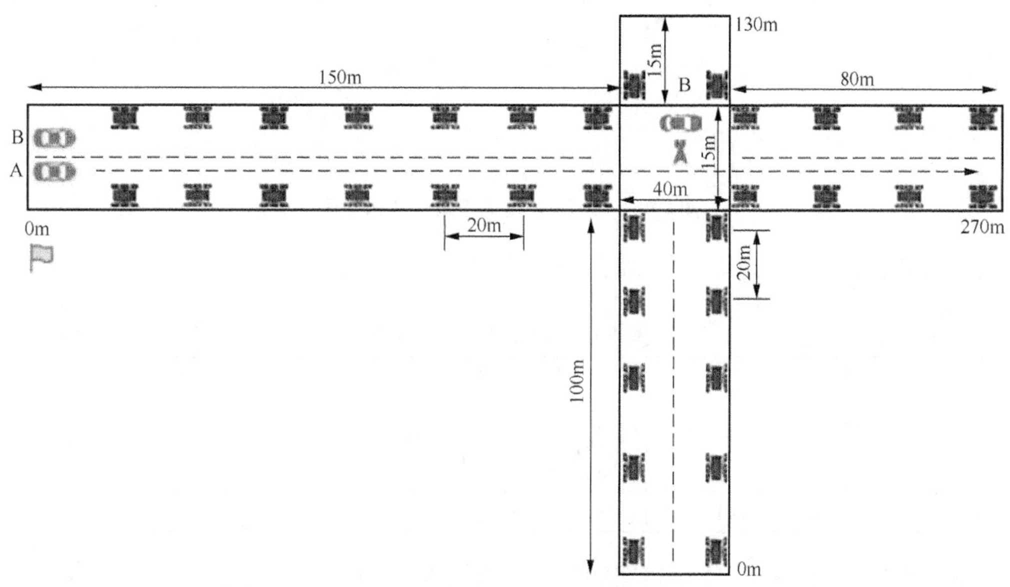

图4-45 测试例1车辆相对位置示意图

在该测试例下，对多次测试结果取平均值，结果如表4-5所示。

表4-5 测试例1测试结果

测试例		发送配置		测试结果				
		发包间隔/ms	发包数量/个	包大小/Byte	包接收率	最小时延/ms	最大时延/ms	平均时延/ms
测试例1	A车从起点向终点行驶，B车在起点静止	100	300	300	95.00%	10	44	22.1
		400	80	300	98.13%	14	71.5	40.2
	A车从起点向终点行驶，B车在路口静止	400	80	300	97.78%	8	74.5	35.6

测试例2：A车在前、B车在后，两车相距20m，从起点向终点同速（30km/h）行驶，如图4-46所示。A车发，B车收，统计网络层PRR和平均时延。

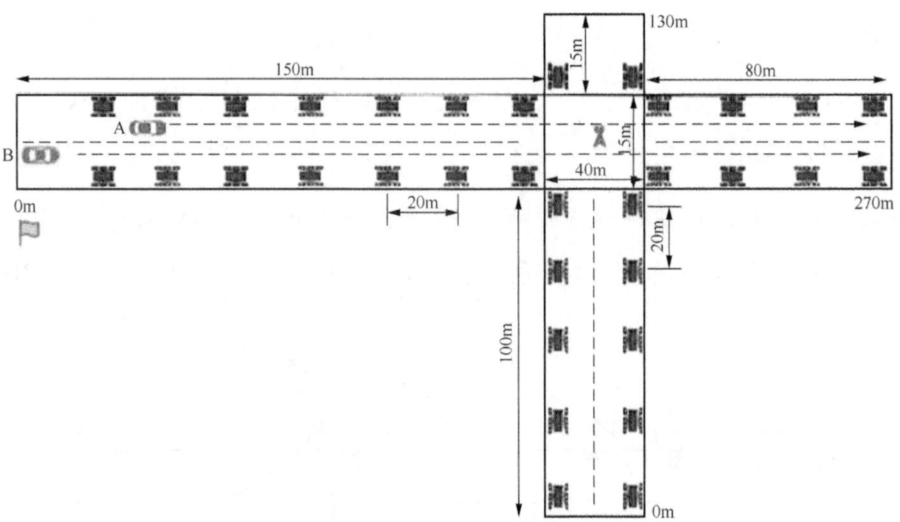

图4-46　测试例2车辆相对位置示意图

在该测试例中，对多次测试结果取平均值，结果如表4-6所示。

表4-6　测试例2测试结果

测试例		发送配置		测试结果				
		发包间隔/ms	发包数量/个	包大小/Byte	包接收率	最小时延/ms	最大时延/ms	平均时延/ms
测试例2	A车在前，B车在后，相距20m	400	80	300	100.00%	13.5	55.5	32.3

测试例3：A车在起点、B车在终点，对向行驶，如图4-47所示，A车发，B车收，车速分别在30km/h（相对速度60km/h）和60km/h（相对速度120km/h）两种情况下，统计网络层PRR和平均时延。

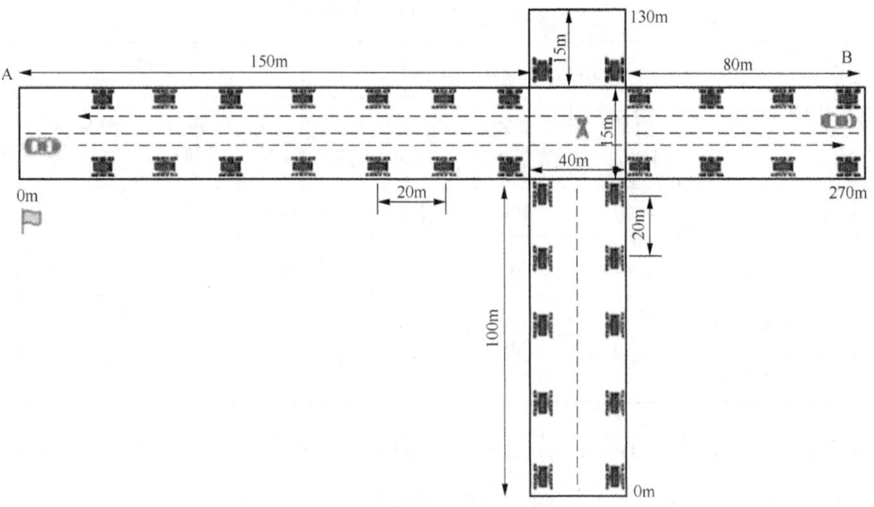

图4-47　测试例3车辆相对位置示意图

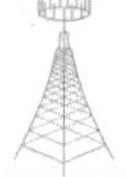

在该测试例中，对多次测试结果取平均值，结果如表4-7所示。

表4-7 测试例3测试结果

测试例		发送配置		测试结果				
		发包间隔/ms	发包数量/个	包大小/Byte	包接收率	最小时延/ms	最大时延/ms	平均时延/ms
测试例3	A在起点，B在终点，对向行驶，车速30km/h	400	80	300	98.75%	10	55.5	30.2
	A在起点，B在终点，对向行驶，车速60km/h	400	45	300	100.00%	13	59	31.8
		100	160	300	95.63%	9.5	42.5	21.7

测试例4：A车与B车分别静止于流量最密集的路口对角线处和流量相对不密集的道路起点处，如图4-48所示，实景如图4-49所示。A车发，B车收，统计网络层PRR和平均时延。

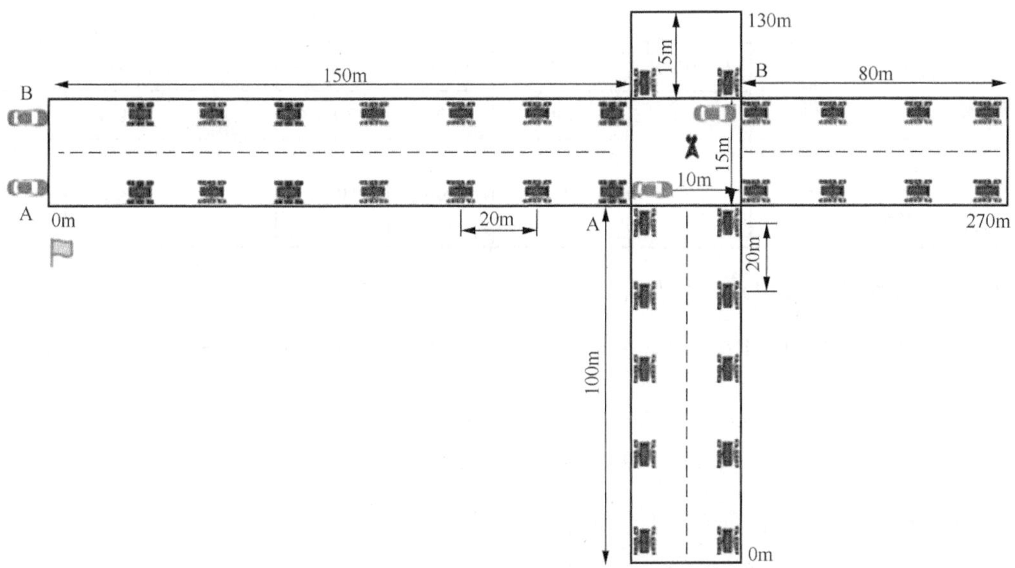

图4-48 测试例4车辆相对位置示意图

图4-49 测试例4中车辆位于路口流量最密集处实景图

在该测试例中，对多次测试结果取平均值，结果如表4-8所示。

表4-8　测试例4测试结果

测试例		发送配置			测试结果			
		发包间隔/ms	发包数量/个	包大小/Byte	包接收率	最小时延/ms	最大时延/ms	平均时延/ms
测试例4	两车处于流量最密集路口对角线，静止	400	100	100	100.00%	9.7	79	37.9
		400	100	300	100.00%	11	67	33.2
		400	100	500	100.00%	13	58	30.2
		400	100	800	100.00%	11	88	39.4
		400	100	1000	96.00%	12	54	29.7
		400	100	1200	93.00%	13.5	55.3	28.9
		100	400	1000	93.25%	12.5	45	25.1
		100	400	800	98.75%	10	51	26.0
		100	400	500	97.88%	11.5	49.5	26.2
	两车静止在起点处，流量相对不密集	100	200	300	100%	9.2	36.5	21.0

大规模背景流量测试分析如下。

- 外场测试平均时延为30ms，实验室内平均时延为15ms，背景流量对网络时延有影响。
- 发包间隔为400ms时的平均时延为34.5ms，发包间隔为100ms时的平均时延为23.5ms，发包间隔对时延有影响。
- 数据包大小超过800Byte，包接收率降低，这与数据包分片有关。

2. NLOS-V

NLOS-V即由于车辆遮挡造成的非视距通信，是指两车之间的V2V通信被第三辆车遮挡，造成V2V业务质量下降，NLOS-V是日常交通环境中常见的。分别进行两种情况的遮挡测试（如图4-50所示）：并行遮挡和串行遮挡。本次NLOS-V测试均是在车辆静止情况下测试的，其中测试设备的发射功率为23dBm，天线增益约为3dBi，线缆造成的损耗约为3dBm。

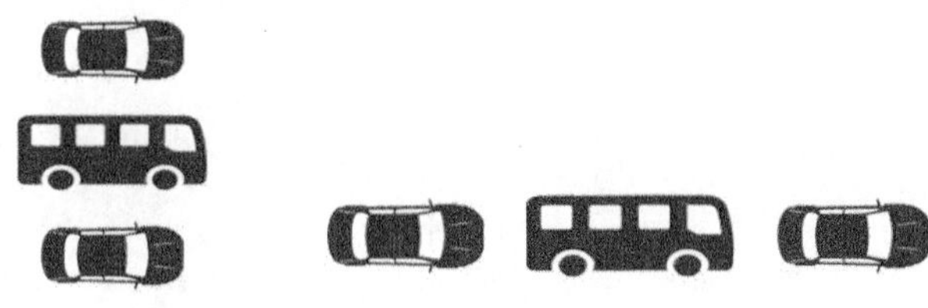

（a）并行遮挡　　　　（b）串行遮挡

图4-50　并行遮挡和串行遮挡示意图

NLOS-V测试条件及测试结果如表4-9所示。并行遮挡对于LTE-V2X信号的RSRP有一定影响，信号穿透玻璃材质的公交车时，约有10dBm衰减。信号穿透金属材质的货卡车时，约有20dBm衰减。串行遮挡场景，头、尾两车相距20m，即三辆车紧密依次排列，公交车遮挡信号约有10dBm衰减。整个NLOS-V测试过程中，时延和包接收率指标均较好。

表4-9　NLOS-V测试条件及测试结果

序号	测试例	RSRP	PRR
1	室内、无线缆	−59dBm	100%
2	室外、有线缆	−65dBm	100%
3	室外、有线缆、公交车并行遮挡（玻璃材质）	−73dBm	100%
4	室外、有线缆、货卡车并行遮挡（金属材质）	−82dBm	100%
5	室外、有线缆、公交车串行遮挡（玻璃材质），头尾相距20m	−75dBm	100%

NLOS-V测试结果分析：在收、发端距离较近时，中间车辆的遮挡不会明显影响V2V的业务质量。

第5章

车联网无线信道特性

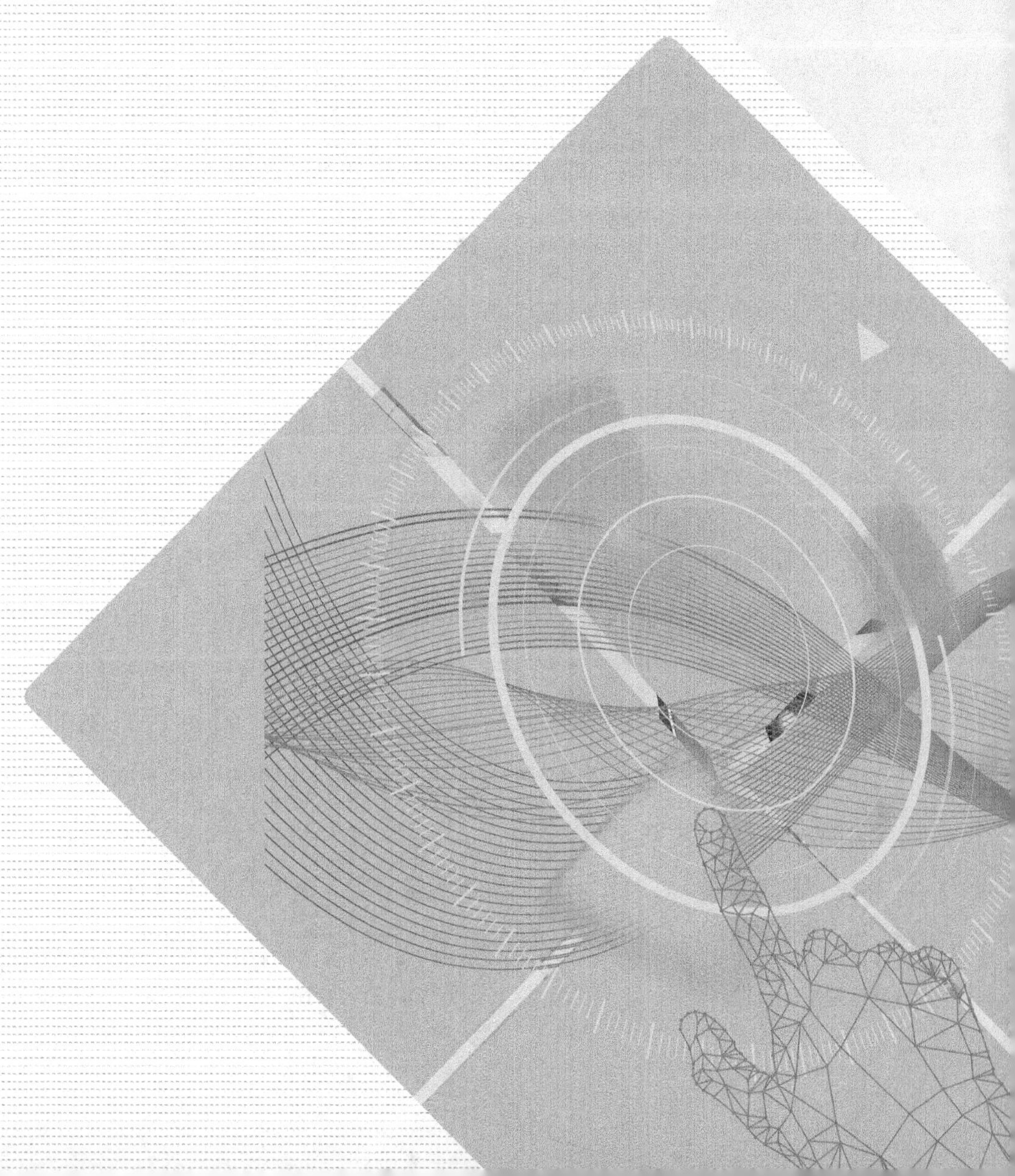

信号通过发射机天线发送后到达接收机天线所经历的通道即为无线信道，而无线通信正是利用电磁波信号在此通道上进行信息交换的一种通信方式，其特性决定了无线通信系统的性能上限。信道建模就是在真实环境中探索和表征信道特性的过程，它可以揭示无线电波在不同场景中的传播方式。借助信道模型来了解信道的传播特性，可以为通信系统的设计和优化提供指导。因此信道建模是无线通信中最重要的研究方向之一，是评估、设计和部署无线通信系统的前提。

在部署C-V2X通信系统之前，必须对其进行链路级和系统级仿真验证。而仿真中所要用到的信道信息，需要依据实际场景开展专门的测量活动。因此，发展C-V2X通信技术的首要工作就是对其不同应用场景的信道特性开展研究。与现有的蜂窝通信系统相比，C-V2X通信系统具有下述特点：①新的工作频段；②更低的发射天线安装位置；③终端的高移动性；④易受周围环境的影响。这些新特点将导致两者的信道特性存在差异。因此针对C-V2X通信系统内不同的应用场景，需要进行专门的信道测量活动，以准确描述C-V2X信道特性和建立C-V2X信道模型。

5.1 车联网无线信道研究现状

目前，3GPP、IEEE以及ETSI标准组织均发布了有关V2X通信系统的信道模型（如表5-1所示）。IEEE 802.11p工作组针对DSRC建立了TDL（抽头延时线）信道模型。但该模型仅支持单天线，不能支持V2I信道。此外，3GPP TR 36.885基于城区微蜂窝移动通信系统分别针对链路级仿真与系统级仿真建立了ITU-R IMT UMI与Winner II-B1 model信道模型，其主要适用于蜂窝网络，并不能准确地描述C-V2X信道特性。3GPP TR 37.885在3GPP TR 36.885的基础上，新增了NLOS-V传播环境下的信道模型，用于NR-V2X的仿真。然而，该模型是基于蜂窝通信系统信道模型的改进，仅支持高速公路和城区两种场景。ETSI于2019年4月发布了智慧交通系统中有关多场景信道模型研究的报告，报告中的信道模型皆来源于IEEE和3GPP组织所定义的信道模型。

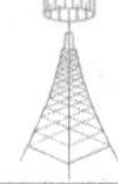

表5-1 各标准化组织信道模型对比

标准组织	信道模型	特点	不足
IEEE	IEEE 802.11p	路径损耗、阴影衰落、小尺度衰落、多普勒扩展、时延扩展	模型为单天线模型，仅支持乡村、市区、十字路口以及高速公路场景，没有V2I信道模型
3GPP	3GPP TR 36.885	路径损耗、阴影衰落、小尺度衰落、多普勒扩展、时延扩展、AOA、AOD、ZOA、ZOD	基于蜂窝通信系统信道模型的改进，仅支持高速公路和城区两种场景，未将V2V与V2I信道模型的特点区分出来
	3GPP TR 37.885	路径损耗、阴影衰落、时延扩展、AOA、AOD、ZOA、ZOD	
ETSI	IEEE 802.11p 3GPP TR 36.885 3GPP TR 37.885	路径损耗、阴影衰落、小尺度衰落、多普勒扩展、时延扩展、AOA、AOD、ZOA、ZOD	基于蜂窝通信系统信道模型的改进，信道场景不够丰富

综上，目前的V2X标准化信道模型场景不够丰富，难以支撑V2X通信系统设计与网络部署验证，也未将V2V通信系统和V2I通信系统的信道模型区分开来。此外，现有V2X信道的学术研究多集中在V2V信道，而有关V2I信道的研究较少。但V2I通信系统不管是发射天线和接收天线的安装位置上，还是在工作频段以及通信覆盖范围上，都与蜂窝通信系统有所不同。可见，在实际环境中，V2V和V2I的信道特性差异颇大。因此，需要补充对V2I通信系统中不同应用场景的信道特性研究。

5.2 车联网信道测量系统及流程

图5-1所示为车联网信道测量系统，包含矢量信号发生器、频谱分析仪、收发天线系统等。本书采用的是频域信道探测器，其核心部分包括发射端的矢量信号发生器R&S SMW200A，以及接收端的频谱分析仪R&S FSW 67。外场测量采用单发双收的模式，因为双接收天线在同一时刻经历深衰落的概率很小，可以获得比单天线质量更好的信号。两根天线的增益均为6dBi，收端天线的间距为2λ，约为10cm。发端和收端各配备一台GPS授时铷钟，用于保证时钟同步。发射的激励信号是OFDM符号，每个OFDM符号包含2560个子载波，每个OFDM符号的前后端各有256个补零子载波，即有效子载波个数为2048，如图5-2所示。信道测量的频点、带宽和发射功率等符合《基于LTE的

车联网无线通信技术支持直连通信的路侧设备技术要求》《基于LTE的车联网无线通信技术支持直连通信的车载终端设备技术要求》。矢量信号发射器和功率放大器的发射功率为21dBm，加上发射天线的增益6dBi，发射端发射的总功率为27dBm。

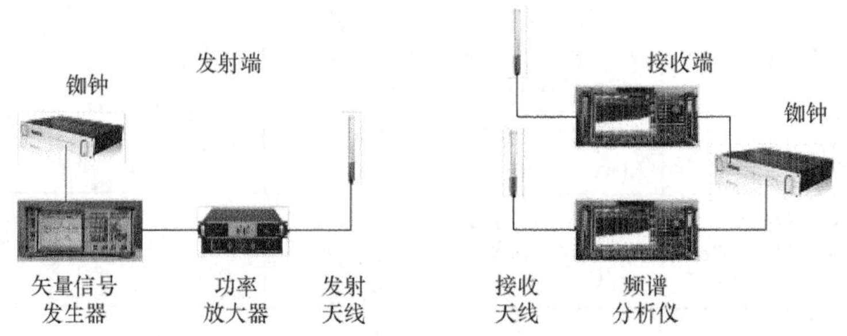

图5-1 车联网信道测量系统

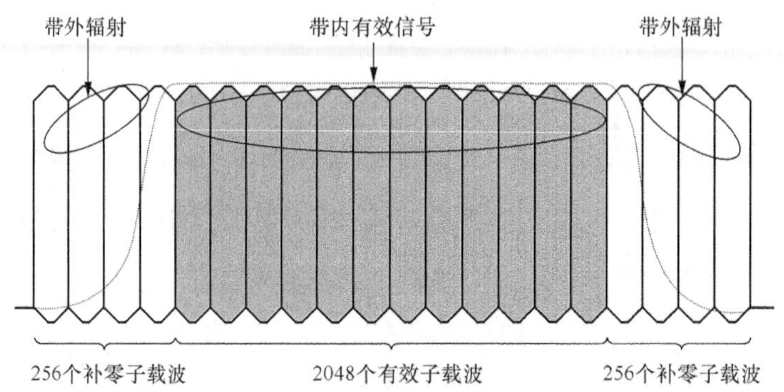

图5-2 多载波信号的频域分布

具体的参数配置如表5-2所示。

表5-2 信道测量参数配置

参数	配置
载波频率	5.9GHz
带宽	20MHz
发射功率	27dBm
激励信号	OFDM多载波探测信号
发射天线	全向天线
接收天线	全向天线
发射端天线的高度	2m（V2V）/5m（V2I）
接收端天线的高度	2m
SIMO	1×2
天线间隔	2λ

信道测量的具体流程如下。

步骤1：将收发端设备连接GPS，实现时钟同步。

步骤2：利用MATLAB生成多载波OFDM符号，并将OFDM符号作为信道探测信号导入到矢量信号发生器中。

步骤3：在矢量信号发生器中设置发送频点与带宽，将探测信号上变频至车联网频点，通过功率放大器和发射天线发出。

步骤4：接收端天线将接收到含有信道信息的探测信号传输给频谱分析仪，频谱分析仪设置接收频点与采样频率，将探测信号下变频为基带信号，以I/Q模式保存数据。

5.3　数据处理及信道特征参数提取

在对LTE-V2X通信系统中各场景进行信道测量后，利用MATLAB平台对测量得到的含有信道信息的数据进行处理并提取信道的参数。车联网信道测量数据处理流程如图5-3所示，主要的步骤包括信道冲激响应提取与有效多径识别，下面将分别对其展开说明。

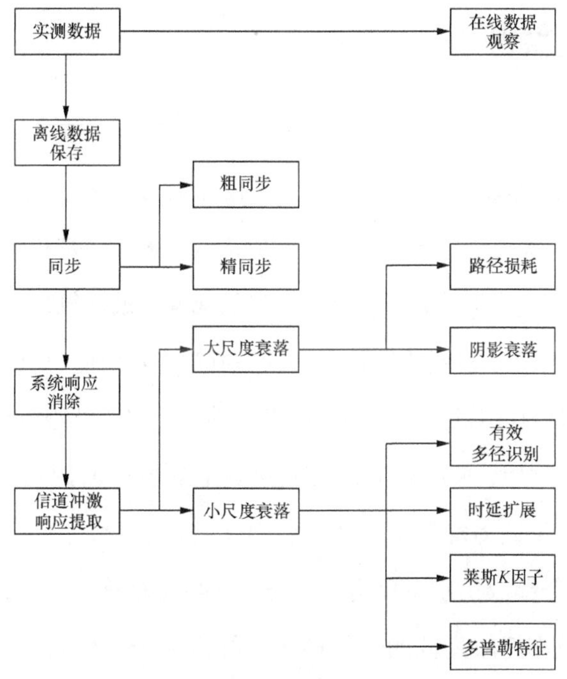

图5-3　车联网信道测量数据处理流程

5.3.1 信道冲击响应提取

在完成信道测量后，从信道测量的数据中提取信道冲击响应（CIR）是数据分析的首要步骤，正确提取信道冲激响应可以保证此后获得信道特征参数的准确性和可靠性。采集的原始信号为中频信号，需要通过下变频和低通滤波变为基带信号，利用基带信号与发射的OFDM信号滑动相关得到原始的CIR。为了对抗信道冲激响应的能量泄漏问题，本书对原始的CIR进行了粗同步、精同步以及添加窗函数的处理。首先，进行粗同步寻找OFDM帧开头，然后进行精同步，修正相位偏差，最终通过LS（最小二乘）信道估计的方法，就可以得到信道频域响应，之后对频域加汉宁窗，最后通过傅里叶反变换得到时域上的信道冲击响应。

$$h(t,\tau)=\sum_{l=0}^{L}a_1(t)\mathrm{e}^{-\mathrm{j}2\pi f_{\mathrm{D}}(t)t}\delta(\tau-\tau_1(t)) \tag{5-1}$$

其中，t表示时间；τ表示时延；L为可分辨的多径数目；$a_1(t)$为第l径的幅度，由路径损耗和阴影衰落决定；$f_{\mathrm{D}}(t)$为多普勒频移；$\tau_1(t)$为第l径的时延。

5.3.2 有效多径识别

在获得CIR后，需要进行有效多径的识别，本书进行的有效多径的识别包括去噪和多径搜索两个步骤。通常实测的CIR包含有效的多径分量和无效的噪声分量，为了提高信道特征参数的估计精度，需要设定合适的门限阈值来区分多径分量和噪声分量。对于噪声门限，如果采用一个固定的常数值，则在信噪比较低或噪声波动较大的情况下，会影响判决的准确性。因此，本书采用一种动态噪声门限计算方法确定信道冲激响应数据的噪声门限，如图5-4所示。对于多径功率低于噪声门限的多径抽头，则对其进行迫零。

在确定噪声门限之后，采用局部最大值法确定多径分量，即高于判决门限以上的，并非全是多径信号，仅认为峰值出现的位置是多径的位置，为了降低“虚检”和“漏检”的概率，通过3个参数识别多径分量。第1个参数为噪声门限，去掉噪声门限以下的噪声分量后，被噪声门限划分的一组连续采样点为一个分量区域。在一个分量区域内，每个峰值均有可能是信号分量，通过搜索噪声以上的峰值，确定第2个参数为峰值

功率及其位置。第3个参数是最大功率差ΔP，其表示最小可接受的峰值和相邻波谷之间的功率差值，由此判定峰值是否为噪声产生的“毛刺”。

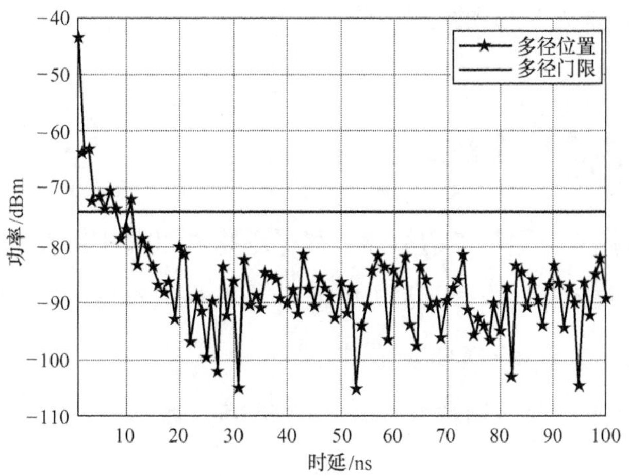

图5-4 一个快照内的信道数据与噪声门限

通过对测量得到的CIR进行去噪和多径搜索，就可以利用提取到的多径分量来分析V2X多个场景的大尺度衰落特性和小尺度衰落特性。

5.3.3 大尺度衰落特性参数

大尺度衰落特性对分析V2X信道的可用性、无线网络的规划和优化、干扰都十分重要。大尺度衰落特性参数包括路径损耗和阴影衰落。

由于测量得到的CIR既包含大尺度信息又包含小尺度信息，因此，为了消除小尺度衰落带来的影响，i时刻的接收功率P_{Rx}由所有多径功率之和的滑动平均来计算。

$$P_{\mathrm{Rx}}(i)=\frac{1}{W_{\mathrm{LS}}}\sum_{k=i}^{k+W_{\mathrm{LS}}-1}\int\left|h(k,\tau)\right|^2\mathrm{d}\tau \tag{5-2}$$

其中，W_{LS}表示平均窗的长度。本书采用文献[17]中建议的20λ作为提取大尺度数据的平均窗长。基于发射功率和接收功率，可以计算得到传播的路径损耗。本书采用对数阴影模型来分析V2I及V2V信道的路径损耗和阴影衰落特性。

$$PL=A_0+10n\lg\left(\frac{d}{d_0}\right)+X_{\mathrm{SF}} \tag{5-3}$$

其中，PL为路径损耗，单位为dB；d为接收端和发射端之间的实际距离；d_0表示天线远场的参考距离，本书中为10m；A_0表示d_0处的路径损耗，n表示路径损耗指数，它决定了路径损耗随距离变化的快慢，通过实测数据与对数距离模型的RMSE拟合，可以得到A_0和n；X_{SF}为阴影衰落，由实测路损值与拟合值的差值计算得到，阴影衰落是满足均值为0，标准差为X_{SF}的正态分布。

5.3.4 小尺度衰落特性参数

小尺度衰落特性对传输技术的选择、数字接收机的设计和物理层优化至关重要。小尺度衰落特性参数包括功率时延谱（PDP）、均方根（RMS）时延扩展、莱斯K因子、多普勒功率谱以及均方根多普勒扩展。

无线信道的时间色散特性通常用功率时延谱表征。功率时延谱可以通过对离散化的信道冲激响应$h(k,\tau)$进行统计得到，为信道冲激响应的功率的平均结果。

$$PDP(t_i,\tau)=\frac{1}{W_{\mathrm{av}}}\sum_{k=i}^{i+W_{\mathrm{av}}-1}\left|h(k,\tau)\right|^2 \tag{5-4}$$

其中，W_{av}表示平均窗的长度，W_{av}的取值需使信道满足广义平稳（WSS）的条件，本书取值是20λ，约为1m。

在多径传播条件下，由于各条多径的传播时长不同，接收端的信号在时延域上会产生色散。一般用时延扩展来刻画信号在时延域上的色散程度，该参数对载波调制有重要的影响，常用RMS时延扩展σ_τ表示。

$$\sigma_\tau=\sqrt{\mathrm{E}(\tau^2)-\mathrm{E}^2(\tau)} \tag{5-5}$$

其中，E为数学期望符号，$\mathrm{E}(\tau^2)$和$\mathrm{E}^2(\tau)$由式（5-6）计算。

$$\mathrm{E}(\tau^2)=\frac{\sum_k P(\tau_{\mathrm{k}})\tau_{\mathrm{k}}^2}{\sum_k P(\tau_{\mathrm{k}})} \tag{5-6}$$

$$\mathrm{E}(\tau)=\frac{\sum_k P(\tau_{\mathrm{k}})\tau_{\mathrm{k}}}{\sum_k P(\tau_{\mathrm{k}})} \tag{5-7}$$

其中，$P(\tau_{\mathrm{k}})$表示时延τ_{k}上抽头的功率，由式（5-5）～式（5-7）可知，当只有一条有效径时，σ_τ为0。

莱斯K因子是用来衡量直射径与散射径强度大小的重要参数，通常用直射强度比其他

多径分量强度来表示。K因子估计采用经典的二阶矩和四阶矩查表法。莱斯分布的表达式为

$$K=\frac{-2\mu_2^2+\mu_4-\mu_2\sqrt{\mu_2^2-\mu_4}}{\mu_2^2-\mu_4} \tag{5-8}$$

其中，μ_2=E$\left(r^2\right)$，μ_4=E$\left(r^4\right)$，r为CIR的幅值。

由于多普勒效应，信道会对信号造成频率色散。频率色散在频域上表现为时间选择性衰落，时间选择性即时变性。信道的快速变化会造成信号失真，这是由于发送信号还在传输的过程中，传输信道的特征已经发生了变化。无线信道的频率色散特性通常用多普勒功率谱表征。不同的入射角产生不同的多普勒频移，因此所有的多径分量的叠加就形成了多普勒功率谱。多普勒功率谱可由信道冲激响应的自相关函数的离散傅里叶变换计算得到。

$$DPSD(m,\upsilon)=\mathcal{F}\left\{\sum_{k=m}^{m+W_{\mathrm{FFT}}-1}h(k)\cdot h^*(k+m),W_{\mathrm{FFT}}\right\} \tag{5-9}$$

其中，v表示多普勒频偏；$\mathcal{F}\{\cdot\}$表示DFT运算；$(\cdot)^*$表示共轭运算；W_{FFT}为DFT窗的长度，这里，DFT窗的长度为64个快照的长度。

多普勒扩展是指发生频率漂移现象的多径信号叠加在一起而造成信号在频域的扩展，而后形成多普勒功率谱。多普勒扩展是V2X无线信道最重要的特征，它能够准确地描述V2X信道中多径的时变特征，通常用均方根多普勒扩展σ_{v}参数来表征。

$$\sigma_{\mathrm{v}}=\sqrt{\frac{\sum_v DPSD(v)v^2}{\sum_v DPSD(v)}-\left(\frac{\sum_v DPSD(v)v}{\sum_v DPSD(v)}\right)^2} \tag{5-10}$$

5.4 测量场景和结果分析

5.4.1 高速直道

高速直道场景的测试地点位于某市开放测试道路，测试路段全长约500m。在高速直道场景中，V2I发射端天线架设在路侧，高度约为5m，如图5-5所示。信号在传输过程中没有明显的遮挡区域，因此都属于视距传输。

（a）V2I高速直道场景

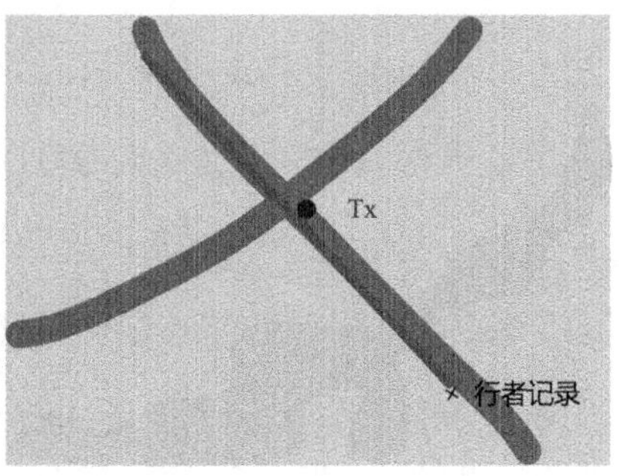

（b）V2I车辆行驶轨迹

图5-5　V2I高速直道测量场景及车辆行驶轨迹

V2V测试包含对向和同向测试，如图5-6所示。对向测试中，车辆分别从相距600m的初始位置对向行驶，相遇后再远离；同向测试中，发射端车辆与接收端车辆一前一后以相同的速度匀速行驶，两车起点的距离约为20m。由于两车同向行驶过程中，车辆始终保持20～30m的距离，两车之间的距离变化范围较小，因此对于V2V同向行驶场景，本书只关注其小尺度衰落特性。发射端和接收端的天线都架设在车辆顶部的位置，距离地面约为2m，且天线方向均垂直于地面。与V2I一样，信号在传输过程中均无明显的遮挡区域，因此都属于LOS传输。

（a）V2V对向行驶场景

（b）V2V同向行驶场景

图5-6　V2V高速直道测量场景

图5-7所示为高速直道场景的V2I和V2V场景大尺度衰落特性统计分析及建模

结果。具体的大尺度衰落参数如表5-3所示。WINNER II D2a模型为蜂窝通信中常用的信道模型，因此我们将WINNER II D2a模型与高速直道场景的V2I及V2V进行对比。由该表可知，WINNER II D2a模型的路损指数小于本书测得的V2I、V2V的路损指数。这是由于传统蜂窝网络中基站架设的高度为10～35m，发射端周围没有明显的散射体，而V2I天线高度为4～6m，一般架设在电警杆或者灯杆上，V2V天线高度约为2m，一般架设在车顶，因此V2V发射的信号受到发射端周围散射体的影响最大，V2I次之，这也导致V2I及V2V信道的路损指数大于同场景的蜂窝网络模型的路损指数。由此可得，传统蜂窝网络模型并不适用于描述V2X通信的大尺度衰落特性。

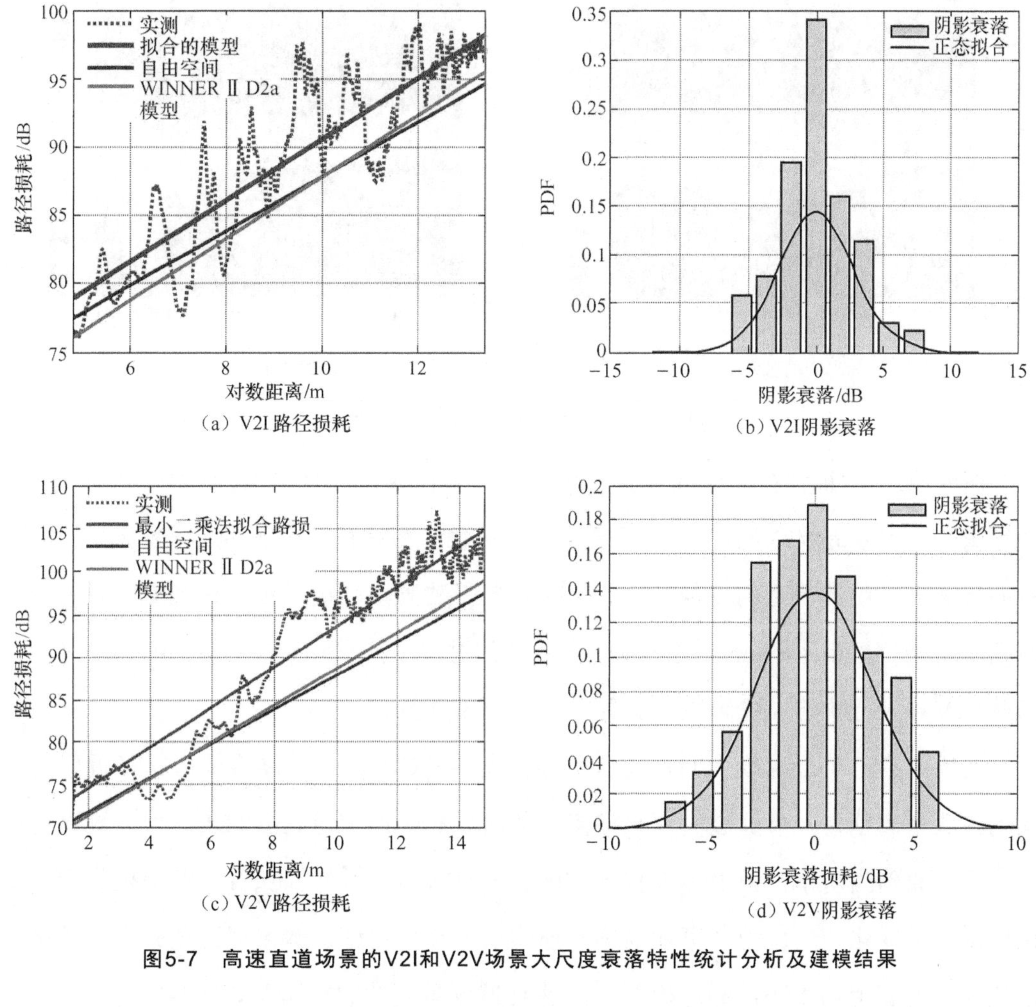

（a）V2I路径损耗

（b）V2I阴影衰落

（c）V2V路径损耗

（d）V2V阴影衰落

图5-7　高速直道场景的V2I和V2V场景大尺度衰落特性统计分析及建模结果

表5-3　高速直道场景的大尺度衰落参数值

场景	路损因子n	截距A_0/dB	标准差X_{SF}
V2I	2.1782	68.1594	2.7362
V2V	2.2602	69.9847	2.85
WINNER II D2a	2.15	67.16	4

基于公式（5-4）可以得到高速直道场景下V2I及V2V的PDP，由图5-8可得，车辆行驶过程中随着接收端靠近发射端，最强径的传播时延逐渐减小，而其功率则明显增大。此外，对比图5-7（b）和图5-7（d）可得，与V2I场景相比，V2V场景中的多径分量（MPC）更多，这是因为V2V场景中，发射端天线架设到车顶表面，信号会通过车顶表面反射，从而导致多径增多。

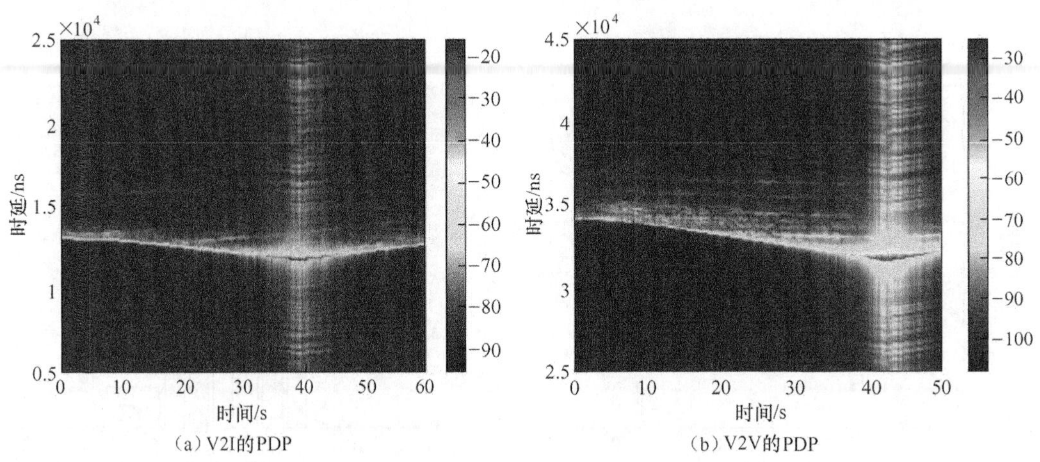

（a）V2I的PDP　（b）V2V的PDP

图5-8　高速直道场景V2V/V2I的PDP

图5-9所示为统计得到的高速直道场景下的多径数，可以看到，V2I场景的平均多径数最少，其次是V2V同向行驶场景，平均多径数最多的是V2I对向行驶场景。V2V对向行驶场景统计得到的多径数大于V2V同向行驶场景，这是由于进行V2V对向测量时两车初始位置相距600m，而V2V同向行驶的过程中两车车距保持在20～30m之间，因此V2V对向行驶场景统计的范围更广，多径数更多。

无线信道都可以建模为TDL模型，即信道中的CIR可以通过将传播路径近似为离散的抽头来表征，本书通过高速直道多径的时延和幅度信息建立TDL模型。测试过程中，受接收信道功率及散射体变化的影响，C-V2X的信道特性随着收发信机位置的变化也发生了变化，因此为了更加准确地描述信道衰落特性，本书通过划分不同的区域来建立高速直道场景下的TDL模型。高速直道场景下的TDL模型如图5-10所示，为了更加准确地描述信道衰落特性，本书将高速直道场景下的信道TDL模型通过划分远区（TA）、靠近区（CA）、近区（CEA）和到达区（AA）等不同区域来建立。具体的TDL参数如表5-4所示。其中IP点指的是收发端相遇时发端所在的位置。

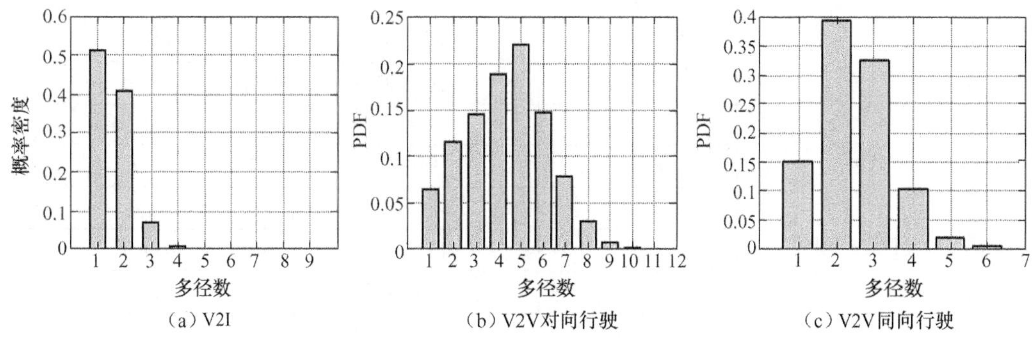

（a）V2I （b）V2V对向行驶 （c）V2V同向行驶

图5-9 高速直道场景下的多径数

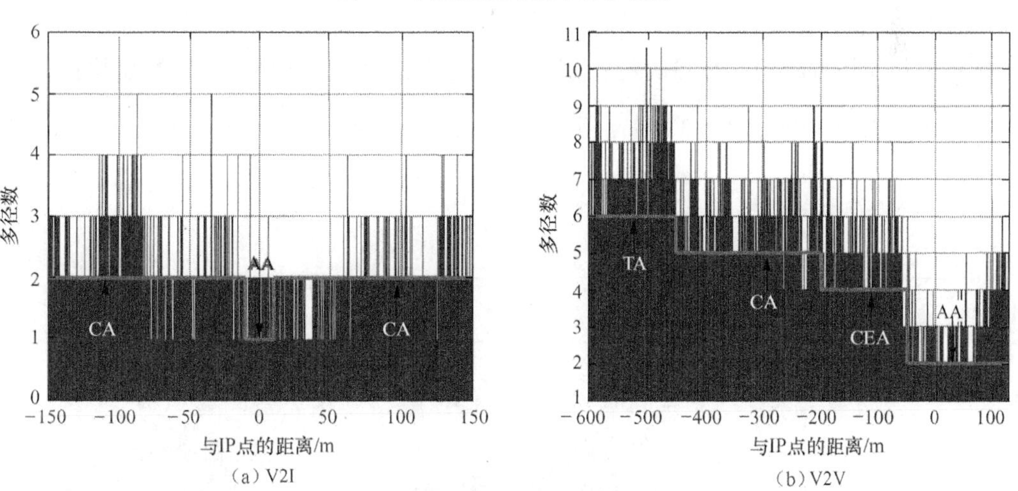

（a）V2I （b）V2V

图5-10 高速直道场景下的TDL模型

表5-4 高速直道场景下的TDL参数

场景		抽头数量	相对时延/ns	平均路径增益/dB
V2I	AA [0, 20]m	1	0	0
	CA [20, 300]m	1	0	0
		2	309.2	−29.0
V2V	AA [0, 75]m	1	0	0
		2	314.9	−24.7
	CEA [75, 200]m	1	0	0
		2	488.6	−16.1
		3	791.3	−22.2
		4	813.0	−26.5

续表

场景		抽头数量	相对时延/ns	平均路径增益/dB
V2V	CA [200, 450]m	1	0	0
		2	415.8	−18.5
		3	791.0	−20.5
		4	1093.9	−24.5
		5	1096.2	−27.5
	TA [450, 600]m	1	0	0
		2	355.1	−8.4
		3	753.2	−9.0
		4	1158.5	−13.0
		5	1409.8	−15.6
		6	1411.4	−18.5

基于统计的有效多径，分别计算V2I和V2V的RMS时延扩展。RMS时延扩展与多径数有关，多径数越少，RMS时延扩展越小，因此V2I场景的RMS时延扩展均值最小，V2V对向行驶场景次之，V2V对向行驶场景的RMS时延扩展最大，如图5-11和表5-5所示。

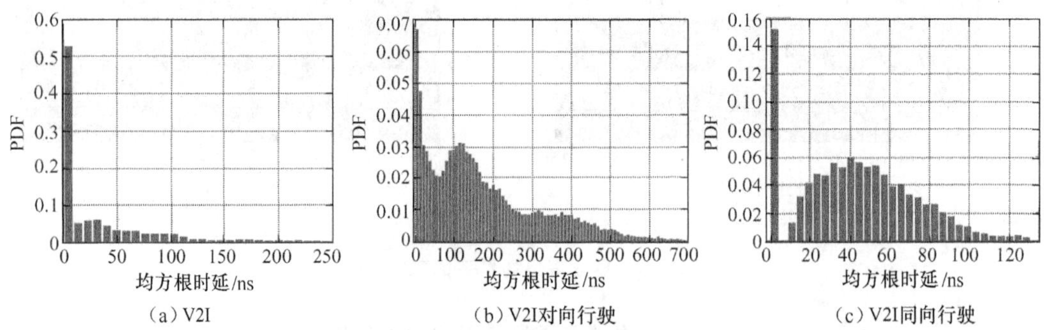

图5-11　高速直道场景的RMS时延扩展的PDF

表5-5　高速直道场景的RMS时延扩展参数

场景	均值/ns	标准差/ns
V2I	34.32	74.14
V2V对向行驶	192.21	271.12
V2V同向行驶	44.53	34.92

经过统计分析，对3个场景的K因子均采用高斯建模，如图5-12所示，V2I的拟合K因子均值最大，V2V同向行驶场景次之，拟合K因子最小的是V2V对向行驶场景，这是

因为V2V同向行驶场景中的多径数更多，NLOS径的总能量更大，从而导致其K因子最小。

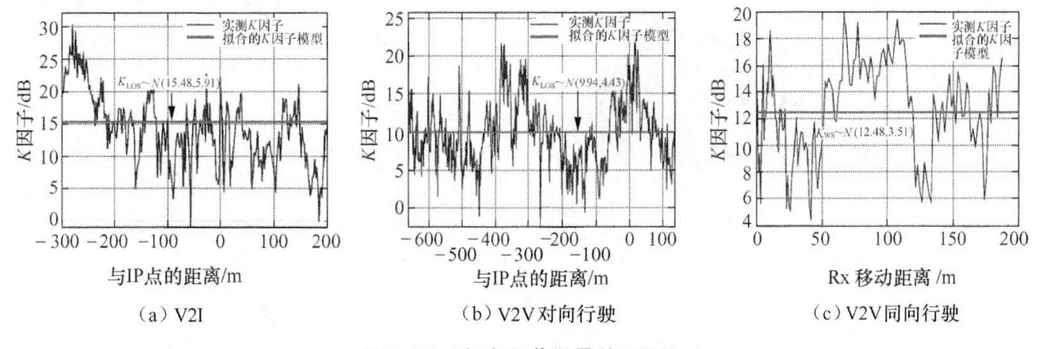

图5-12　高速直道场景的K因子

基于实测数据可以得到图5-13所示的高速直道场景下的瞬时多普勒功率谱。由图可知，V2I和V2V对向行驶场景的多普勒功率谱均存在快变特性，即从最大正频偏向最小负频偏快速变化。V2V同向行驶中两车相对静止，所以V2V同向行驶的多普勒频偏基本为0。测量得到的最大多普勒频移与理论计算结果（$f_{V2I,max}$=197.3Hz、$f_{V2V1,max}$=32.7Hz、$f_{V2V2,max}$=379.8Hz）基本一致。从图中还可以发现，3种场景的多普勒功率谱均出现一定程度的多普勒扩展。图5-13（d）表示的是不同场景下的多普勒扩展，由图可得，高速直道场景下V2V对向行驶的RMS多普勒扩展最大，V2I次之，V2V同向行驶的RMS多普勒扩展最小，这是因为多普勒扩展除了与多径数有关，也与多普勒频偏有关，V2V对向行驶的多径数和多普勒频偏都最大。

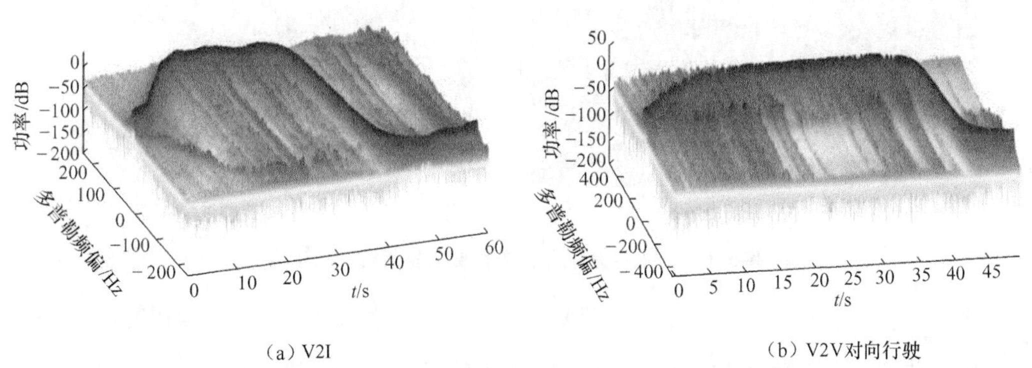

图5-13　高速直道场景的多普勒功率谱和多普勒扩展

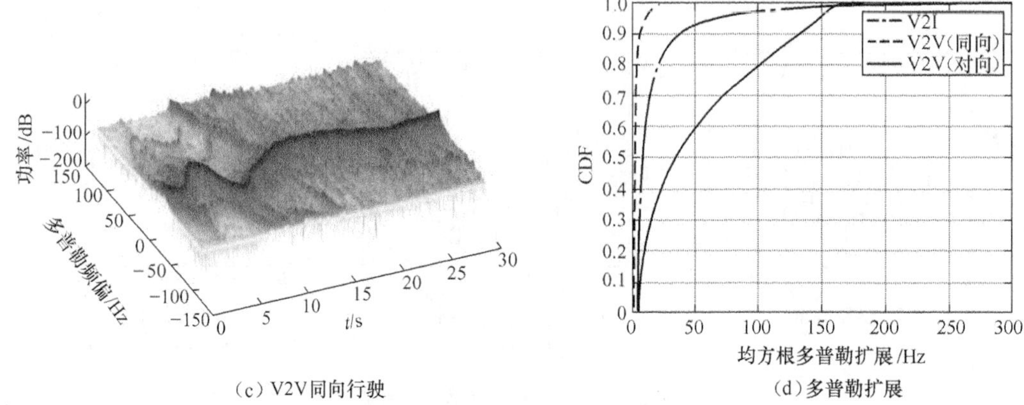

（c）V2V同向行驶　　（d）多普勒扩展

图5-13　高速直道场景的多普勒功率谱和多普勒扩展（续）

5.4.2　高速弯道

高速弯道场景测试路段全长约640m，如图5-14所示。在高速弯道场景中，V2I发射端天线架设在路侧，高度约为5m。该场景下，车辆从静止状态加速到40km/h，再匀速行驶。

（a）高速弯道场景

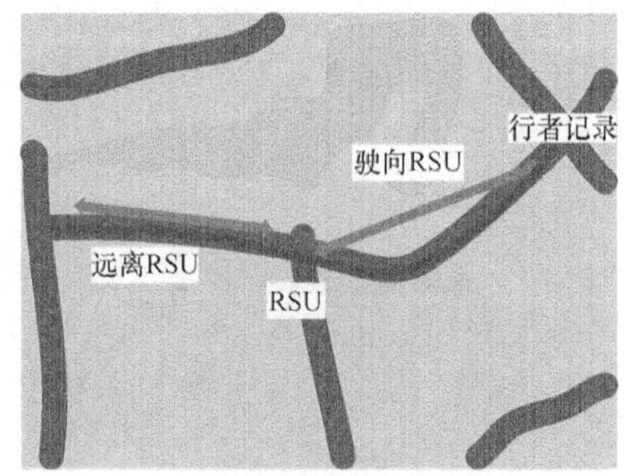

（b）高速弯道车辆行驶轨迹

图5-14　V2I高速弯道测量场景及车辆行驶轨迹

类比高速直道场景，高速弯道场景下V2V同向行驶只需关注其小尺度衰落特性。图5-15所示为高速弯道V2I和V2V场景的大尺度衰落特性统计分析及建模结果，具体参数见表5-6。由于高速弯道中存在NLOS段，因此高速弯道场景下V2I和V2V的路损指数大于高速直道场景下V2I和V2V的路损指数（V2I路损因子为2.17，V2V路损因子为2.26）。

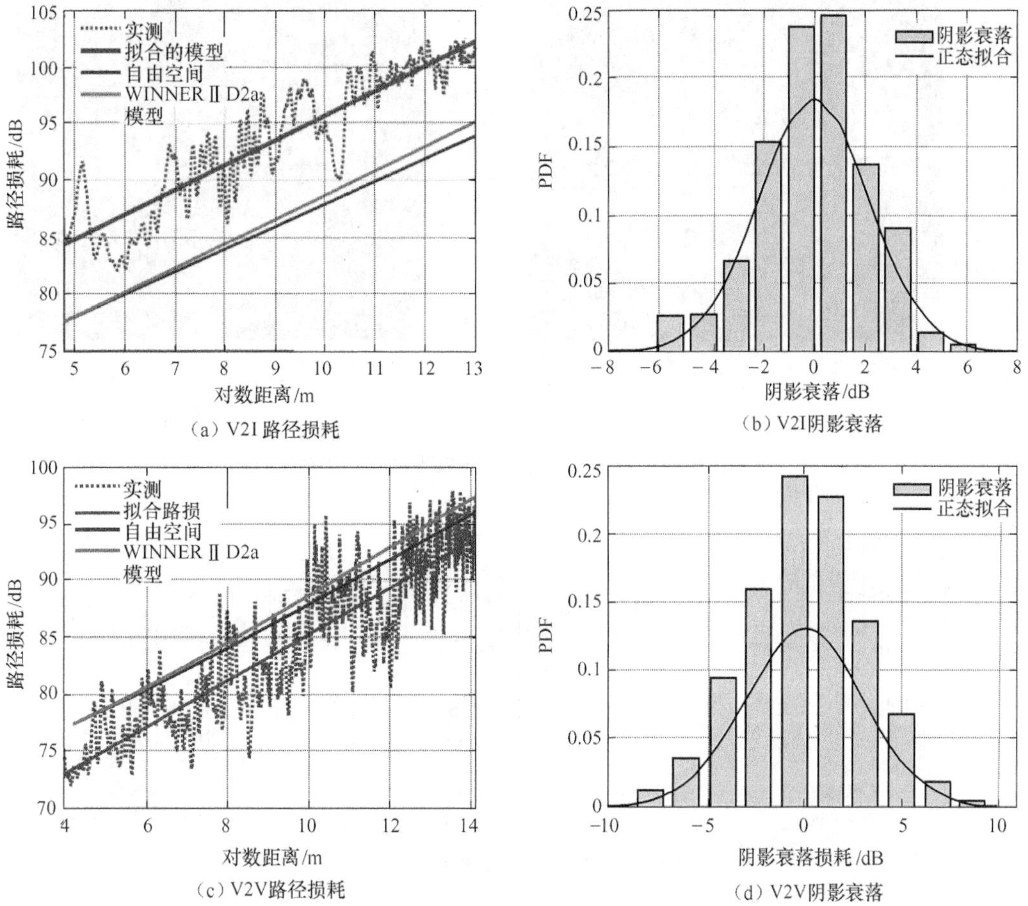

（a）V2I 路径损耗

（b）V2I阴影衰落

（c）V2V路径损耗

（d）V2V阴影衰落

图5-15　高速弯道V2I和V2V场景的大尺度衰落特性统计分析及建模结果

表5-6　高速弯道大尺度衰落特性参数

场景	路损因子n	截距A_0/dB	标准差X_{SF}
V2I	2.25	76.08	2.09
V2V	2.27	64.74	3.01

高速弯道场景下V2I及V2V的PDP如图5-16所示，由于实际测试路段为非直线道路，因此，收发机之间的最强径的传输时延变化也为非线性变化。

高速弯道场景下的多径数如图5-17所示，由图可知，V2I场景的平均多径数最多，这与高速弯道测试路段中V2I发端周围架设了雨衰器有关，此外，V2V同向和V2V对向平均多径为3～4径。

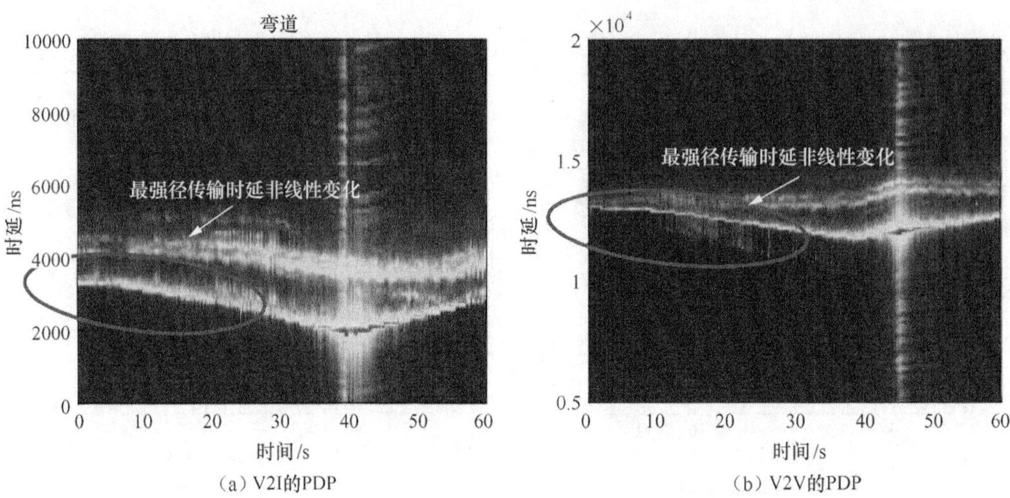

（a）V2I的PDP
（b）V2V的PDP

图5-16　高速弯道场景下V2I及V2V的PDP

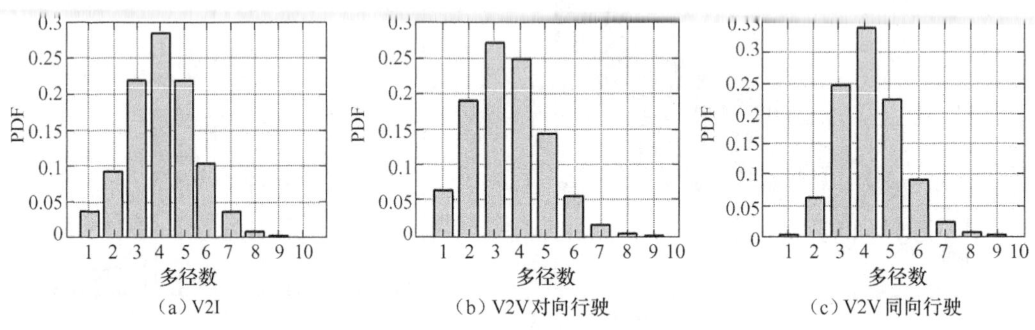

（a）V2I
（b）V2V对向行驶
（c）V2V同向行驶

图5-17　高速弯道场景下的多径数

高速弯道场景下V2I和V2V的TDL模型如图5-18所示，具体参数如表5-7所示。

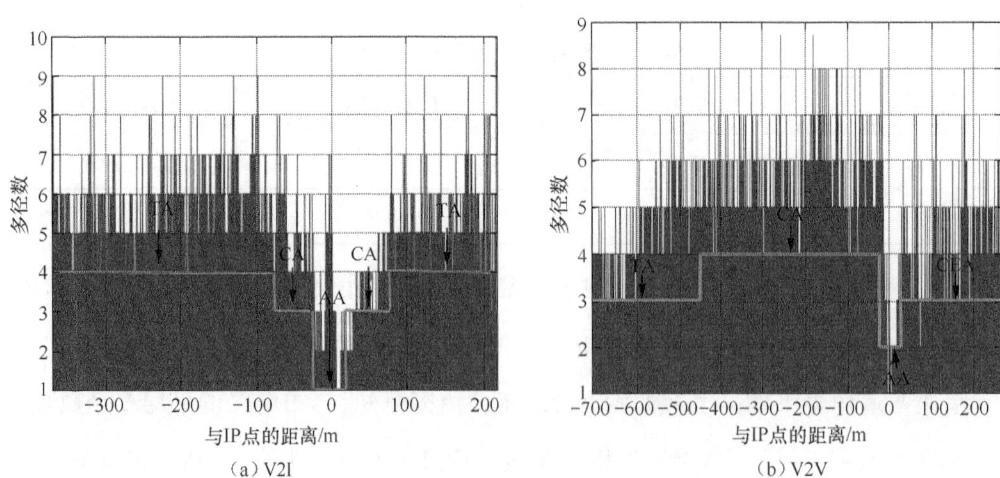

（a）V2I
（b）V2V

图5-18　高速弯道场景下V2I和V2V的TDL模型

表5-7 高速弯道的TDL参数

场景		抽头数量	相对时延/ns	平均路径增益/dB
V2I	AA[0, 20]m	1	0	0
	CA[20, 100]m	1	0	0
		2	1014.96	−26.62
		3	1469.77	−25.85
	TA[100, 300]m	1	0	0
		2	643.06	−14.86
		3	1148.26	−14.39
		4	1538.32	−15.01
V2V	AA[0, 20]m	1	0	0
		2	503.1	−33.6
	CEA[20, 200]m LOS	1	0	0
		2	762.6	−26.5
		3	888.0	−30.1
	CA[20, 460]m NLOS	1	0	0
		2	600.9	−18.5
		3	1081.2	−19.7
		4	1127.4	−20.9
	TA[460, 700]m	1	0	0
		2	552.7	−8.8
		3	1450.7	−10.8

高速弯道场景的RMS时延扩展如图5-19所示，参数如表5-8所示。

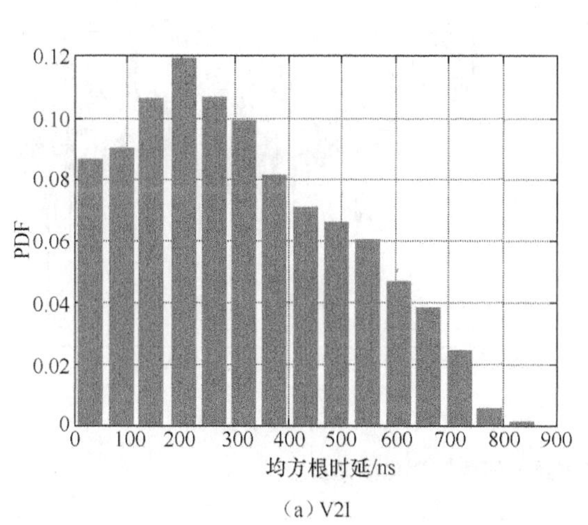

（a）V2I

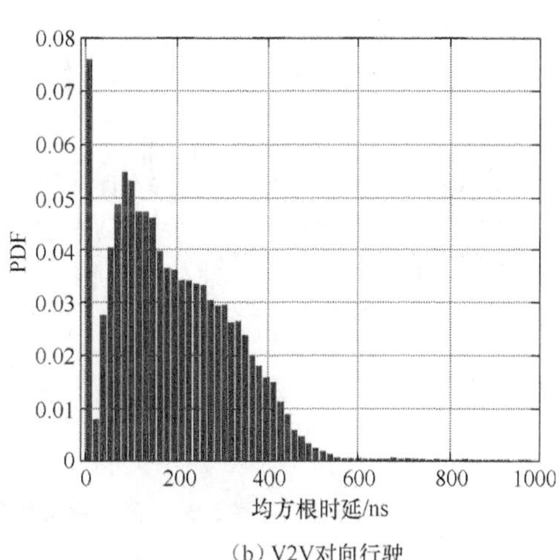

（b）V2V对向行驶

图5-19 高速弯道场景的RMS时延扩展

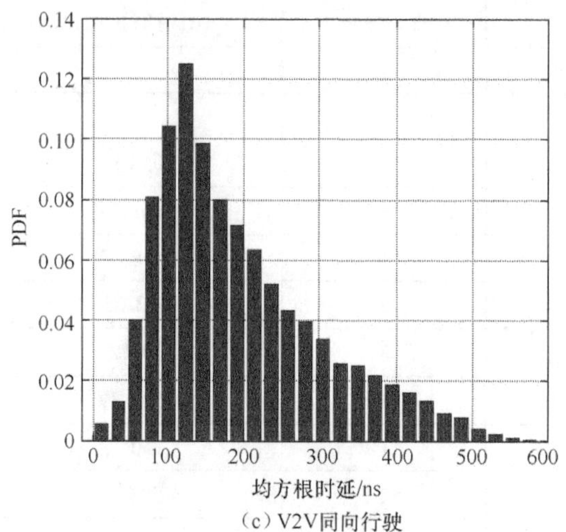

（c）V2V同向行驶

图5-19　高速弯道场景的RMS时延扩展（续）

表5-8　高速弯道场景的RMS时延扩展参数

场景	均值/ns	标准差/ns
V2I	308.51	192.73
V2V对向行驶	279.61	669.29
V2V同向行驶	194.67	108.19

图5-20所示为高速弯道场景下K因子随距离变化的趋势，并对3个场景中的K因子采用高斯拟合。

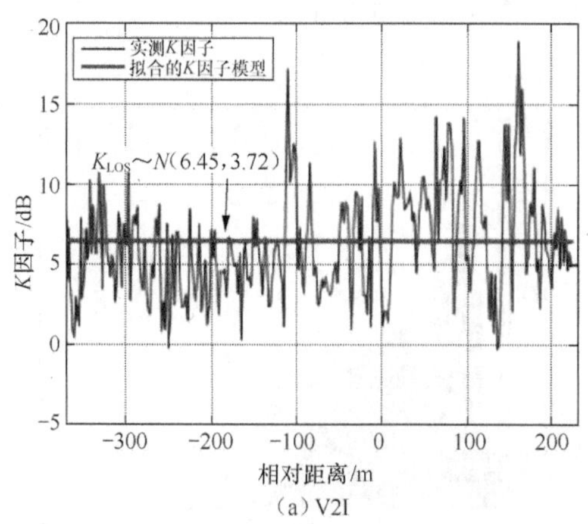

（a）V2I

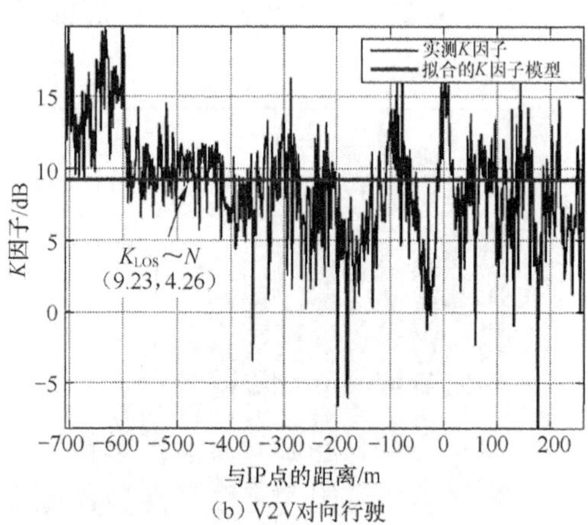

（b）V2V对向行驶

图5-20　高速弯道场景下K因子随距离变化的趋势

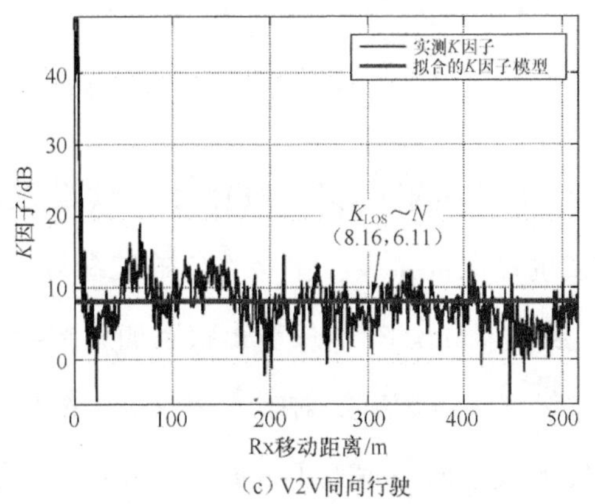

(c) V2V同向行驶

图5-20　高速弯道场景下K因子随距离变化的趋势（续）

图5-21所示为高速弯道场景的多普勒特性。由图可知，V2I和V2V对向行驶的多普勒功率谱均存在快变特性，即从最大正频偏向最小负频偏快速变化。在V2V同向行驶中，由于车辆相对静止，其多普勒频偏基本为0。同时，测量得到的最大多普勒频移与理论计算结果（$f_{\text{V2I,max}}=234.5\text{Hz}$、$f_{\text{V2V}_1\text{,max}}=-11.4\text{Hz}$、$f_{\text{V2V}_2\text{,max}}=384.4\text{Hz}$）基本一致。由图5-21（d）可知，高速弯道V2V对向行驶场景的RMS多普勒扩展最大，其次是V2I场景，V2V同向行驶场景的RMS多普勒扩展最小。

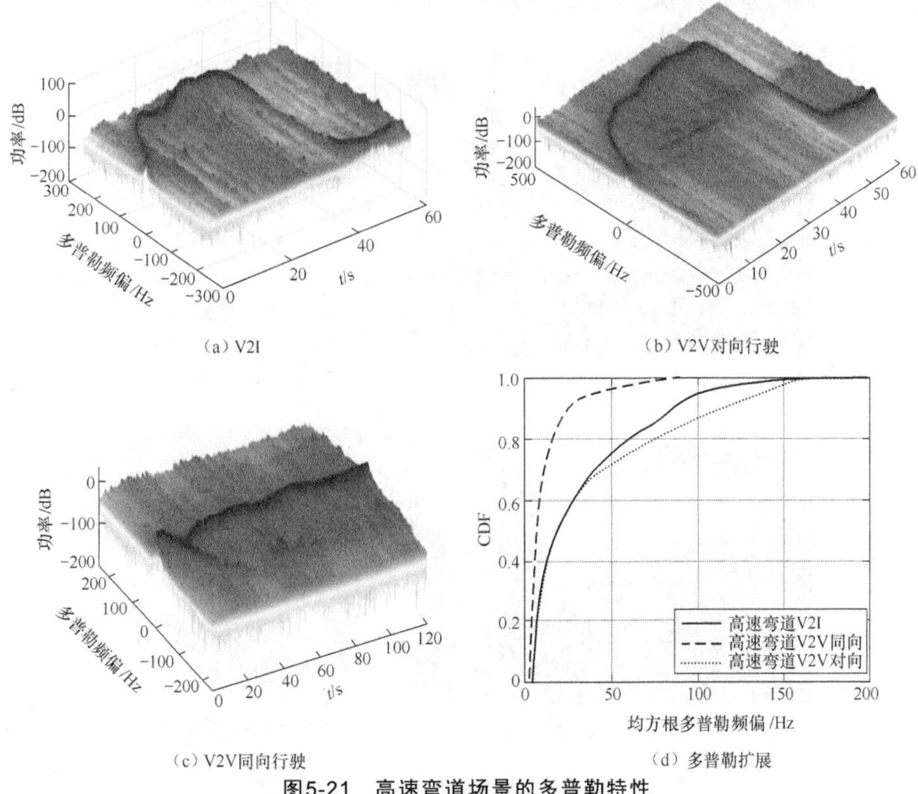

(a) V2I　(b) V2V对向行驶　(c) V2V同向行驶　(d) 多普勒扩展

图5-21　高速弯道场景的多普勒特性

5.4.3 城区直道

城区直道场景具体测试地点位于某市开放道路，测试路段全长约440m，车辆行驶时间为50s。城区场景中发射端天线架设在十字路口的红绿灯旁，这与其实际需要部署的位置相吻合，天线高度约为4.6m。车辆从静止状态加速到40km/h，再匀速行驶。测量时车辆均由远处驶向发射端，再远离发射端。接收端天线架设在车顶中间位置，距离地面高度约为2m，收发天线方向均垂直于地面。信号在传输过程中没有明显的遮挡区域，因此本次测量的城区直道场景属于LOS传输。

城区测量环境及车辆行驶轨迹如图5-22所示。

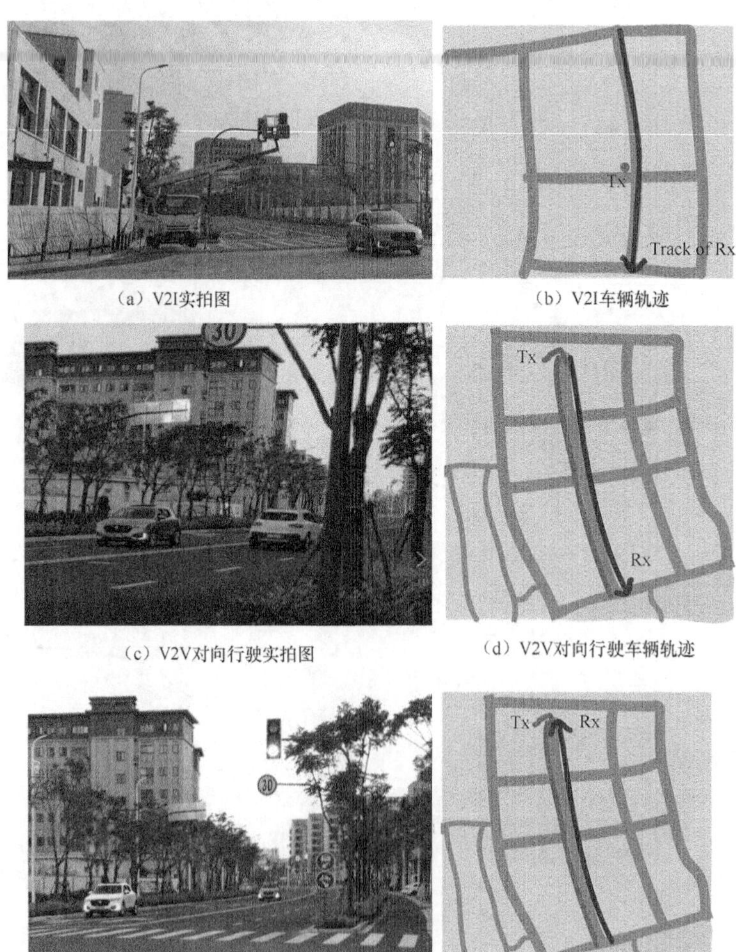

（a）V2I实拍图　（b）V2I车辆轨迹

（c）V2V对向行驶实拍图　（d）V2V对向行驶车辆轨迹

（e）V2V同向行驶实拍图　（f）V2V同向行驶车辆轨迹

图5-22　城区直道测量环境及车辆行驶轨迹

V2V测试也包含两组，对向测试中，车辆分别从相距600m的初始位置对向行驶，相遇后再远离；同向测试中，两车一前一后以相同速度匀速行驶，两车起点距离约为20m。由于V2V同向行驶过程中车辆始终保持20～30m的间距，距离很小，因此对于V2V同向行驶这一场景，本书只关注其小尺度衰落特性。收、发端天线均置于车顶，距地面约2m，且方向均垂直于地面。与V2I场景一样，V2V场景信号在传输过程中都没有明显的遮挡区域，都属于LOS传输。

城区直道场景下的大尺度衰落特性统计分析结果如图5-23所示，参数如表5-9所示。对比表5-3和表5-9可知，城区直道场景的路损指数大于高速直道场景的路损指数，这是由于城区直道场景传播环境更加恶劣，存在较多的散射体，例如密集的建筑物、路灯、植被、车辆等。

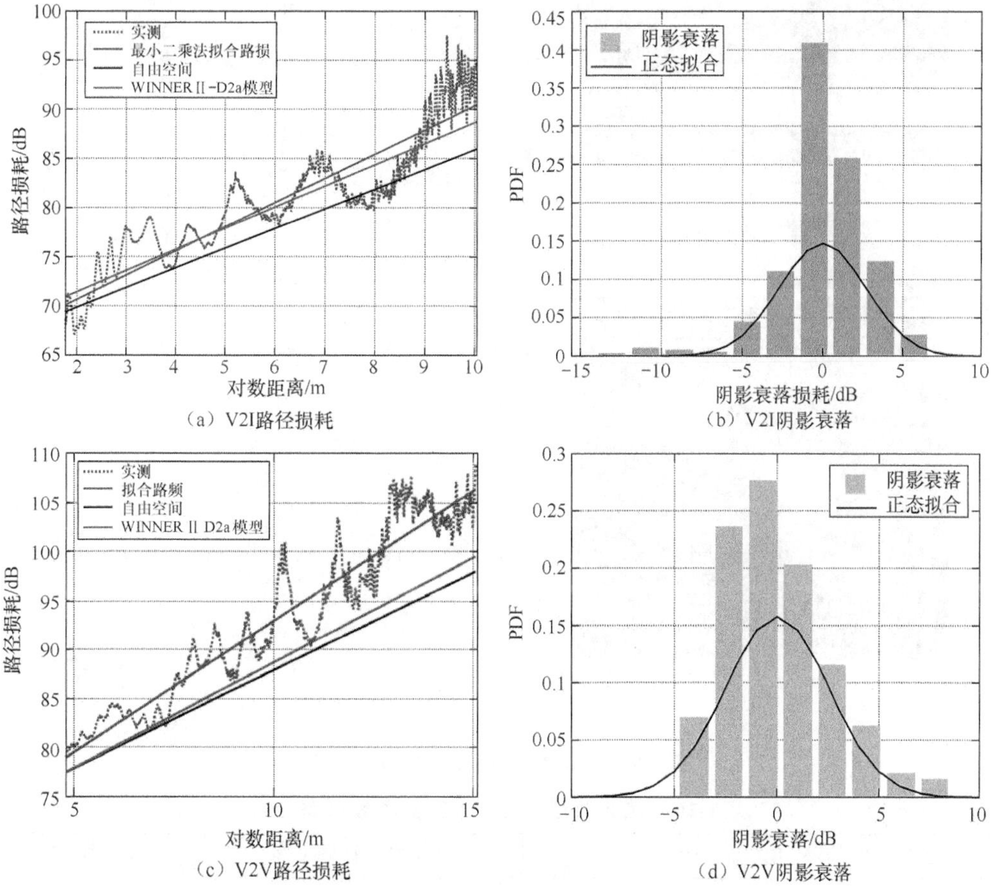

（a）V2I路径损耗

（b）V2I阴影衰落

（c）V2V路径损耗

（d）V2V阴影衰落

图5-23 城区直道场景下的大尺度衰落特性统计分析结果

表5-9　城区直道场景的大尺度衰落特性参数

场景	路损因子n	截距A_0/dB	标准差X_{SF}
城区V2I	2.67	66.19	2.54
城区V2V	2.26	66.08	2.42

如图5-24（a）和图5-24（c）所示，在城区直道场景中，随着接收端车辆靠近发射端，最强径的传播时延逐渐降低，功率明显增大。V2I和V2V最强径的接收功率分别在第35s和第20s达到最大值，这表示接收端车辆与发射端车辆相遇。此场景下V2I多径数概率分布如表5-10所示。

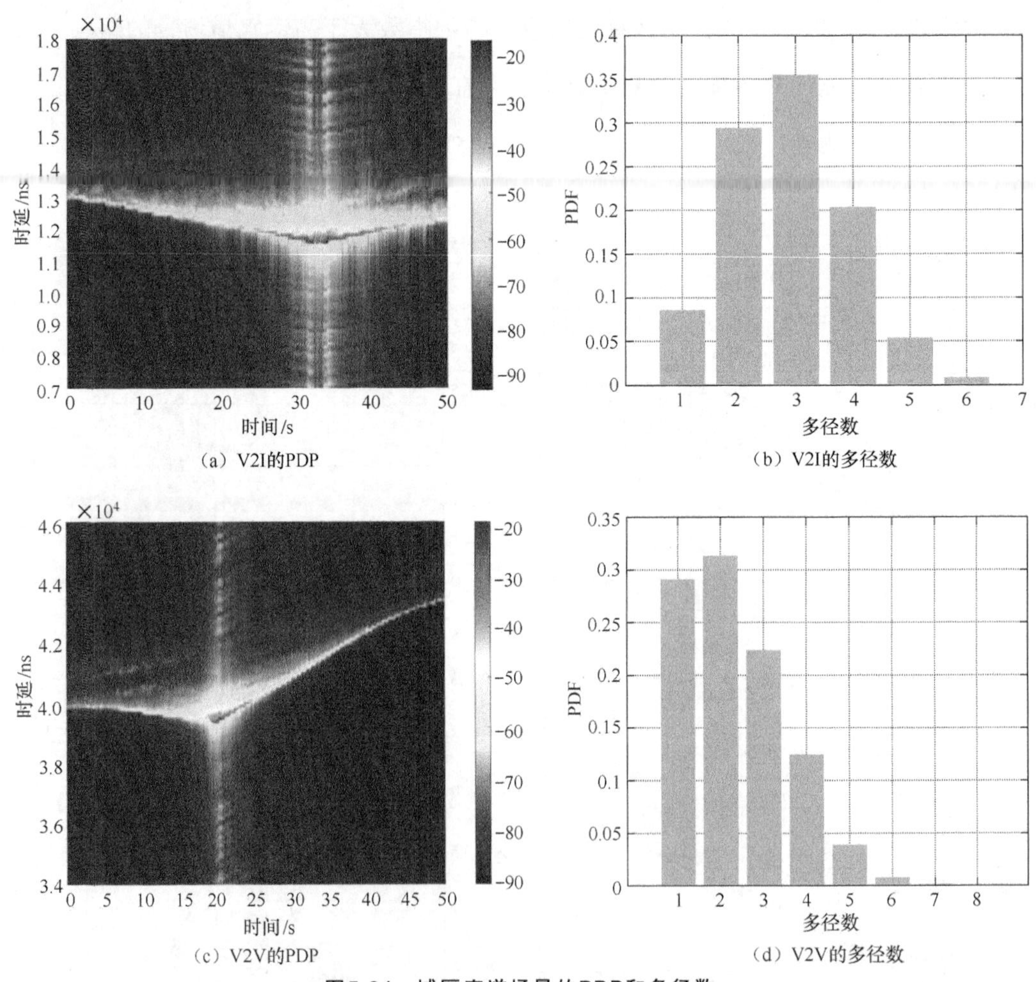

（a）V2I的PDP　（b）V2I的多径数

（c）V2V的PDP　（d）V2V的多径数

图5-24　城区直道场景的PDP和多径数

表5-10　城区直道场景下V2I多径数概率分布

多径数	V2I	V2V对向行驶	V2V同向行驶
1	8.61%	29.1%	3.46%
2	29.36%	31.3%	20.53%

续表

多径数	V2I	V2V对向行驶	V2V同向行驶
3	35.42%	22.4%	36.74%
4	20.33%	12.5%	27.22%
5	5.36%	3.9%	9.91%
6	0.83%	0.77%	1.91%
7	0.08%	0.02%	0.22%
8	0	0.01%	0.02%

城区直道场景的V2X信道采用分段建模的方法。图5-25所示为城区直道V2I及V2V对向行驶场景的TDL模型示意，根据统计分析将城区直道V2I/V2V场景分为AA与TA段，其中AA段以2条径为主，TA段以3条径为主，这与周围环境以及收、发端距离有关。表5-11所示为城区直道V2I、V2V场景TDL模型的具体参数。

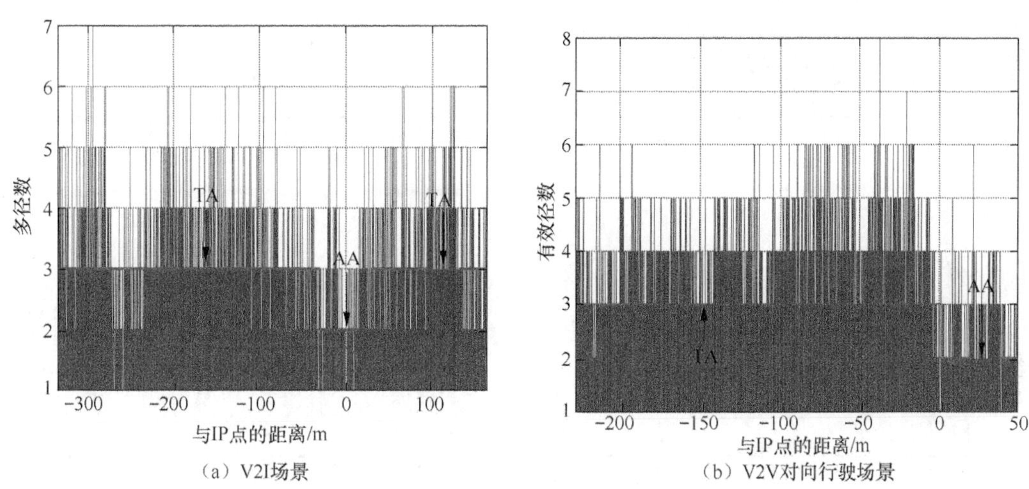

（a）V2I场景　　（b）V2V对向行驶场景

图5-25　城区直道V2I及V2V对向行驶场景的TDL模型示意

表5-11　城区直道V2I、V2V场景的具体参数TDL模型的具体参数

场景		抽头数量	相对时延/ns	平均路径增益/dB
V2I	AA [0, 50]m	1	0	0
		2	272.1	−21.5
	TA [50, 300]m	1	0	0
		2	393.4	−19.8
		3	591.1	−29.0
V2V	AA [0, 30]m	1	0	0
		2	254.4	−30.8
	TA [30, 200]m	1	0	0
		2	425.6	−14.5
		3	636.0	−18.2

根据式（5-5）～式（5-8）可以得到城区直道场景下的RMS时延扩展和K因子，如图5-26所示，RMS时延扩展具体数值如表5-12所示。由图和表可知，城区直道场景中V2I的RMS时延扩展最大，V2V同向行驶次之，V2V对向行驶最小；K因子则相反，V2I的K因子最大，V2V同向行驶次之，V2V对向行驶最小。

（a）V2I均方根时延扩展

（b）V2V K因子

（c）V2V 对向行驶均方根时延扩展

（d）V2I K因子

（e）V2V 同向行驶均方根时延扩展

（f）V2V K因子

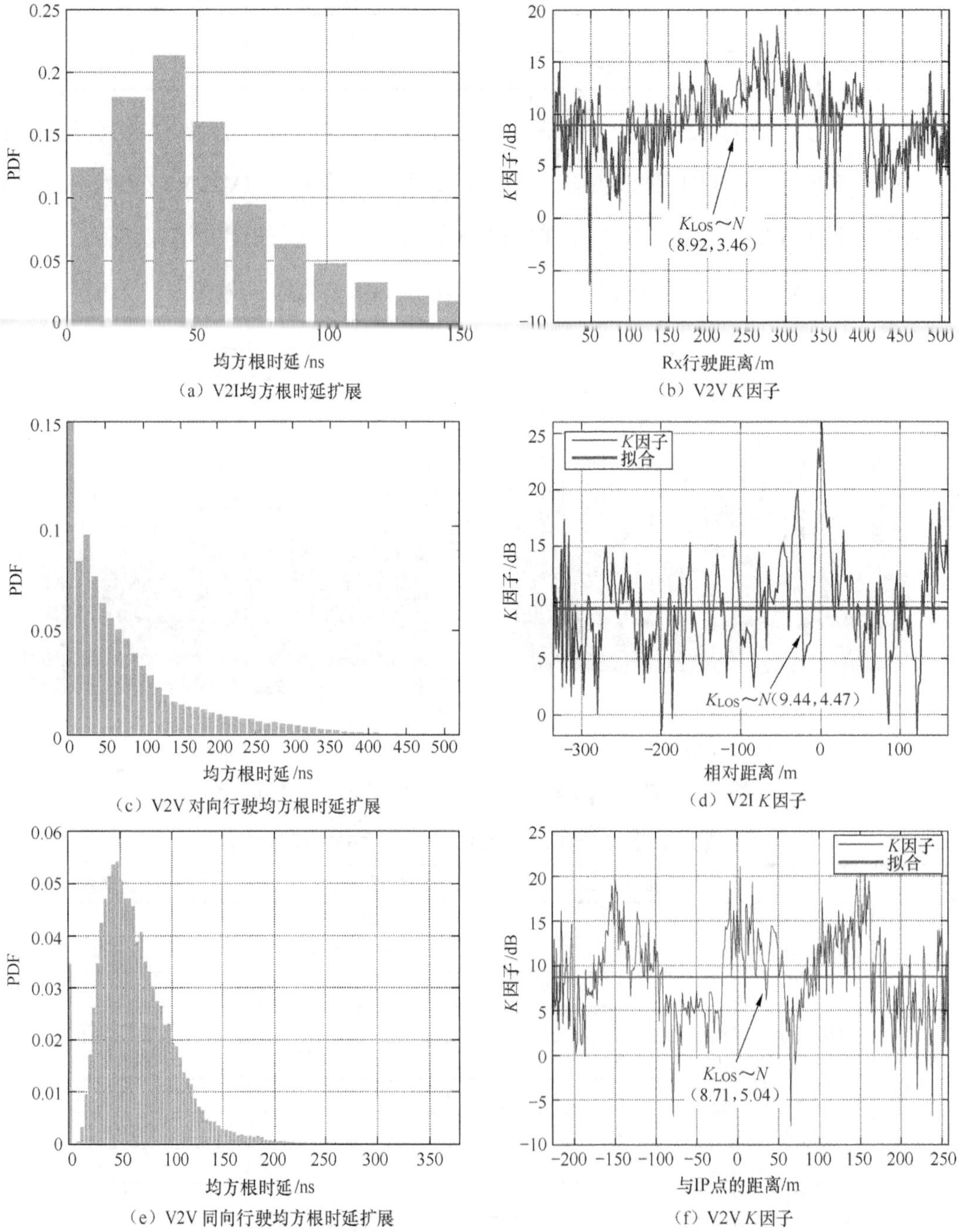

图5-26　城区直道测试场景下的RMS时延扩展和K因子

表5-12　城区直道测试场景的RMS时延扩展具体数值

场景	均值/ns	标准差/ns
V2I	69.21	224.97
V2V对向行驶	75.77	85.13
V2V同向行驶	64.86	35.50

城区直道场景的V2I和V2V对向行驶都会出现快速多普勒跳变的现象，此外测量得到的最大多普勒频移与理论计算结果（ $f_{\mathrm{V2I,max}}=198.1\mathrm{Hz}$ 、 $f_{\mathrm{V2V,max}}=389.6\mathrm{Hz}$ ）基本一致。如图5-27所示，V2V对向行驶多普勒扩展最为严重，V2I次之，V2V同向行驶最小（ $f_{\mathrm{V2V_1,max}}=45.1\mathrm{Hz}$ ）。

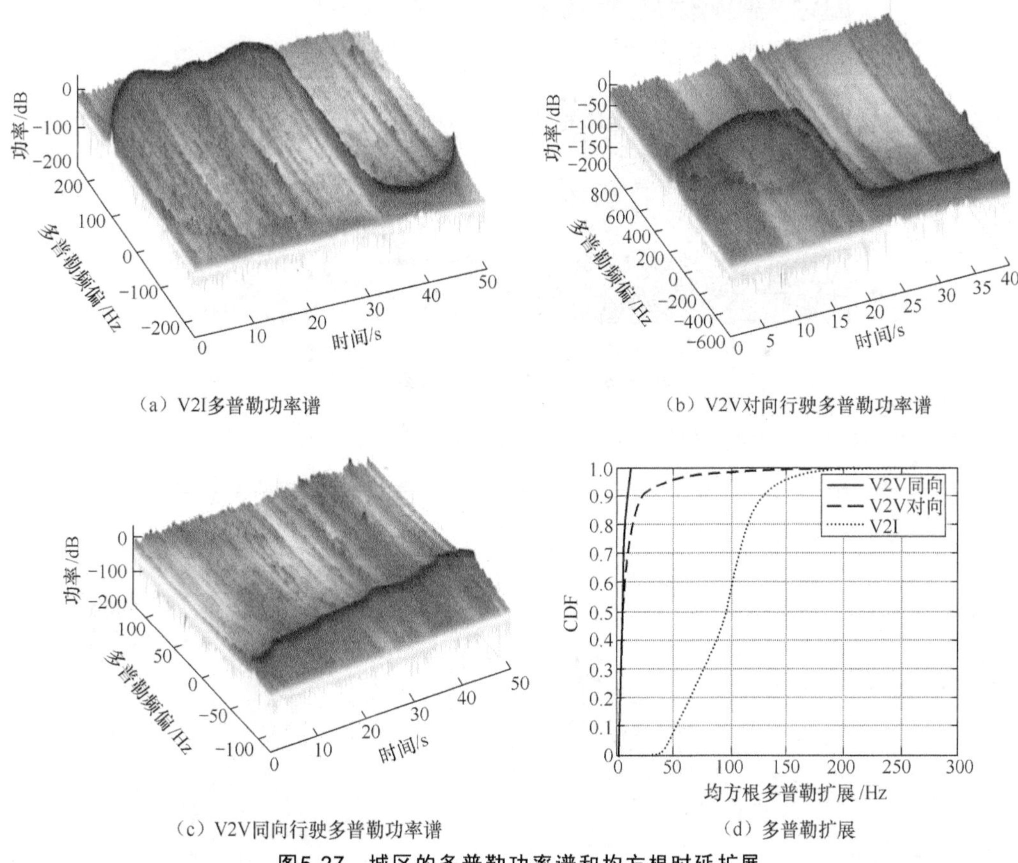

（a）V2I多普勒功率谱　（b）V2V对向行驶多普勒功率谱

（c）V2V同向行驶多普勒功率谱　（d）多普勒扩展

图5-27　城区的多普勒功率谱和均方根时延扩展

5.4.4　环岛

环岛场景的测试地点位于某市中心环岛，V2I发射端安置在路侧，进行V2I测量时，车辆［图5-28（b）灰色箭头所示］由起点逆时针行驶了一圈，在整个测量过程中，收发端之间距离先增大，再减小，最后再增大。进行V2V测试时，两车逆时针单方向环绕行驶，没有相遇，实景图来源于车内。环岛内植被高度较低，在V2I场景中信号的传输模式为LOS传输，在V2V场景中信号的传输模式为NLOS传输。

（a）V2I行驶场景

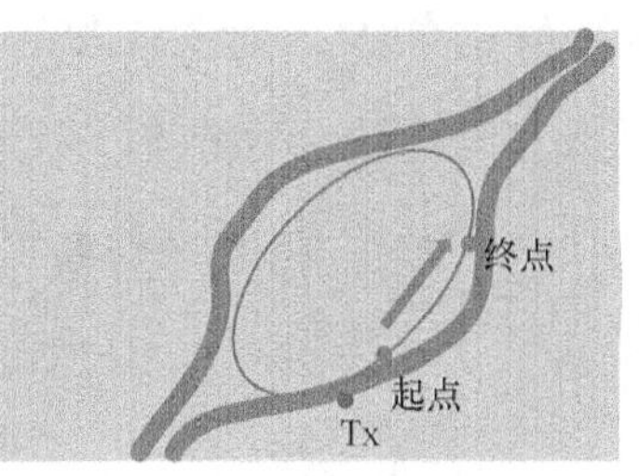

（b）V2I车辆行驶轨迹

（c）V2V车行驶场景

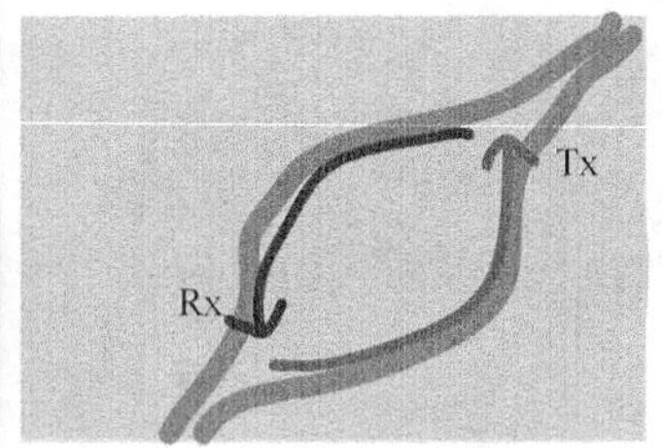

（d）V2V车辆行驶轨迹

图5-28 环岛场景测试实景图

图5-29所示为环岛场景V2I和V2V大尺度衰落特性统计分析及建模结果，具体参数如表5-13所示。由表可知，V2V路损指数大于V2I，这与V2V场景天线较低且车辆在行驶过程中部分路段收发端之间有遮挡有关。

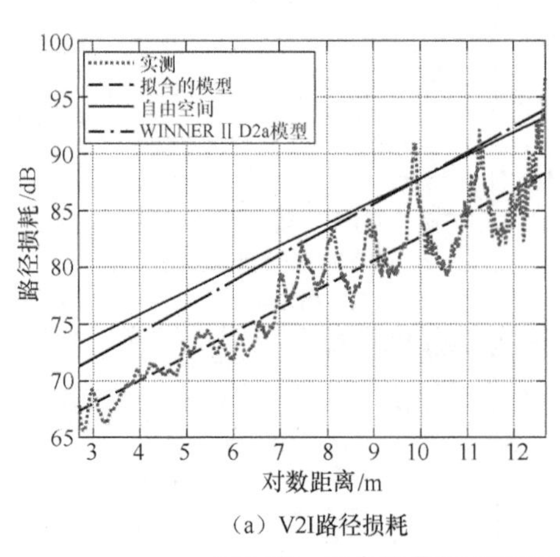

（a）V2I路径损耗

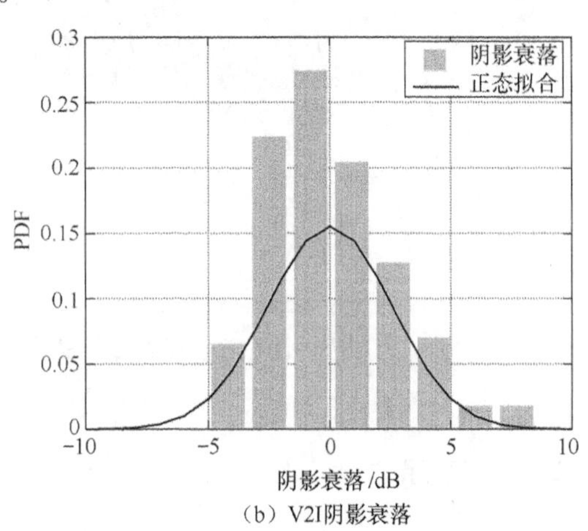

（b）V2I阴影衰落

图5-29 环岛场景的V2V/V2I大尺度衰落特性统计分析及建模结果

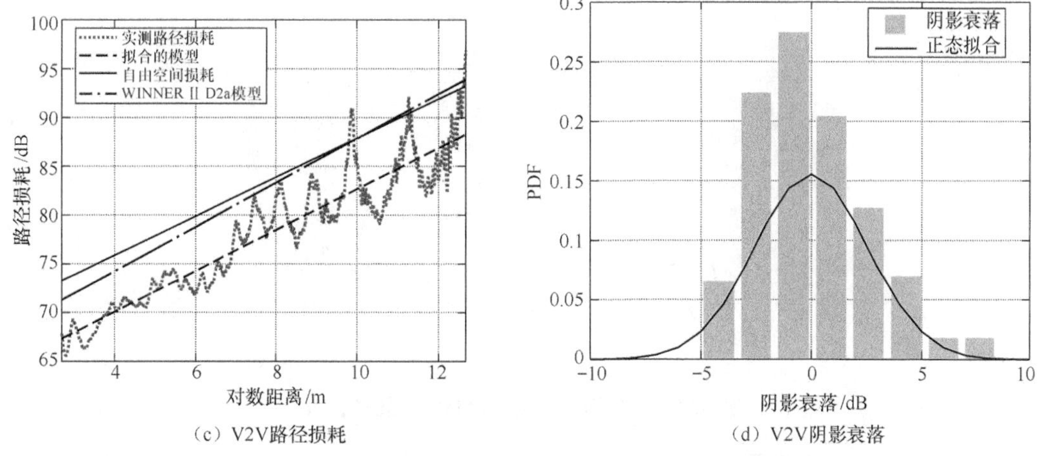

（c）V2V路径损耗

（d）V2V阴影衰落

图5-29 环岛场景的V2V/V2I大尺度衰落特性统计分析及建模结果（续）

表5-13 环岛场景的大尺度衰落参数值

场景	路损因子n	截距A_0/dB	标准差X_{SF}
V2I	2.16	61.68	2.56
V2V	2.28	63.05	2.61

环岛场景下V2I及V2V的PDP如图5-30所示，可以看到，V2I最强径的时延先增大再减小又增大，这与实际的收、发端距离的变化一致。V2V最强径的时延变化也与收、发端之间的距离相关。

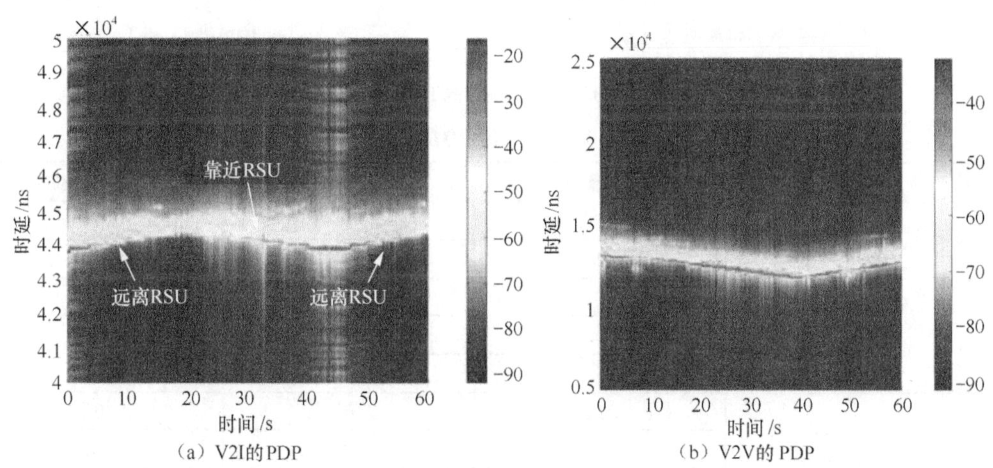

（a）V2I的PDP

（b）V2V的PDP

图5-30 环岛场景V2V/V2I的PDP

环岛场景下统计得到的有效多径数如图5-31所示。

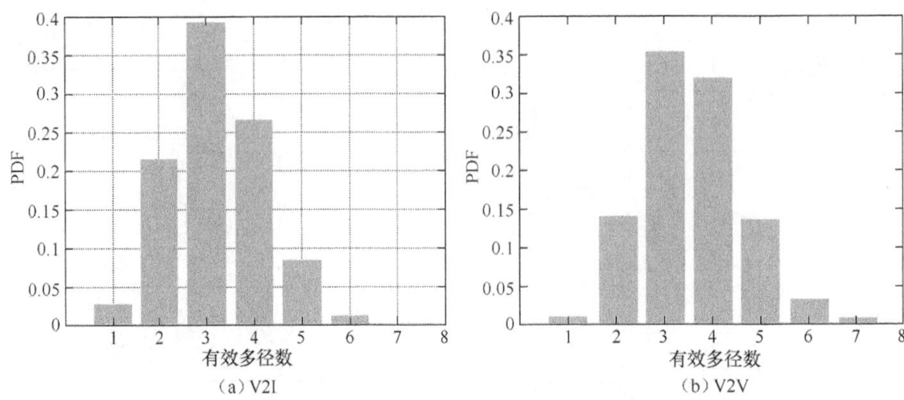

图5-31　环岛场景下统计得到的有效多径数

环岛场景的TDL模型如图5-32所示，具体的TDL模型参数如表5-14所示。根据实测情形，将TDL分为到达发端的AA区域和靠近发端的CA区域。

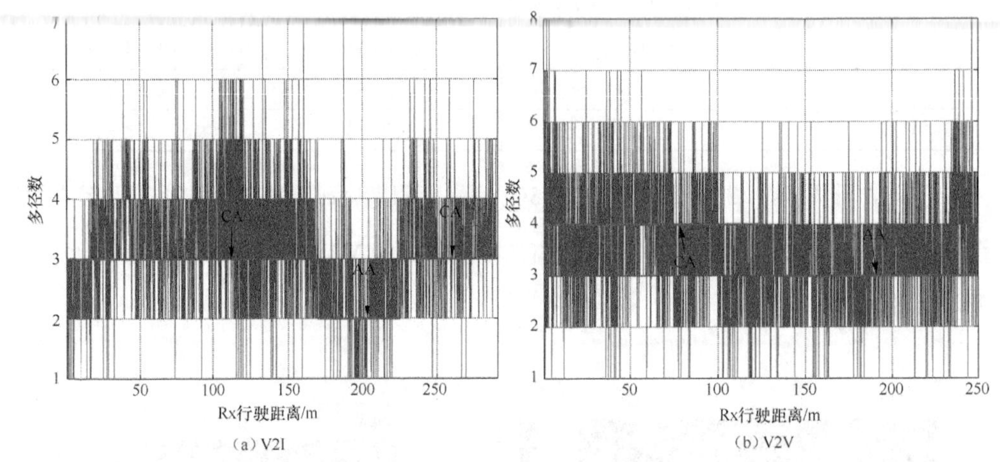

图5-32　环岛场景的TDL模型

表5-14　环岛场景TDL模型参数

场景		抽头数量	相对时延/ns	平均路径增益/dB
V2I	AA [0, 20]m	1	0	0
		2	363.3	–28.3
	CA [20, 200]m	1	0	0
		2	382.6	–20.7
		3	584.9	–26.9
V2V	AA [0, 20]m	1	0	0
		2	384.1	–13.6
		3	589.5	–22.9
	CA [20, 50]m	1	0	0
		2	412.3	–13.9
		3	645.4	–16.7
		4	680.7	–24.1

环岛场景的RMS时延扩展如图5-33所示，参数如表5-15所示。

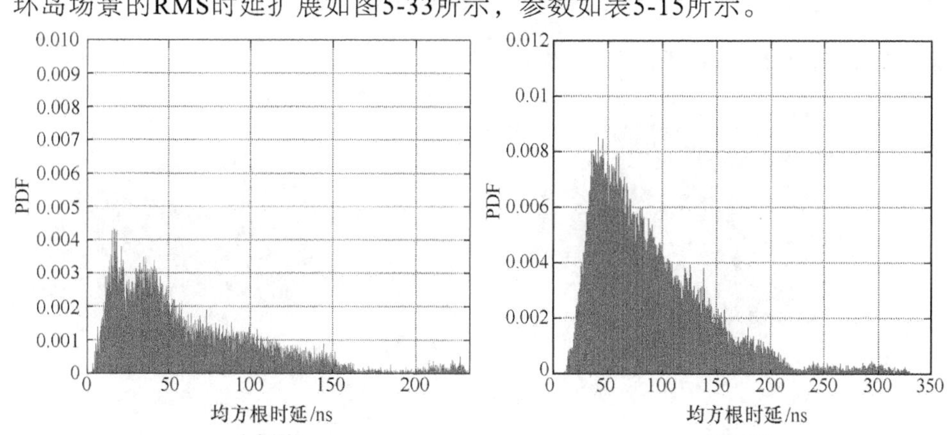

图5-33　环岛场景的RMS时延扩展

表5-15　环岛场景的RMS时延扩展参数

场景	均值/ns	标准差/ns
V2I	60.28	46.18
V2V	89.74	56.17

图5-34所示为环岛场景下K因子随距离变化的趋势，并对V2I及V2V场景的K因子采用高斯拟合（V2I、V2V的K因子均值分别为13.71dB、12.54dB）。

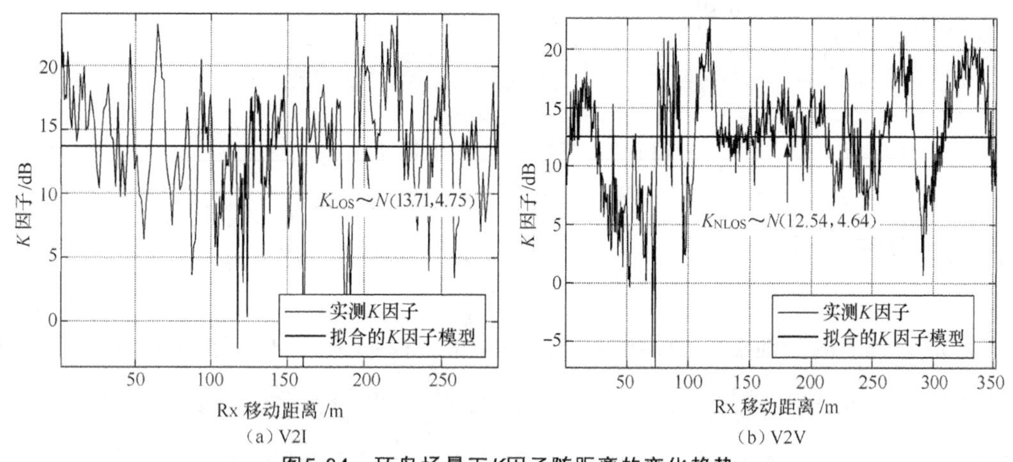

图5-34　环岛场景下K因子随距离的变化趋势

图5-35所示为环岛场景的多普勒特性。由图可知，由于车辆逆时针运行，收发端的距离先增大再减小，最后增大，因此V2I的多普勒功率谱可以分为3个部分：初始的远离部分，多普勒频偏为负且不断增加；随着车辆接近RSU，频偏由负到正；当车辆远离RSU时，频偏又由正到负。在V2I场景中存在快变特性，即从最大正频偏向最小负频偏快速变化。由于多普勒频偏与相对速度有关，且在V2V场景中，两辆车都是逆时

针行驶，车辆相对静止，因此，V2V同向的多普勒频偏基本为0。此外，测量得到的最大多普勒频偏与理论计算结果基本一致。

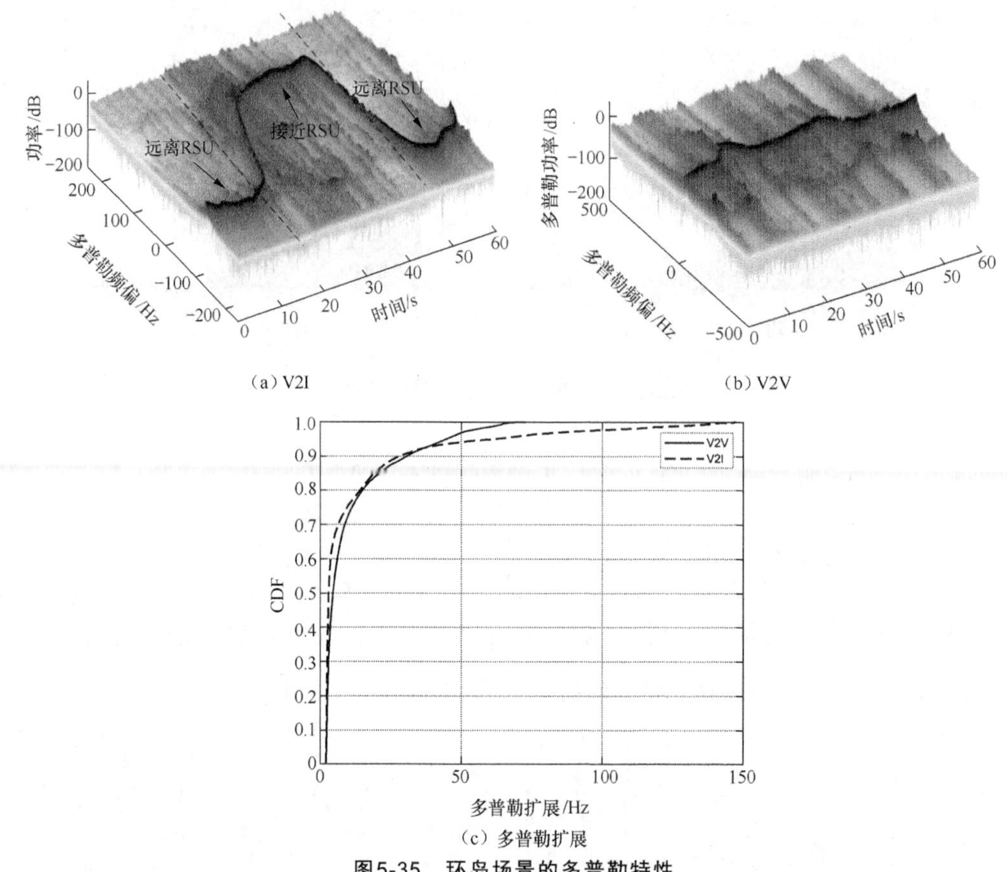

（a）V2I

（b）V2V

（c）多普勒扩展

图5-35 环岛场景的多普勒特性

5.4.5 隧道直道

隧道场景的测量地点位于某市智能网联测试区模拟隧道，全长500m，宽8m，两侧壁高7m，顶高8.7m，如图5-36所示。隧道测试场景可以分为隧道直道与隧道弯道，对其分别展开测量。测量过程中，汽车均从静止加速至40km/h后保持匀速。隧道直道全长270m，隧道弯道全长230m。在V2I信道特性分析中，将隧道弯道分为LOS场景（70m）与NLOS场景（160m）。在隧道场景的V2V测量过程中，收发端的车辆对向行驶。

图5-37所示为隧道直道场景V2I的大尺度衰落特性，其路径损耗指数为1.91，小于自由空间损耗指数，这得益于隧道场景内存在的波导效应，在一定程度上使发射信号功率衰减的速度随对数距离的增大而减慢。

图5-38所示为隧道直道场景V2V的大尺度衰落特性。结合表5-16可知，隧道直道场景路损因子均小于2，也即小于自由空间损耗指数，这得益于隧道直道场景内存在的波导效应，且隧道直道场景内信号的传输模式为LOS传输。

（a）V2I实景图

（b）V2I/V2V测试路段

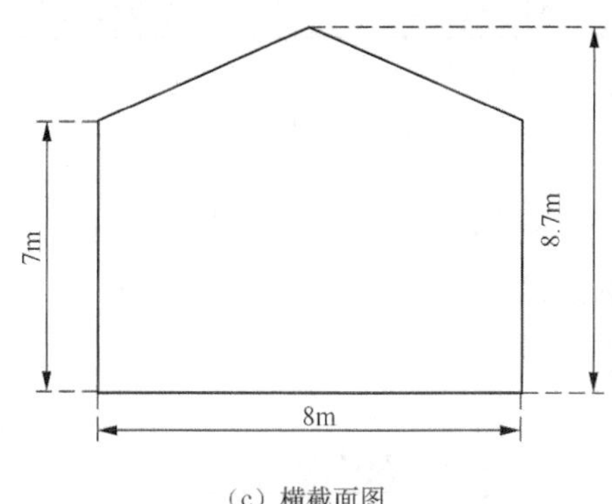

（c）横截面图

（d）V2V实景图

图5-36　隧道直道测量环境及卫星俯视图

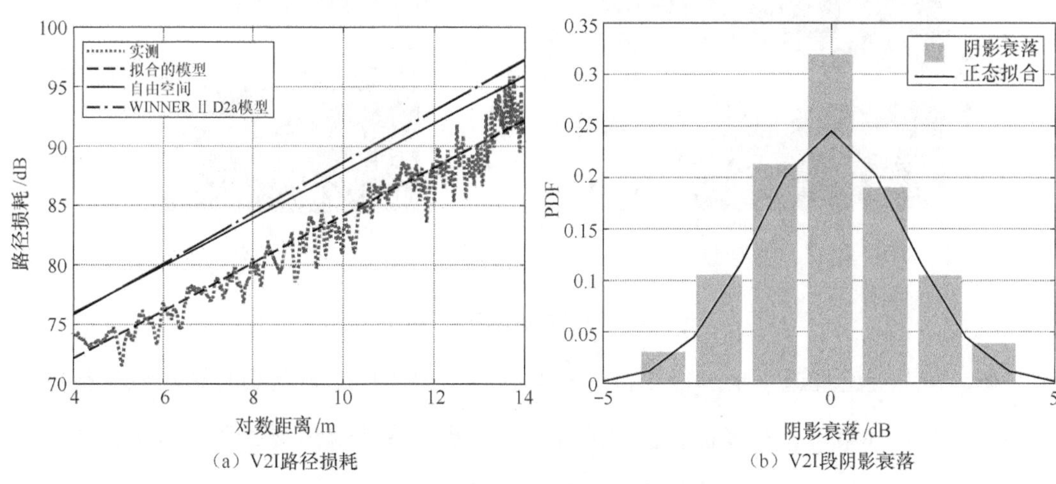

（a）V2I路径损耗　　（b）V2I段阴影衰落

图5-37　隧道直道场景V2I的大尺度衰落特性

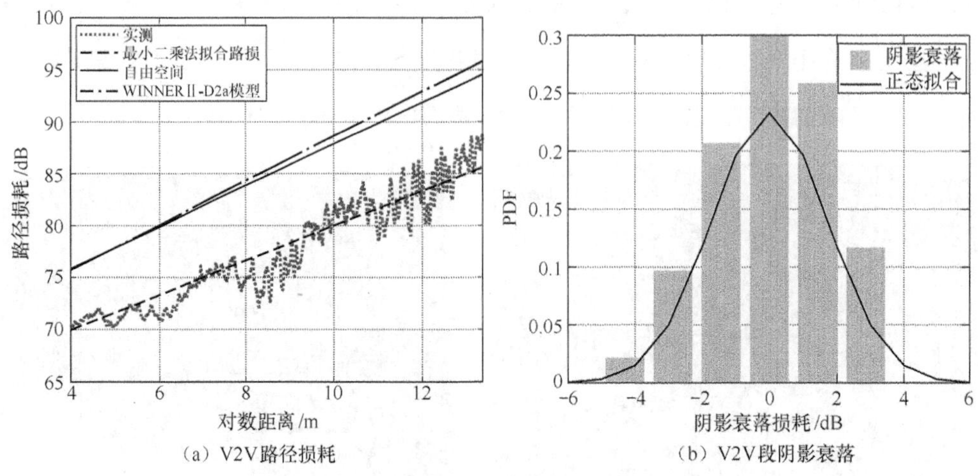

图5-38 隧道直道场景V2V的大尺度衰落特性

表5-16 隧道直道场景V2V的大尺度衰落参数

场景	路损因子n	截距A_0/dB	标准差X_{SF}
V2I	1.91	63.92	1.15
V2V	1.67	63.27	1.70

图5-39所示为隧道直道场景信道的PDP，由图可知，在隧道直道场景下高值区域较多，这是因为隧道场景封闭，发生了能量聚集的现象。

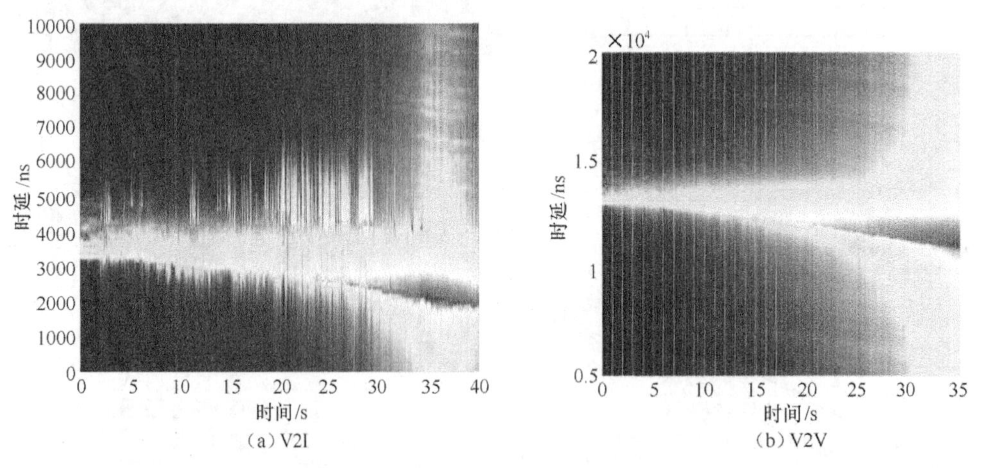

图5-39 隧道直道场景信道PDP

图5-40为隧道直道场景多径数目的概率分布，由图可知，隧道直道场景中接收端最多可接收到10条可分辨多径，密闭的环境为其提供多于高速场景和城区场景的多径数目。表5-17所示为隧道直道场景下的多径数概率统计。

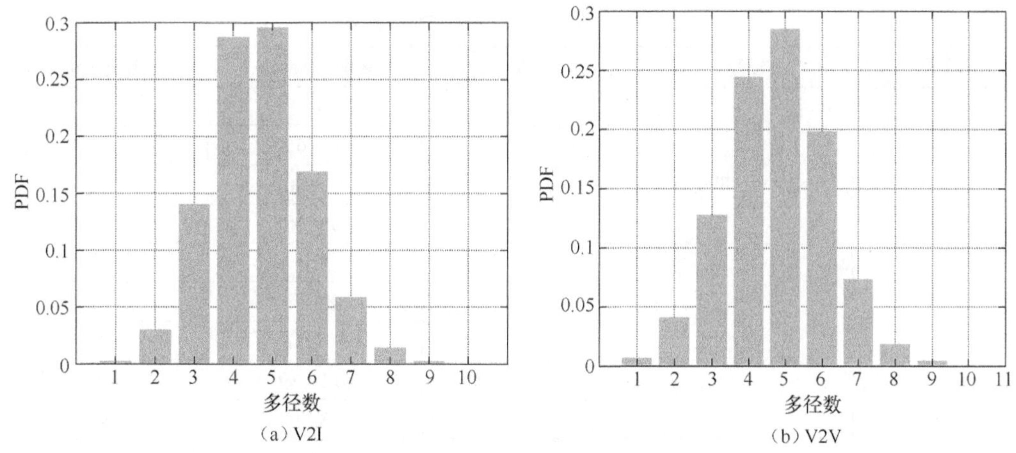

图5-40　隧道直道场景多径数目的概率分布

表5-17　隧道直道场景下多径数概率统计

多径数	V2I	V2V
1	0.22%	0.69%
2	2.99%	4.09%
3	14.04%	12.77%
4	28.74%	24.43%
5	29.57%	28.47%
6	16.89%	19.84%
7	5.89%	7.35%
8	1.41%	1.87%
9	0.23%	0.46%
10	0.02%	0.02%

参考高速场景和城区场景下V2X的TDL建模方法，隧道直道的V2X信道也采用分段建模的方法，TDL模型如图5-41所示，具体参数如表5-18所示。

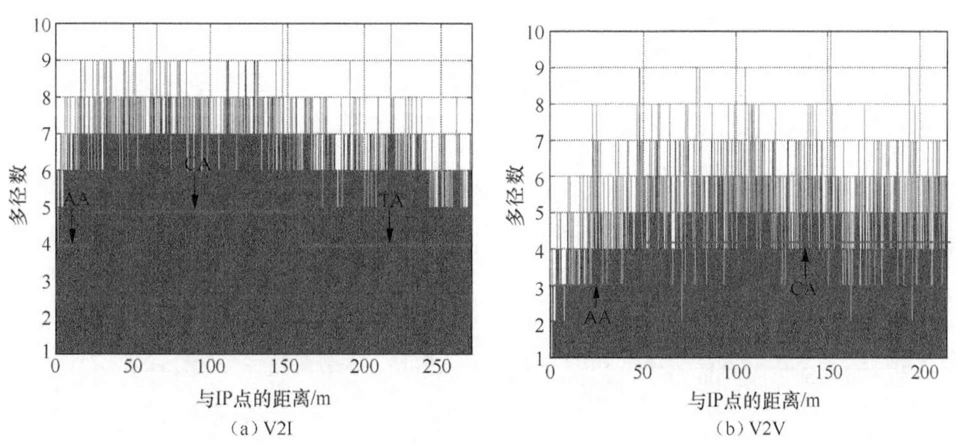

图5-41　TDL模型

表5-18 隧道直道TDL具体参数

场景	分段	抽头	时延/ns	功率/dB
V2I	AA [0, 40]m	1	0	0
		2	419.05	−13.47
		3	798.60	−21.96
		4	1094.80	−26.77
V2I	CA [40, 160]m	1	0	0
		2	389.43	−8.51
		3	767.17	−14.75
		4	1110.39	−20.32
		5	1384.00	−24.11
	TA [160, 250]m	1	0	0
		2	375.81	−11.49
		3	695.85	−15.99
		4	960.45	−20.46
V2V	AA [0, 20]m	1	0	0
		2	396.32	−10.50
		3	582.17	−18.69
	CA [20, 200]m	1	0	0
		2	397.71	−9.53
		3	753.91	−15.54
		4	963.8	−21.53

在隧道直道场景中，V2I的RMS时延扩展集中分布在100～250ns，均值为180.55ns，V2V的RMS时延扩展集中分布在100～150ns，均值为123.02ns。V2I的RMS时延扩展均值较大，这与V2I测量的距离范围更大、接收端接收到来自较远散射物散射的多径有关。此场景中RMS时延概率分布和时延扩展参数分别如图5-42和表5-19所示。

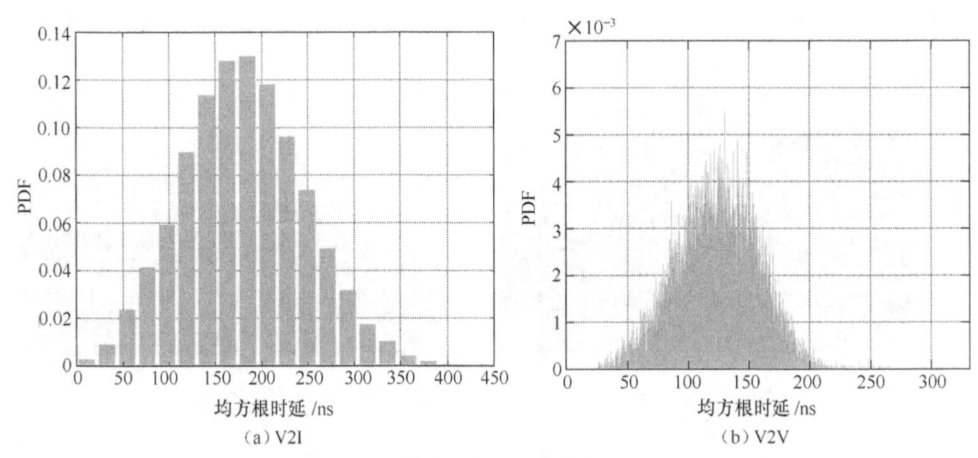

图5-42 隧道直道RMS时延概率分布

表5-19 隧道直道场景的RMS时延扩展参数

场景	均值/ns	标准差/ns
V2I	180.55	65.58
V2V	123.02	35.35

图5-43所示为隧道直道场景的K因子统计分析及建模结果。由图可知，V2V场景的K因子均值大于V2I的，这与V2V接收到了更多的不可分辨多径有关。

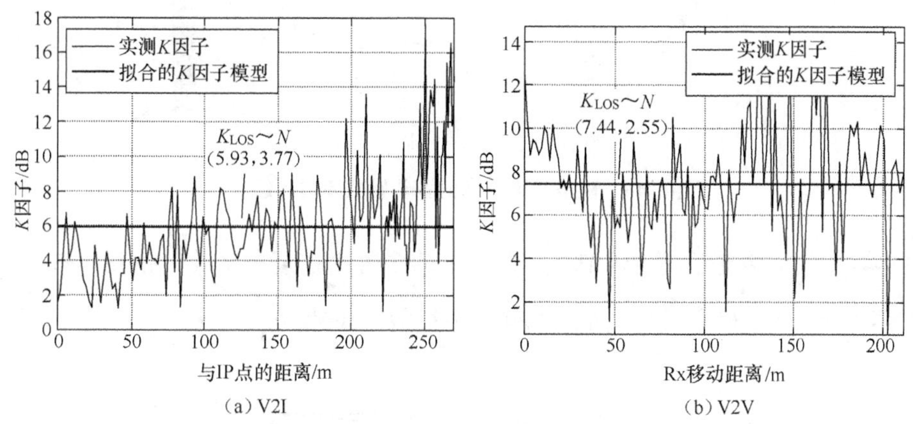

图5-43 隧道直道场景的K因子统计分析及建模结果

图5-44所示为隧道直道场景的多普勒功率谱，在测量时，接收端的车辆分别从隧道两个入口逐渐驶向发射端，并在驶过发射端一段时间后结束测量。

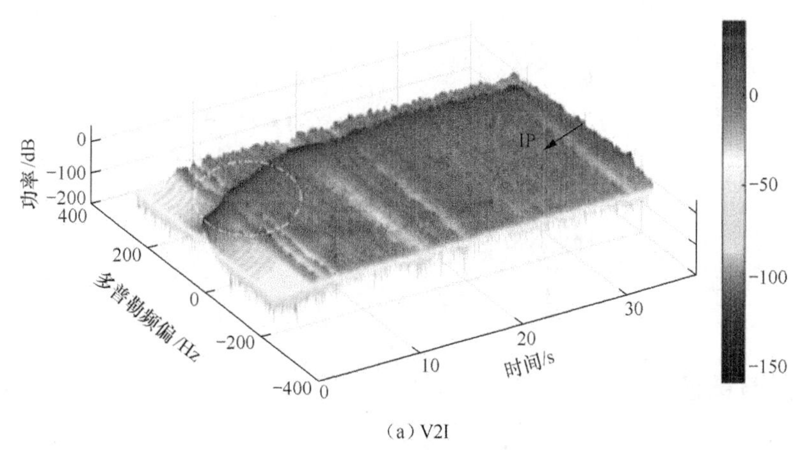

图5-44 隧道直道场景的多普勒功率谱

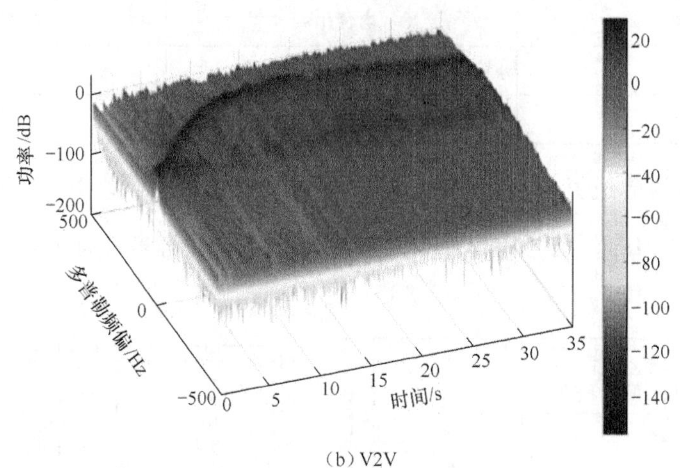

（b）V2V

图5-44　隧道直道场景的多普勒功率谱（续）

图5-45所示为隧道直道中V2V与V2I场景的多普勒扩展的对比，由图可知，V2V多普勒扩展最大，V2I最小，这与V2I中有效多径数较少有关。

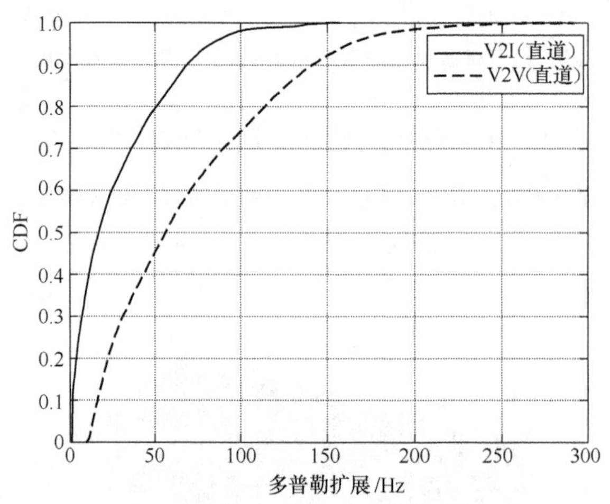

图5-45　隧道直道中V2V与V2I场景的多普勒扩展的对比

5.4.6　隧道弯道

隧道弯道的测量地点位于某市临港智能网联汽车综合测试示范区内的模拟隧道，隧道弯道全长230m，其中，在V2I中将隧道弯道分为LOS场景、NLOS场景，路段长度分别为70m、160m。在V2V测量中，两辆车对向行驶，为NLOS传输。图5-46所示为隧道弯道测量过程中的实景图。

（a）V2I实景图

（b）V2V实景图

图5-46　隧道弯道测量过程中的实景图

图5-47所示为隧道弯道场景V2I的大尺度衰落特性。对隧道弯道场景整段进行拟合，可得路径损耗指数为2.43，此值大于自由空间损耗指数，原因是发射信号的幅值在NLOS段衰减变快，导致整个隧道弯道场景的路径损耗指数增大。因此，为了更好地分析隧道弯道场景的路径损耗，对隧道弯道中的LOS段和NLOS段分别进行拟合，得到路径损耗指数分别为1.71和3.11。其中LOS段的路径损耗指数小于隧道直道场景，原因为在隧道弯道衔接处反射回来的能量减缓了路径损耗的增长速度。

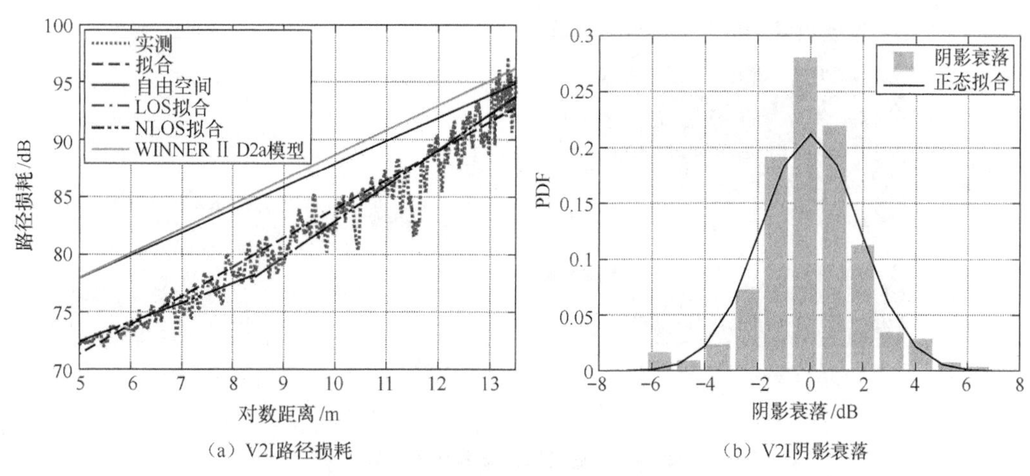

（a）V2I路径损耗　　（b）V2I阴影衰落

图5-47　隧道弯道场景V2I的大尺度衰落特性

图5-48为隧道弯道场景V2V的大尺度衰落特性，参数如表5-20所示。V2V场景的路损指数3.20大于V2I的路损指数3.11，这与V2V为NLOS传输且天线高度较低有关。

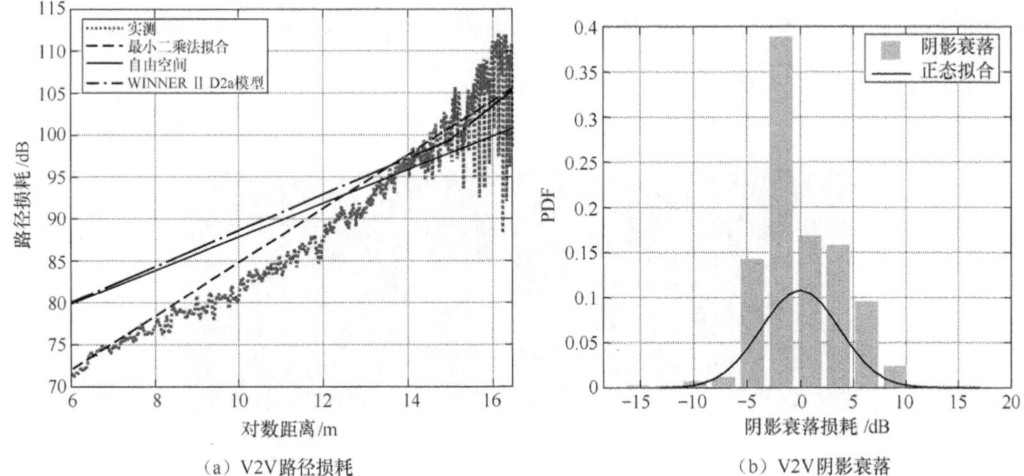

（a）V2V路径损耗　　（b）V2V阴影衰落

图5-48　隧道弯道场景V2V的大尺度衰落特性

表5-20　隧道弯道场景V2V的大尺度衰落参数

场景		路损因子n	截距A_0/dB	标准差X_{SF}
V2V	弯道整段	3.11	51.85	1.57
	弯道LOS	1.71	63.94	1.43
	弯道NLOS	3.11	51.85	1.57
V2V		3.20	52.81	3.68

隧道弯道场景中的PDP如图5-49所示，由图可知，隧道弯道场景的高值区域较多，这是因为隧道场景封闭，发生了能量聚集的现象。

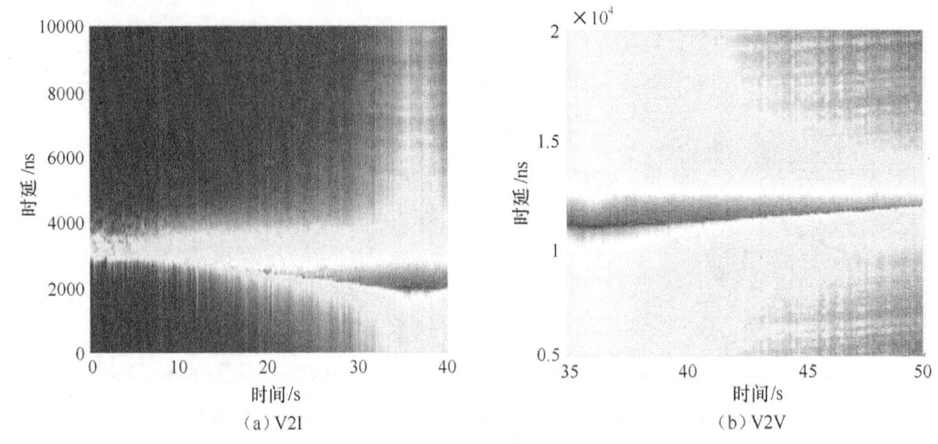

（a）V2I　　（b）V2V

图5-49　隧道弯道场景中的PDP

图5-50为隧道弯道场景V2I与V2V的多径数概率分布，由图可知隧道弯道场景最多可接收到10条可分辨多径，密闭的环境为其提供多于高速场景和城区场景的多径。此外，在隧道弯道场景中V2V与V2I均以4/5条多径为主。

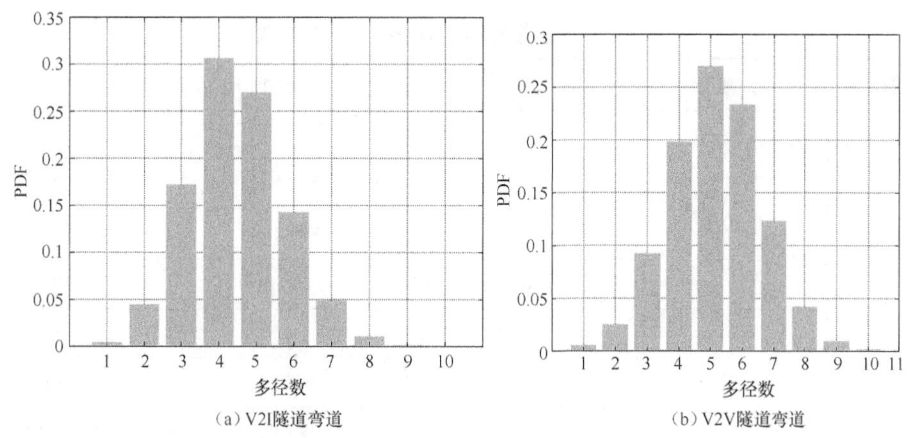

(a) V2I隧道弯道　(b) V2V隧道弯道

图5-50　隧道弯道场景多径数概率分布

表5-21所示为此场景下的多径数概率统计。

表5-21　隧道弯道场景下多径数概率统计

多径数	V2I	V2V
1	0.40%	0.50%
2	4.47%	2.50%
3	17.19%	9.24%
4	30.59%	19.80%
5	26.97%	26.98%
6	14.27%	23.35%
7	4.89%	12.33%
8	1.05%	4.20%
9	0.14%	0.92%
10	0.03%	0.16%

采用分段建模的方法，隧道弯道场景的TDL模型如图5-51所示，具体的TDL模型参数如表5-22所示。

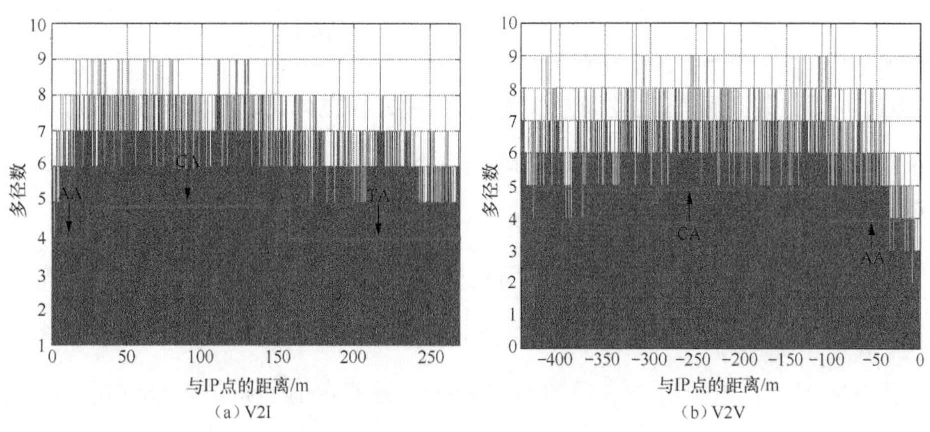

(a) V2I　(b) V2V

图5-51　隧道弯道场景的TDL模型

表5-22　隧道弯道TDL模型具体参数

场景	分段	抽头	时延/ns	功率/dB
V2I	AA [0, 20]m	1	0	0
		2	430.83	–13.41
		3	801.81	–21.69
		4	1105.40	–27.23
	CA [20, 160]m	1	0	0
		2	396.88	–9.66
		3	777.85	–16.77
		4	1105.31	–22.31
		5	1367.02	–26.00
	TA [160, 270]m	1	0	0
		2	387.96	–9.42
		3	745.89	–15.58
		4	1046.26	–20.15
V2V	AA [0, 100]m	1	0	0
		2	397.37	–10.17
		3	710.56	–17.43
		4	845.78	–24.04
	CA [100, 400]m	1	0	0
		2	393.48	–7.96
		3	757.74	–13.71
		4	1012.94	–19.76
		5	1014.31	–25.47

在V2I中，相较于隧道直道场景，隧道弯道场景整体上的RMS时延扩展低约半个时延分辨率，这一现象可从图5-42和图5-52对比得到。隧道弯道场景的RMS时延扩展集中分布在100～200ns，均值为158.80ns，两者皆高于高速场景与城区场景。而隧道直道场景的RMS时延又高于隧道弯道场景的，这是由于发射信号在隧道弯道场景中LOS段与NLOS段的衔接处发生反射，使部分多径进入到隧道直道中，增大了多径的相对时延。在V2V中，由于弯道多径的占比较高，隧道弯道场景的RMS时延扩展均值大于隧道直道的。

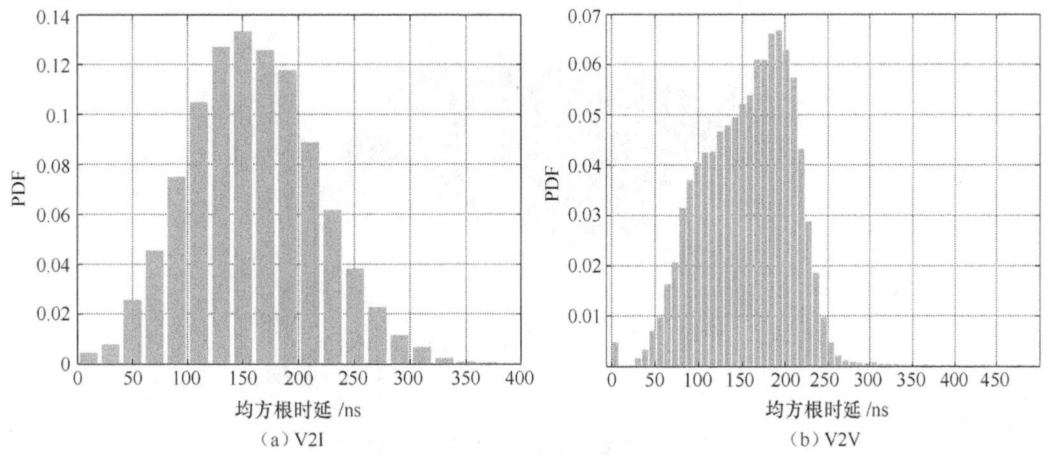

图5-52　隧道弯道RMS时延概率分布

表5-23所示为此场景下的RMS时延扩展参数。

表5-23　隧道弯道场景的RMS时延扩展参数

场景	均值/ns	标准差/ns
V2I	158.80	50.09
V2V	158.74	76.89

图5-53所示为隧道弯道场景的多普勒功率谱，在两种场景的测量过程中，接收机分别从隧道两个入口逐渐驶向发射机，并驶过发射机一段时间后结束信道测量。由图可知，V2V场景中高值区域（颜色条上部深色部分）较大，这说明在V2V场景中多普勒效应导致的频率色散现象更为严重。

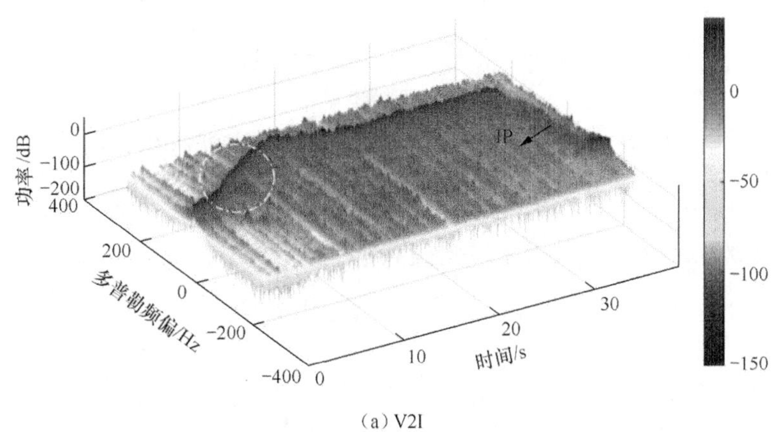

图5-53　隧道弯道场景的多普勒功率谱

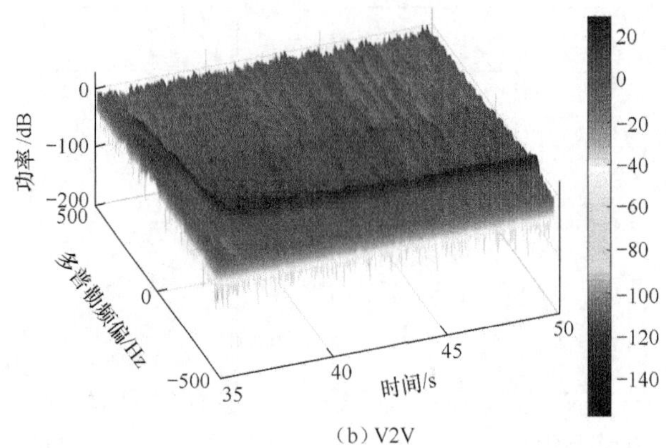

（b）V2V

图5-53　隧道弯道场景的多普勒功率谱（续）

图5-54所示为隧道场景中V2V与V2I的均方根多普勒扩展的对比，由图可知，隧道场景中V2V的多普勒扩展最大，这与V2V场景中多普勒频偏较大且多径数的数目较多有关。

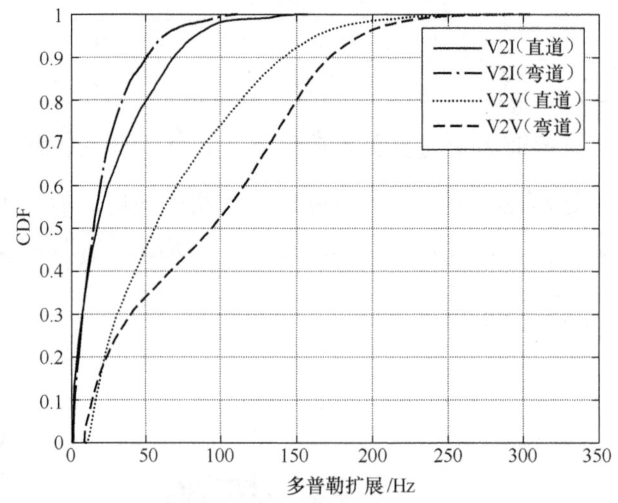

图5-54　隧道场景中V2V与V2I的均方根多普勒扩展的对比

通过上述无线信道场景分析，总结出各个场景大尺度衰落仿真模型详见附录2，部分场景的仿真数据与实测数据对比见附录3。

第6章

5G车联网落地应用

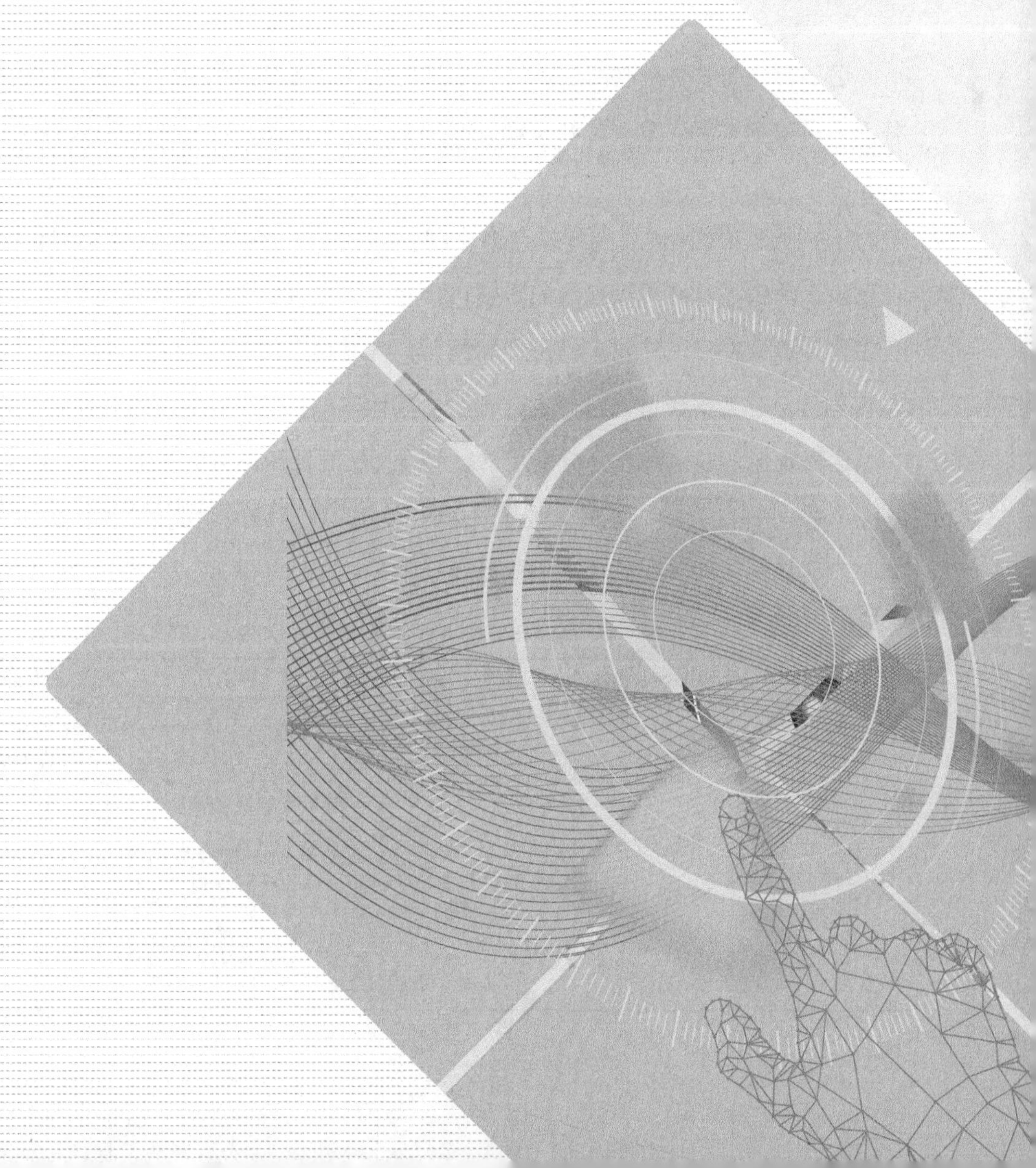

5G车联网已在智慧交通行业开展了全面应用，主要的应用场景包括远程智能驾驶、自动驾驶、编队行驶以及车路协同。本章将以中国联通在全国的典型示范为例，进行应用案例的全面分析。

6.1 5G远程智能驾驶

6.1.1 远程智能驾驶需求

远程智能驾驶是车联网应用的重要方向之一，是指在复杂环境下，驾驶员远程代替无人驾驶车做出决策、控制车辆。通过引入人为决策，远程智能驾驶减少了交通事故和人员伤亡的发生，提高了无人驾驶的安全性和可靠性，实现了复杂路况下的安全行驶。在自然灾害区域或高危复杂路段，远程智能驾驶可以提高营救效率和通行效率；在矿山、油田等区域，远程智能驾驶可代替工人完成作业，减少人员伤亡、改善驾驶员工作环境；在无人驾驶车辆出现问题时，驾驶员及时接管，对车辆进行控制，消除车辆异常，避免车辆伤害到行人或碰撞到其他车辆。

远程智能驾驶系统充分应用了5G大带宽、低时延和高可靠性的特性，集成5G通信、车路云协同、自动控制等相关技术。《基于5G的远程遥控驾驶 通信系统总体技术要求》对远程智能驾驶业务状态和业务场景指标要求进行了定义，详见表6-1和表6-2。

表6-1 远程智能驾驶业务状态

远程智能驾驶业务状态	车辆线控能力/车辆自动驾驶等级要求	云控平台/遥控驾驶舱对车辆的控制	云控平台/遥控驾驶舱与车辆分工	工况（分为城区、高速公路、郊区、港口、矿山、园区、停车场等）
实时监控	L2及以上	驾驶作业实时监控	车端和路端提供感知和监控数据； 云控平台和车端协同感知；云控平台根据这些数据判断是否需要进入驾驶指引或者驾驶接管状态； 车端自主决策和执行驾驶任务	所有工况，全天候

续表

远程智能驾驶业务状态		车辆线控能力/车辆自动驾驶等级要求	云控平台/遥控驾驶舱对车辆的控制	云控平台/遥控驾驶舱与车辆分工	工况（分为城区、高速公路、郊区、港口、矿山、园区、停车场等）
驾驶指引		L3及以上	导航、停车位推荐、轨迹优化、行驶速度优化等	云控平台除了实时收集驾驶数据和道路交通数据，还可以根据融合后的感知数据为车辆提供行驶路径和驾驶指引，但驾驶动作的执行仍由车端自行负责	所有工况，车端触发启动
接管	异常接管	① L2及以上 ② 支持线控	异常时驾驶接管：云控平台（机器）发送控制指令	云控平台除了收集驾驶和道路交通数据，还负责协同感知（异常识别）、协同决策（触发驾驶接管）；车端根据接收到的操控指令执行驾驶任务	所有工况，异常情况启动，但持续时间非常短
	有限工况下的远程遥控常态作业	① L2及以上 ② 支持线控	常态作业，需要遥控驾驶舱的人类驾驶员实施远程遥控作业	车-云协同采集驾驶和道路交通数据，协同感知、协同控制；由远程遥控驾驶舱内的人类驾驶员操控车辆，执行驾驶任务	停车场、矿山、港口等有限工况，全天候
	远程遥控作为常态作业				所有工况，全天候

表6-2 远程智能驾驶业务场景指标要求

场景业务要求	子场景	车速范围/（km/h）	可靠性	用户体验数据速率	应用层数据传输时延/ms
远程遥控泊车	驶入/驶出停车场	<20	99.999%	UL：25Mbit/s DL：1Mbit/s	100
	搜索车位	<15	99.999%	UL：25Mbit/s DL：1Mbit/s	100
	泊入/泊出车位	<8	99.999%	UL：25Mbit/s DL：1Mbit/s	100
城市运营车紧急接管	自动驾驶出租车云端控制	<45	UL视频≥99.9% UL结构化数据≥99.99% DL≥99.99%	UL≥32Mbit/s DL≥400kbit/s	100
自动驾驶出租车云端控制	高速公路车队远程遥控	<45	DL≥99.999%， UL≥99.99%	UL≥10Mbit/s DL：1Mbit/s	MEC→车≤50； 车→MEC音/视频≤200
高速公路车队远程遥控	高速公路车队远程遥控	60～120	DL ≥99.999%，	UL≥10Mbit/s DL：1Mbit/s	DL：20
矿山遥控作业	矿车远程驾驶	应符合国家相关安全管理规程规定（GB 16423-2006）	UL≥99.99% DL≥99.999%	UL：50Mbit/s DL：1Mbit/s	30

续表

场景业务要求	子场景	车速范围/（km/h）	可靠性	用户体验数据速率	应用层数据传输时延/ms
物流园	物流园，包括终端物流	≤30	99.999%	UL：30Mbit/s DL：1Mbit/s	100
港口远程遥控作业	港机远控	≤10	DL≥99.999%	UL：30Mbit/s	满/空载，平均传输时延<20； 视频传输时延<200
	无人集卡远程接管	≤35	DL≥99.999%	控制指令单台集卡上下行带宽大于128kbit/s； 数据单台集卡上行带宽速率大于20Mbit/s	指令平均传输时延<50（最大不超过200），上行视频传输时延小于150

6.1.2　基于5G的远程驾驶架构

《基于5G的远程遥控驾驶 通信系统总体技术要求》描述了基于5G的远程遥控驾驶架构，主要包含中心子系统、MEC（多接入边缘计算）平台、RSU和车载子系统4个部分，如图6-1和表6-3所示。

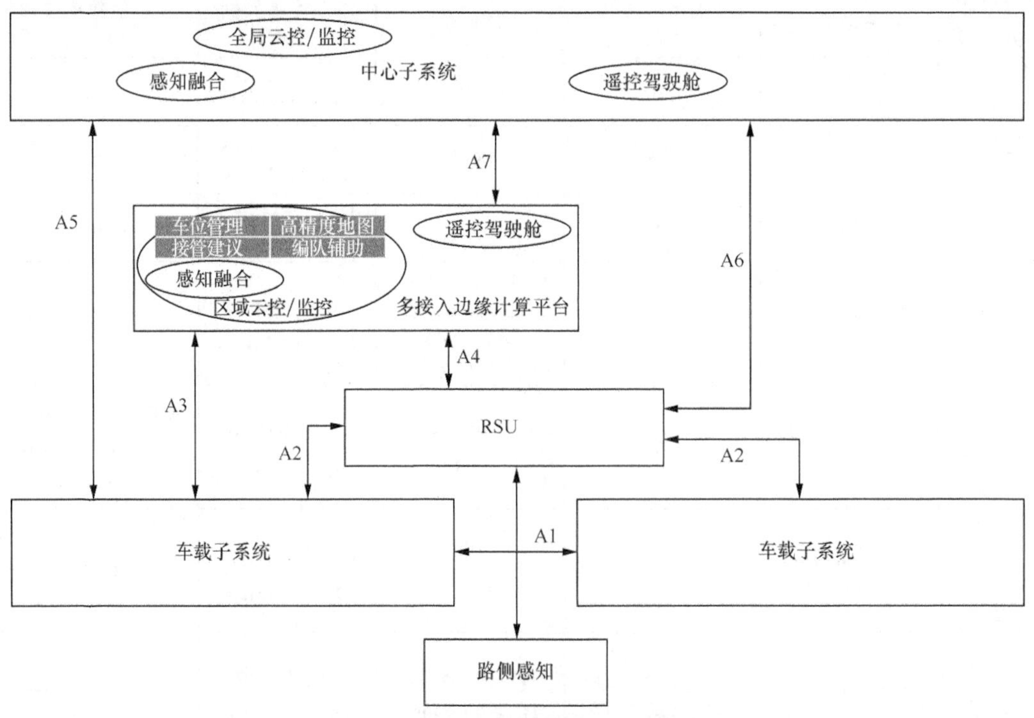

图6-1　基于5G的远程遥控驾驶架构

表6-3　基于5G的远程遥控驾驶总体要求

系统架构	能力要求
中心子系统	① 具备与车载子系统、弱势交通参与者、路侧单元、多接入边缘计算平台通信的能力。 ② 具备全局数据接收，存储处理、分发能力。 ③ 负责全局信息感知以及全局业务策略控制。 ④ 能够支持远程智能驾驶功能
MEC平台	① 具备多接入能力和本地业务处理能力。 ② 能够接收和处理多源感知信息，根据业务需求输出本地业务控制策略，并输出给车载子系统、弱势交通参与者和路侧单元。 ③ 能够与其他多接入边缘计算平台协同处理感知和控制数据。 ④ 能够与中心子系统协同。 ⑤ 能够支持云控平台和远程遥控驾驶舱进行远程遥控作业。 ⑥ 能够根据远程驾驶业务需求，支持高精度地图生成与下载、远程驾驶接管申请
RSU	① 具备5G和V2X通信能力。 ② 能够将道路感知信息传递给车载子系统、多接入边缘计算平台和中心子系统。 ③ 能够将远程遥控执行监控信息传递给多接入边缘计算平台和中心子系统。 ④ 能够接收从车载子系统、多接入边缘计算平台以及中心子系统送来的应用层信息
车载子系统	① 具备5G和V2X通信能力。 ② 具备本地数据存储和处理、控制指令执行能力。 ③ 能够将感知的驾驶环境信息和车辆状态信息传递给周围的车载子系统、弱势交通参与者、路侧单元、多接入边缘计算平台以及中心子系统。 ④ 能够接收和处理从路侧单元、多接入边缘计算平台以及中心子系统送来的应用层信息

6.1.3　5G远程智能驾驶系统解决方案

依托5G大带宽、低时延、高可靠的网络特性，用户可实现平台对远端车辆的全向监控和智能远程控制，远程智能驾驶系统包括车端数据交互与控制、网络传输、平台、驾驶舱以及路侧全景感知系统5个部分，如图6-2所示。

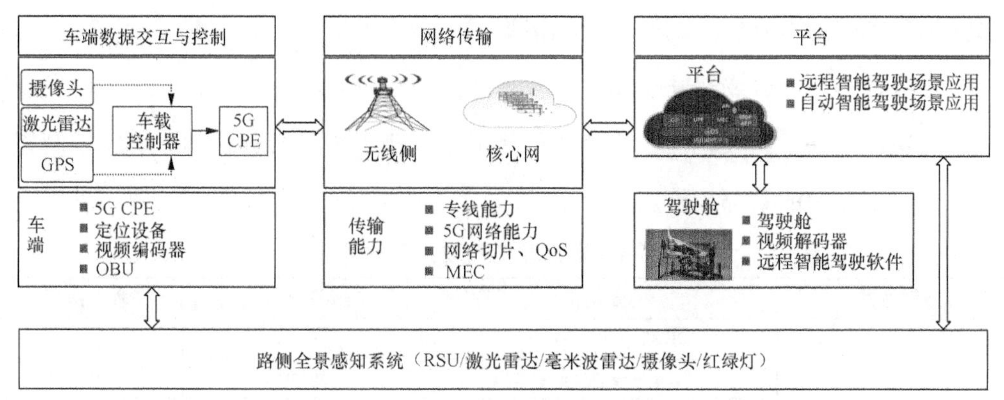

图6-2　远程驾驶方案

（1）**车端数据交互与控制**：车载控制器通过车端CAN（控制器局域网络）接口将车端状态数据、控制数据、环境感知数据等与平台、驾驶舱、路侧全景感知系统进行交互，如表6-4所示。车载控制器是车端关键设备，集数据采集、数据交互、控制执行等多功能于一体，能够接收控制数据并执行。

① 车端数据采集：车载控制器采集车端状态数据、控制数据、环境感知数据、OBU PC5口数据、Uu口网络质量数据等。

② 车端数据交互：通过5G或V2X网络将状态数据、控制数据、环境感知数据、OBU数据等上传到驾驶舱、平台或者路侧全景感知系统；远程智能驾驶控制指令通过平台或者驾驶舱下发到车载控制器，车载控制器收到控制指令后执行操作；业务应用数据通过平台或者全景路侧感知系统下发至车载控制器，如表6-4所示。

表6-4 数据交互信息

车端	数据交互信息
车端→平台	① 车端状态数据：视车辆具体种类而定，包括速度信息、姿态信息、加速踏板行程、发动机扭矩、发动机转速、车身控制器状态信息、车身故障信息、变速箱档位、车身速度、举升角度、灯状态信息、载重、胎压、水温、剩余油量、系统电压等。 ② 车端控制数据：转向、油门、刹车、挡位等。 ③ 环境感知数据：车外摄像头数据、车内摄像头数据；雷达数据（包括交通参与者类型、长宽高、ID号、速度、位置等）。 ④ OBU PC5口数据：PC5口的带宽、速率、吞吐量等。 ⑤ OBU Uu口数据：RSRP、SINR、抖动等
车端→路侧、路侧→车端	V2X消息
驾驶舱→车端	远程接管指令

③ 车端接管：车端接管方式包括响应式接管和紧急接管，如表6-5所示。

响应式接管是指当被控车辆遇到无法处理的状况时，发送远程接管请求，平台或驾驶舱接到车辆的请求后立刻开始远程接管。

紧急接管是指平台或驾驶舱实时接收车端上传视频及状态信息，支持主动发现车辆异常的功能，并发出报警信号，驾驶员将根据车辆上传的行驶视频，下发控制指令到车端，实现车辆的紧急接管。

表6-5 远程智能驾驶接管方式

接管方式	数据流	接管指令下发	命令执行
响应式接管	车端→平台→车端	平台	车端
	车端→驾驶舱→车端	驾驶舱	车端
	车端→平台→驾驶舱→车端	平台	车端

续表

接管方式	数据流	接管指令下发	命令执行
紧急接管	平台→车端	平台	车端
	平台→驾驶舱→车端	平台	车端
	驾驶舱→车端	驾驶舱	车端

（2）**网络传输**：网络传输服务主要通过5G切片、QoS等能力进行业务保障，将信息传输给驾驶舱和平台。远程智能驾驶的网络传输需求主要包括时延和速率这两个关键性指标，它们与网络的部署架构密切相关。网络架构分为4种，包括5G基站+5G核心网、5G基站+MEC、5G基站+专线方案、5G基站+4G核心网，不同的网络架构提供的速率以及时延保障不同，可根据用户需求选择不同的网络架构进行差异化服务，如图6-3所示。

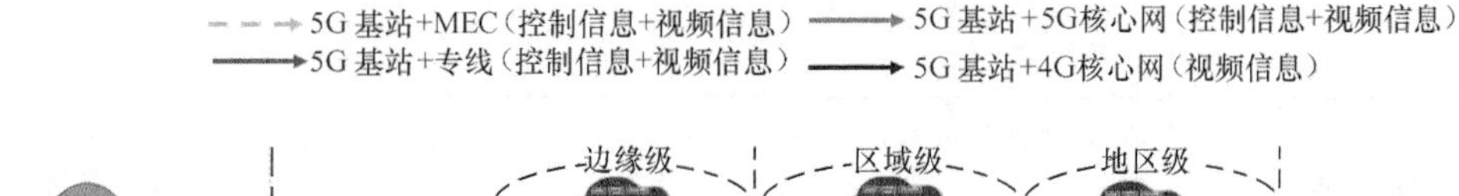

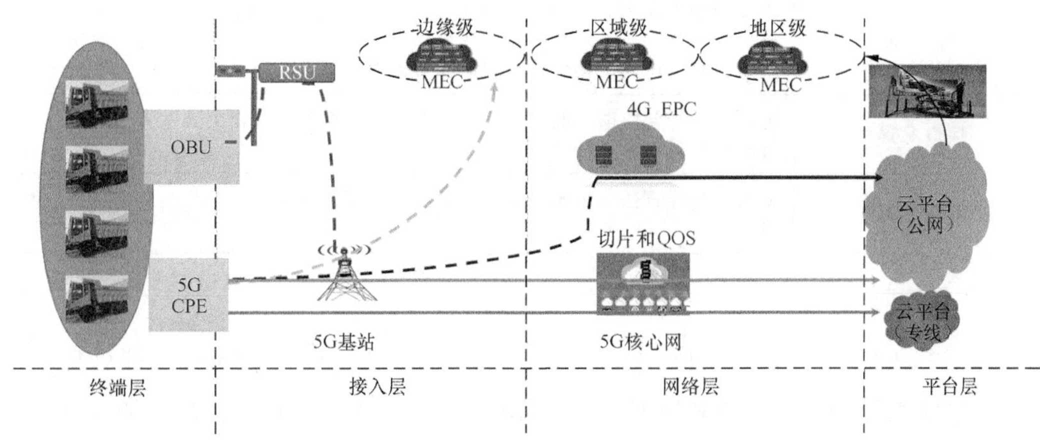

图6-3　远程智能驾驶网络部署方式

（3）**平台和驾驶舱**：远程智能驾驶平台主要实现调度和管理，以及视频呈现；驾驶舱接收车端前方、左方、右方、车内及路侧全景视频，同步传输到屏幕，实时呈现给驾驶员，供其及时判断车况、路况等，同时将驾驶员的各种控制操作通过网络实时下发到车端，完成对远程车辆的控制。

① 远程智能驾驶平台

远程智能驾驶平台包含视频监控、智能调度、网络管理、路径规划、自动报警、数据管理、智能预测等功能，如表6-6所示。

表6-6　远程智能驾驶平台功能

功能模块	主要特点
视频监控	实现被控车辆以及周围环境的视频信息传输到平台后实时展示，支持不同车辆间的视觉切换，即其中任意一辆车需要远程接管，可切换到该车进行全视角的视频展示并进行远程遥控行驶
智能调度	车辆间协同调度、驾驶舱调度、作业调度
网络管理	通过5G网络、V2X网络的关键指标判定网络资源是否能够满足远程智能驾驶需求，并且根据需求可进行定制化的网络资源调配，保障车辆视频、控制数据、状态数据等传输需求
路径规划	结合车辆自身的定位信息、地图信息以及感知融合的周围环境信息进行实时的驾驶路线规划，选择最优策略，实现合理避障和行驶路径
自动报警	根据要求进行远程智能驾驶报警规则设置，包括增加、删除和修改报警规则，当触发报警规则时，可进行声光或图像提醒
数据管理	用户管理、车辆管理、感知设备管理、驾驶舱管理等，对这些数据进行实时存储，并实现数据导入、导出、添加、删除、修改等功能。用户管理功能根据用户的优先级进行管理，为用户配置不同的权限；感知设备管理包括摄像头、雷达等感知设备的管理；远程驾驶舱管理主要指驾驶舱状态信息管理等
智能预测	将大数据分析与深度学习作为基础，对路侧感知的信息进行采集与融合分析，构建虚拟交通环境模型，在该模型中进行预测并优化系统运行状况，在不同的应用场景中提供联合决策和协同控制
接口配置	远程驾驶平台能够与其他平台进行对接，可将数据导出到其他管控平台或者将其他数据导入该平台
数据分析	将人工智能算法应用到平台中，实现对远程驾驶的调度分析、环境分析、网络分析等

② 智能驾驶舱

随着汽车行业电动化、网联化、共享化、智能化的发展，驾驶舱的功能也有所改进。融合人脸识别、疲劳驾驶识别、驾驶员行为检测等多元化功能，汽车制造商相继推出了智能驾驶舱，如图6-4所示，其主要目标是实现对车辆的远程控制。

智能驾驶舱包含驾驶模拟器、方向盘、踏板装置等套件，实现对车辆方向盘、油门、刹车等的控制功能，远程控制车辆的直道行驶、弯道行驶、加速、减速、泊车等业务操作。驾驶模拟器的外观和内饰可以根据需求进行定制，由驾驶舱座、显示屏等组成。方向盘套件具备力反馈、即插即用等功能，接口支持HDMI（高清多媒体接口）、网口、USB接口等，通过USB接口与服务器进行对接，方向盘软件支持在PC上运行。踏板装置包含刹车、油门等，实现加速、刹车等功能。

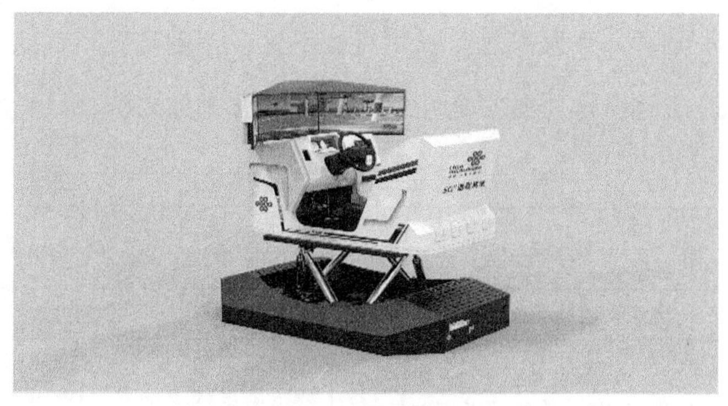

图6-4　智能驾驶舱

（4）**路侧全景感知系统：**路侧全景感知系统将路侧全景摄像头数据发送到平台或智能驾驶舱，路侧环境感知数据传递到车端或平台，辅助5G远程驾驶系统进行决策。

6.1.4　远程智能驾驶系统应用部署和交互流程

1. 应用部署

车端应部署5G通信终端、4路高清摄像头、定位设备、OBU、激光雷达、毫米波雷达等。智能驾驶舱应具备5路环视大屏、视频解码服务器、远程驾驶软件等。路侧全景感知系统单点部署全景摄像头2套、RSU 1套、激光雷达2套、毫米波雷达2套，可获得红绿灯数据等。远程智能驾驶业务的部署结构如图6-5所示。

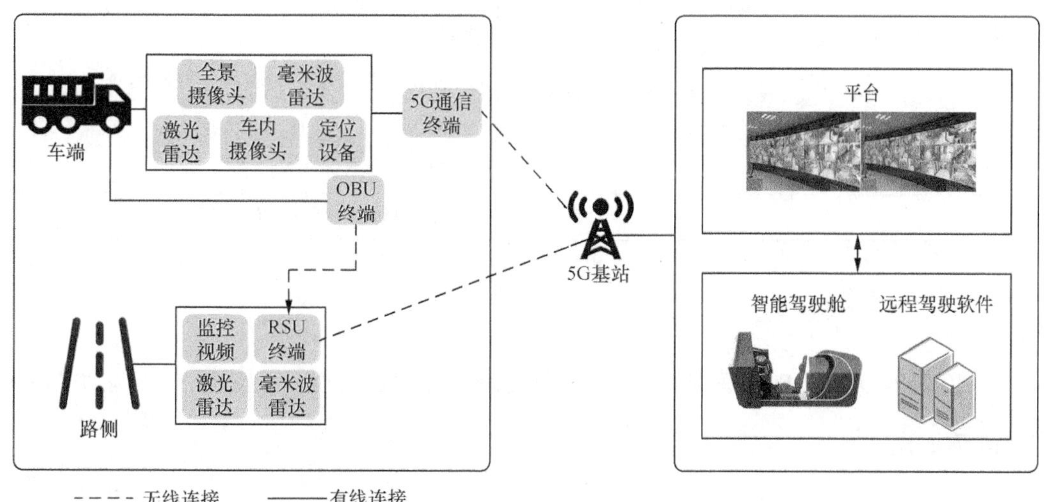

图6-5　远程智能驾驶业务的部署结构

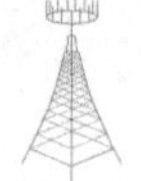

远程智能驾驶部署可分为基础配置和高端配置，基础配置可满足基本远程驾驶需求，高端配置可提升远程驾驶的安全性，具体部署方式如表6-7所示。

表6-7　远程智能驾驶部署方式

远程智能驾驶部署方式		基础配置	高端配置
车端	线控能力	具备线控能力	具备自动驾驶+线控能力
	传感器要求	① 3路摄像头，包括车前+车左+车右，视频清晰度720P； ② 视频编码	① 4路摄像头，包括车前+车左+车右+车内，视频清晰度大于或等于1080P； ② 车端感知设备：激光雷达、毫米波雷达、定位设备、OBU、视频编码等
	数据传输要求	车端控制数据	① 车端控制数据； ② 车端状态数据； ③ 环境感知数据：视频数据、雷达数据、位置数据、V2X数据等
接管方式		① 紧急接管； ② 响应式接管	① 紧急接管； ② 响应式接管
网络要求		5G	5G+MEC+V2X
路侧全景感知系统		无	① 全景摄像头； ② 路侧设备：RSU、激光雷达、毫米波雷达、红绿灯等
高精度地图		无	更新频率为天
智能驾驶舱端		① 驾驶舱模拟器、方向盘、踏板等套件； ② 视频解码器； ③ 显示3路视频 ④ 控制数据的解析和转换，控制指令下发	① 驾驶舱模拟器、方向盘、踏板等套件，以及动感底座等； ② 视频解码器； ③ 显示5路视频：车前+车左+车右+车内+全景视频； ④ 控制数据的解析和转换，控制指令下发； ⑤ 驾驶舱显示重要状态数据； ⑥ 驾驶舱与平台信息交互
平台		无	根据远程智能驾驶部署的场景进行差异化部署

2. 交互流程

远程智能驾驶基础配置情况业务交互流程和高端配置情况业务交互流程如图6-6和图6-7所示。

车端
5G基站
智能驾驶舱
0-1. 设备安装：线控车辆、5G CPE、摄像头等基础设备
0-2. 分流策略
0-3. 设备安装：智能驾驶舱、监控屏、服务器、解码器等
1. 车端将监控视频实时上传智能驾驶舱
2. 车端将控制数据上传至智能驾驶舱
3. 远程智能驾驶申请
4. 控制数据解析和转换
5. 智能驾驶舱下发控制指令到车端
6. 车端执行控制指令

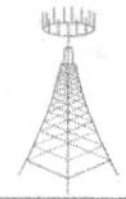

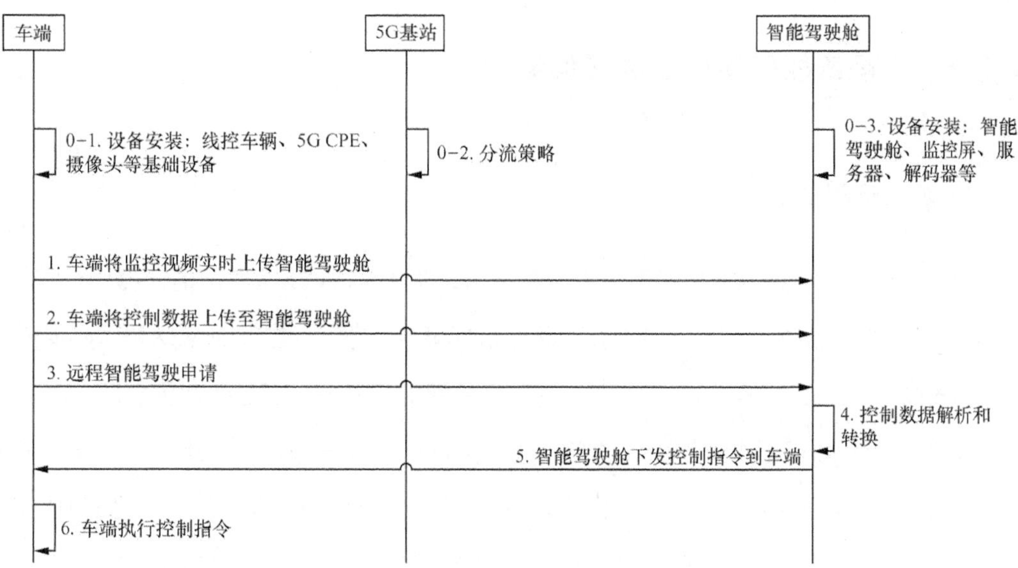

图6-6　远程智能驾驶业务交互流程（基础配置）

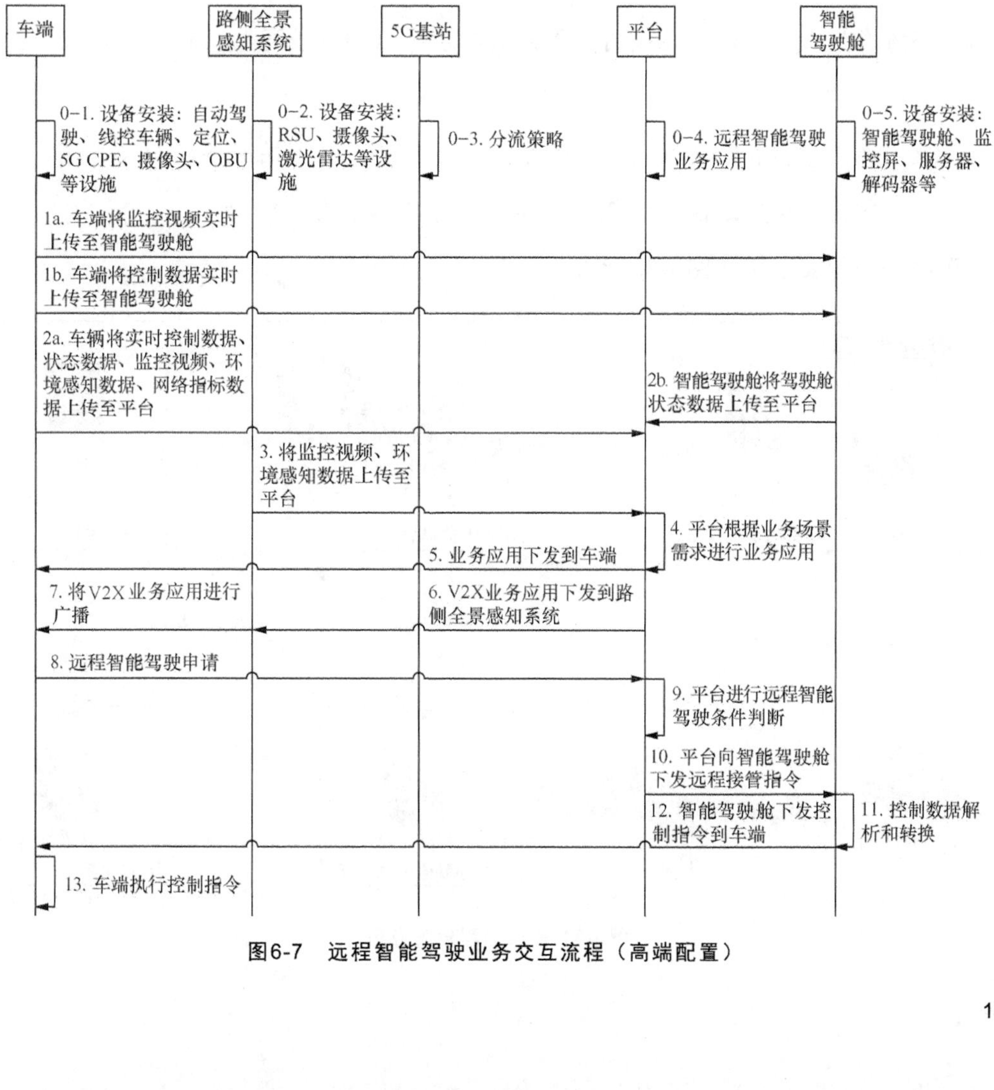

车端
路侧全景感知系统
5G基站
平台
智能驾驶舱
0-1. 设备安装：自动驾驶、线控车辆、定位、5G CPE、摄像头、OBU等设施
0-2. 设备安装：RSU、摄像头、激光雷达等设施
0-3. 分流策略
0-4. 远程智能驾驶业务应用
0-5. 设备安装：智能驾驶舱、监控屏、服务器、解码器等
1a. 车端将监控视频实时上传至智能驾驶舱
1b. 车端将控制数据实时上传至智能驾驶舱
2a. 车辆将实时控制数据、状态数据、监控视频、环境感知数据、网络指标数据上传至平台
2b. 智能驾驶舱将驾驶舱状态数据上传至平台
3. 将监控视频、环境感知数据上传至平台
4. 平台根据业务场景需求进行业务应用
5. 业务应用下发到车端
6. V2X业务应用下发到路侧全景感知系统
7. 将V2X业务应用进行广播
8. 远程智能驾驶申请
9. 平台进行远程智能驾驶条件判断
10. 平台向智能驾驶舱下发远程接管指令
11. 控制数据解析和转换
12. 智能驾驶舱下发控制指令到车端
13. 车端执行控制指令

图6-7　远程智能驾驶业务交互流程（高端配置）

6.1.5 远程智能驾驶应用场景和案例

1. 矿山远程驾驶应用

中国联通与山西某水泥厂联合建设智慧矿山，基于5G+V2X车联网的云-管-端网络架构——“云”实现连接管理、业务处理和整体指挥调度，“管”通过5G+V2X技术实现云端和车端的高可靠、低时延通信，“端”实现车辆的智能化网联，通过车载传感器、动态高精度3D地图、车载车联网通信系统，实现车辆的感知—规划—决策—控制、无人驾驶矿车自动驾驶运输、集群调度、挖卡协同作业等功能，将自动驾驶采、运、排一体化落地应用。

无人驾驶矿车作业过程分为装载、运输和卸载三大过程。首先利用GPS、RTK、高精度地图融合定位技术，实现装载挖掘机和无人驾驶矿车厘米级定位。装载完毕后向调度系统发送指令，规划路线进行无人驾驶矿车自动驾驶运输。卸载区无人驾驶矿车到达破碎站的卸载入场点后，融合感知系统将感知结果通过5G网络上传到车路协同管理和集中调度平台，调度平台下发指令，自动驾驶车辆入站卸料，无人驾驶矿车卸载完后自动驶离卸载区，回到装载区入场点进行循环作业。

矿山远程驾驶应用如图6-8所示。

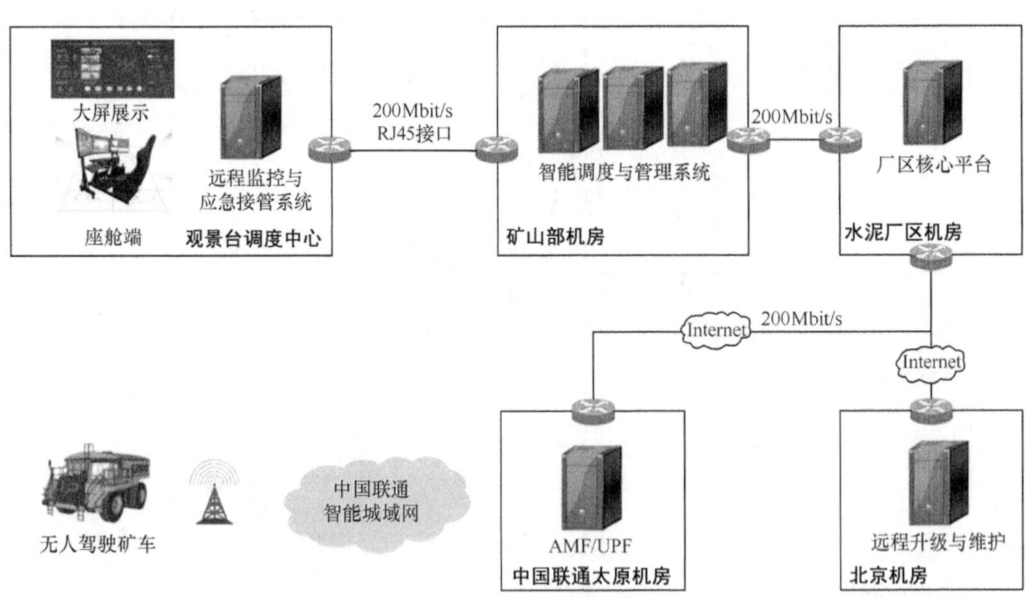

图6-8 矿山远程驾驶应用

场景1：远程驾驶

远程监控与应急接管系统是矿山远程作业、日常监控和应急接管集中式解决方案，能够在紧急情况下一键接管车辆，由遥控端驾驶员操控车辆，保障行车安全，如图6-9、表6-8所示。主要系统指标如下。

① 车端视频：5路。

② 座舱端显示器3个，单屏分辨率为2K。

③ 远程驾驶最高速度：30km/h。

图6-9 矿山远程驾驶业务

表6-8 远程驾驶实现功能

系统功能	功能描述
远程驾驶	遥控端驾驶员通过遥控端模拟器、遥控端控制器和车端控制器远程驾驶车辆
状态监控	通过视频和数据监控车辆行车状态
一控多车	1个模拟驾驶舱可以同时监控4辆车，在监控模式下，通过模拟器可以切换被控车辆
360°环视	回传车端5路实时视频，具有车身周围360°视角的实时监控功能
通信加密	对车端遥控端通信通道进行加密，防止第三方恶意破坏，保证车辆行驶安全
网络监控	监控遥控端和车端网络状态、异常预警
电子地图	基于电子地图实时监控车辆位置
安全策略	对于严重的安全异常，比如网络断开、摄像头故障等，系统自动安全停车
升斗降斗	模拟器方向盘上的升斗和降斗功能键，完成车辆自动卸车操作
碰撞告警	车载雷达检测障碍，遥控端告警提示

场景2：自动驾驶

无人驾驶矿车具备自动行驶功能（装/卸区不间断循环作业），随时接收云端智能调度或人工调度任务，可根据自身状态及道路状况进行路径优化，如图6-10、表6-9所示。主要系统指标如下。

① 组合定位误差≤20cm。

② 行驶轨迹误差≤50cm。

③ 速度误差≤2km/h。

④ 车辆的障碍物检测范围≥50m。

图6-10　矿山自动驾驶（智能避障）

表6-9　自动驾驶实现功能

系统功能	功能描述
自动行驶	无人驾驶矿车通过车联网接收云端机群管控中心规划的作业任务，按照规划的行驶路径，结合当前的卫星定位信息和道路环境信息，自动行驶和自动作业
静态避障	作业行驶途中，在遇到行人、乘用车等障碍物时，无人驾驶矿车能够检测前方障碍物的状态，并做出安全的路径规划完成自动停车，保证作业安全
装载作业	车辆行驶至装载作业等待区后，由调度系统下发入场指令，无人驾驶矿车自动进入装载区装载
跟车作业	当行驶路径前方出现其他作业车辆时，无人驾驶矿车能够自动控制车速，使其与前方车辆的车速相同，且保持安全距离跟车行驶
卸载作业	车辆行驶至卸载区后，无人驾驶矿车能够根据机群系统下发的作业指令停靠至卸载点，且与挡墙保持安全距离，自动起斗卸载

场景3：协同管理

每台挖掘机都将配对4台无人驾驶矿车，通过有序地装载物料完成挖掘开采任务，协同装载系统高效、安全、可控地调度无人驾驶矿车与其互相协作。挖掘机装配控制器、动态角度传感器等核心部件，实现通过铲斗定位和输出装载点位置。装载点可根据作业位置变化随机调整，无人驾驶矿车到达装载区域获得装载点坐标指令后，可倒车入位，到达指定位置。如图6-11、表6-10所示。

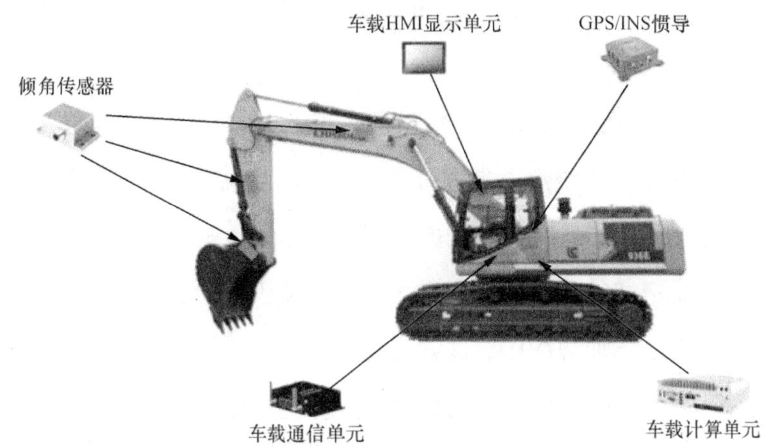

图6-11 协同作业设备布置图

表6-10 协同作业实现功能

系统功能	功能描述
装载点设置	挖掘机可以进行装载点设置、调整装载点的角度位置等信息，同时在设置完装载点后将数据发送至机群中心，机群中心会进行实时的路径规划，规划出装载区出入场路径
召唤入场	挖掘机可以对等待在入场点的无人驾驶矿车进行召唤入场
自动入场	挖掘机可以设置使下一辆无人驾驶矿车在装载区入场点无须等待即可自动完成入场
车辆监控	挖掘机可以对与自身已经配对的无人驾驶矿车状态进行监控，在挖掘机界面显示无人驾驶矿车的实时位置信息
装载管理	无人驾驶矿车完成自动行驶到装载点位后，挖掘机显示进入装载状态，同时显示装载使用时间、装载的铲斗数、装载量信息
出场管理	挖掘机手完成装载任务以后，确认周边无隐藏危险，点击出场，可以使无人驾驶矿车自动出场，挖掘机显示无人驾驶矿车进入、出场状态
锁定管理	当挖掘机手发现无人驾驶矿车异常时，可以通过点击“停止”使无人驾驶矿车停止运行，同时外部车辆不能进入装载面进行作业
安全控制	机群中心设置有车辆保护圈（告警安全圈、降速安全圈、急停安全圈），在无人驾驶矿车行驶过程中，若无人驾驶矿车安全圈与挖掘机的安全圈发生重叠，则会产生告警进行提示，同时无人驾驶矿车会采取相对应的安全措施，并上报至机群中心

2. 广州生物岛远程驾驶应用

中国联通与广州文远知行科技有限公司（以下简称“文远知行”）合作在广州生物岛打造了5G MEC车路协同信息采集发布系统示范区，采用高可靠的分布式交通信号采集装置和5G MEC边缘处理系统，以及5G+共享/独享MEC平台环境部署车路协同信息处理系统，通过5G网络切片传输数据，保障网络带宽和时延。基于5G网络切片保障视频回传和远程控制，广州生物岛车路协同示范区是“全国首个5G自动驾驶综合应用示范岛”。

（1）基于5G与MEC的交通控制信号采集系统

交通控制信号采集的传统部署方式对终端的要求较高，需将数据采集、计算处理、推送、通信控制等功能都集中在终端侧的交通服务器上。城区内往往有很多路口，若在每个路口都将现有信号机改造成交通服务器，成本将大幅增加，此外，还需要增加RSU等路侧设备，并在车辆上加装OBU，该方式大规模、大范围地落地商用难度非常大。相比传统部署方式，基于5G与MEC的交通控制信号采集系统方案被提出，该系统对终端的要求较低，改造与维护成本低，仅需在交通信号机上并联一个轻量化终端信号采集器，在信号采集器后面串接串口服务器和5G通信模块/CPE，实现将采集到的交通信号数据通过周边5G基站回传，交通信号数据的计算处理优先选择由MEC边缘云来执行，经过处理后的信号数据通过5G网络推送给自动驾驶车载终端或移动客户端，如图6-12所示。

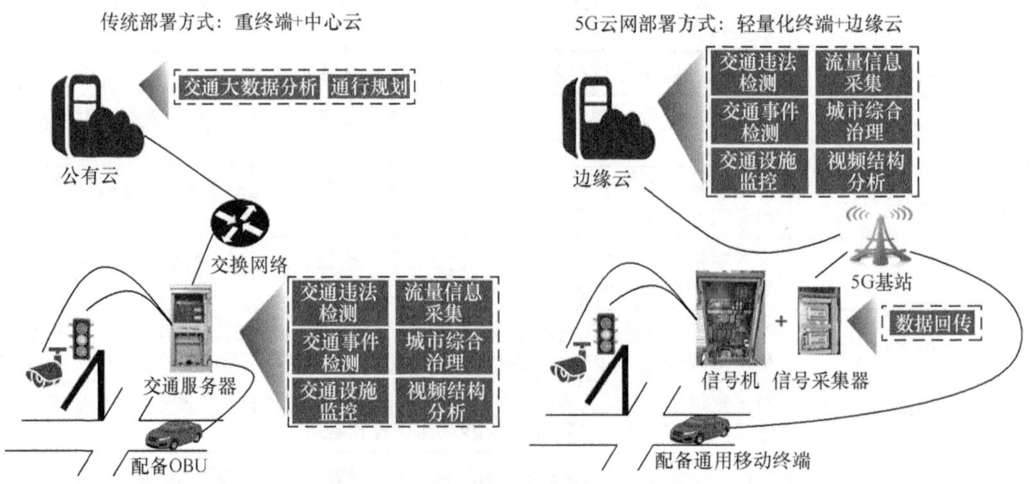

图6-12　交通信号采集部署方式

（2）利用5G网络切片实现远程驾驶

应用平台采用端到端5G网络切片方案提供带宽保障，如图6-13所示。在无线侧通过RB预留切片配置对智能网联业务实施网络保障。在传输侧引入Flex-E通道化技术，基于时隙的调度机制实现刚性隔离。在核心侧独立部署UPF，最终利用端到端网络切片承载不同的车路协同和远程驾驶业务，保证信息采集、处理、发布的传输带宽、时延及可靠性。网络切片方案平均端到端网络时延大幅降低，平均降低67%，网络时延抖动降低94.5%。

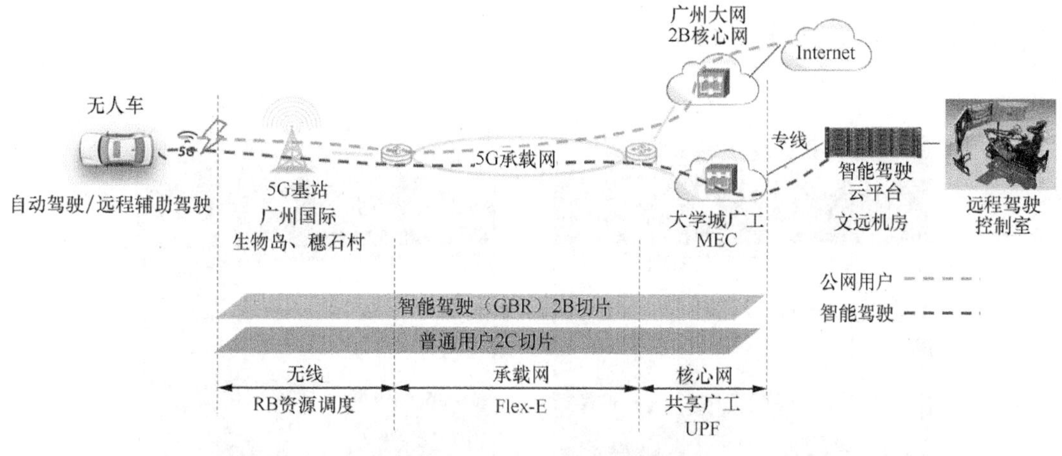

图6-13 远程驾驶5G切片网络拓扑

5G网络切片部署条件如下。

① 5G NR：NSA/SA双模站点接入2B用户。

② 智能驾驶业务识别：切片标识NSSAI=1−010110。

③ 智能驾驶业务RB预留：UL min=6%，max=60%。

④ 承载：配置Flex-E。

⑤ 5G核心网：广工体育馆MEC是2B用户的专属UPF。

⑥ VPN专线：广工体育馆UPF到总部之间采用100Mbit/s VPN专线保证业务稳定连接需求。

5G无线网切片实施流程如下。

① 基站升级：升级基站到相应的版本以适应切片。

② 方案审核：分析无线相关指标，包括平均用户数、上行PRB平均利用率、NR

数据业务上行流量等。

③ 方案实施：后台进行无线切片数据配置。

④ 业务验证：配置好切片数据后，对无线指标进行分析，对文远知行测试区域开启RB预留后，实时监测现网指标。

5G切片应用测试效果对比如图6-14所示，左图为已配备5G网络切片的情况，右图为未配备5G网络切片的情况。在进行5G GBR配置的无人驾驶远程监控场景中，视频回传现场图像清晰度高、画面流畅，而使用普通的公网承载，在网络不好的情况下，实时高清视频画面容易出现卡顿，显示不清。因此，基于5G切片可有效保障传输带宽和时延，对自动驾驶的应用场景很有必要。

图6-14　5G切片应用测试效果对比

（3）基于MPTCP（多路径传输控制协议）的车路协同信息发布系统

随着新的网络接入技术的快速发展，智能网联汽车正朝着车载异构网络的方向发展。车载异构网络是指在车辆终端中部署多种网络接口，利用这些接口将车辆接入多种不同类型的网络中，不同类型的网络互相协助，能够满足车载环境中应用多样性的需求。

为提升车载终端数据传输的可靠性，本书基于MEC与MPTCP技术实现车载终端的信息采集与信息发布。如图6-15所示，系统包括安装在智能网联汽车上的车载终端、MEC平台、中心云服务器和远程监控终端。其中，车载终端是智能网联汽车实现车路协同功能的核心部件。车载终端安装多个物联网卡，每个物联网卡分别接入不同的移动通信网络，如同一个运营商的5G/4G网络或不同运营商的网络。车载终端分别与MEC

平台、中心云服务器建立连接并实现通信。车载终端、MEC平台和中心云服务器均安装支持MPTCP的操作系统并进行相应的设置，使得车载终端可以与MEC平台或远程控制服务器分别建立通信，并利用多个TCP子连接通信。MEC平台与中心云服务器、监控终端与中心云服务器之间可通过TCP或MPTCP建立连接。车载终端与MEC平台、车载终端与远程控制服务器之间均通过MPTCP通信，利用多个TCP子流可以提升通信的可靠性。

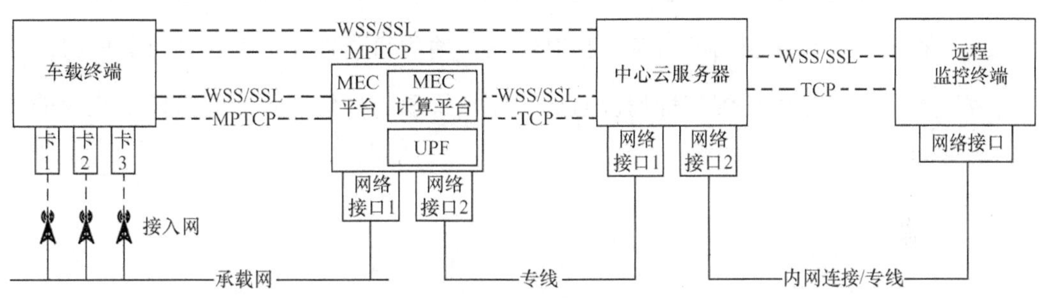

图6-15 基于MEC与MPTCP的信息发布系统

（4）基于5G智享大上行车载数据自动回传应用

为满足客户车载系统对上行超大带宽的无线回传需求及解决传统数据收集困难的问题，中国联通借助“智享大上行”创新方案，基于5G+MEC构建专网，在停车场部署华为200MHz数字化室分设备，在SA组网环境下，将传统上下行子帧配比调整为3:2，同时开启双载波聚合，通过商用CPE（2T4R）现场测试，速率接近千兆，实现无人车收车后自动完成数据的上传，提升数据传输效率，如图6-16所示。

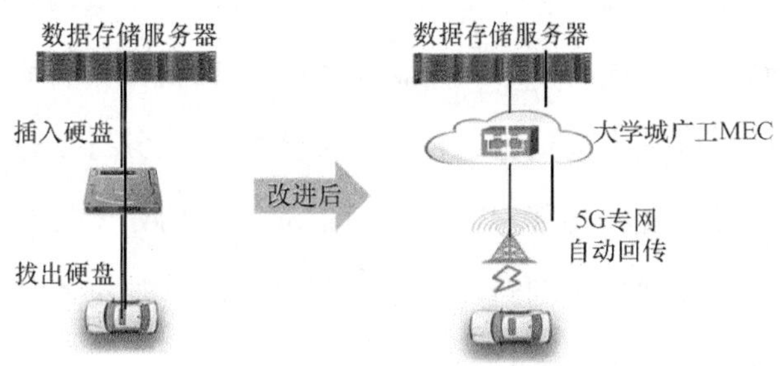

图6-16 5G智享大上行车载数据回传方案

场景1：自动驾驶

广州联通与文远知行探索5G硬切片和软切片在广域网络，尤其是移动场景中

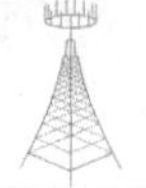

的技术可行性，打造全球首个移动广域网远程驾驶场景切片。广域环境自动驾驶需要更高速率、更大带宽、更低时延、更安全可靠的专属网络，确保自动驾驶过程的安全性和稳定性，根据自动驾驶场景对5G网络的诉求制定了“5G切片+MEC”专网的总体方案，实现自动驾驶业务与公众用户业务隔离，为自动驾驶业务提供端到端的专属通道，有效保障了自动驾驶业务对网络低时延、稳定带宽、零中断的需求。

场景2：远程控制

针对远程控制场景实现基于MEC与MPTCP的5G无人驾驶远程控制系统，降低无人驾驶汽车和远程控制端通信的时延，提高数据传输的可靠性，从而实现可靠的实时数据交互和控制，当车辆遇到特殊情况时进行安全干预与接管，提高无人驾驶汽车的稳定性和安全性。

6.2 自动驾驶

6.2.1 自动驾驶业务需求

据《2022全球自动驾驶战略与政策观察描述》，2021年是自动驾驶开启商业化的元年，自动驾驶进入商业化探索的快车道，美国、德国、日本、中国、韩国等主要汽车制造大国均在加快自动驾驶商业化部署的速度。自动驾驶在重构并拓展汽车产业链的同时，也带动了其他产业的发展：Robo-Taxi载客运营已在城市特定区域开展，低速无人递送业务已经在部分区域上岗运营，点对点无人接驳业务持续开展试点运行，封闭园区的自动驾驶已经开始规模化部署。目前，自动驾驶仍处于规模商用的初级阶段，政策的引导与支持、法律法规的创新与适用对促进自动驾驶技术的演进、推动产业快速发展起到了至关重要的作用。

自动驾驶是车联网重点应用方向之一，应用场景包括半开放/开放场景和封闭场景，其业务场景与业务需求如表6-11所示。半开放/开放场景主要包括高速公路和城市特定区域，高速公路场景已实现的业务是编队行驶，城市特定区域内能够开展智慧公

交自动驾驶和Robo-Taxi出租车载客业务。封闭场景主要是景区、工业园区、机场、矿区等车速较低、路线相对固定的业务场景，是自动驾驶最先实现应用的区域，也将是车联网业务率先商用落地的区域。自动驾驶技术可以在景区、工业园区、机场内完成无人接驳、无人清扫、无人派送等业务，为景区、工业园区等打造新的出行方式，增强企业的科技感和影响力，从而提升企业形象。在矿区、港口、机场、工厂场景中，借助自动驾驶技术运输物料能够替代人工重复性操作，节省企业人力成本。

表6-11 自动驾驶业务场景与业务需求

应用场景	业务场景	业务需求
半开放/开放场景	货车编队	实现物资的运输，提升效率
	智慧公交	特定路线的自动驾驶，实现公交站乘客和线路运输
	Robo-Taxi	在城市特定区域实现载客业务
封闭场景	无人运输	在矿区、港口、机场等场景自动运输物料、行李等
	无人接驳	在景区、园区等场景进行固定线路和定点位置接驳，为景区打造出高科技的旅行新体验
	无人清扫	24小时不间断自动清扫，保证园区的整洁，节省人力成本
	无人派送	实现药品、快递、外卖等物资按照规划路径进行派送，方便园区业主

6.2.2 自动驾驶总体架构

自动驾驶有两种类型：单车智能自动驾驶和智能网联自动驾驶，其决策、控制和应用场景的对比分析如表6-12所示。

表6-12 单车智能自动驾驶和智能网联自动驾驶对比

对比项目	单车智能自动驾驶	智能网联自动驾驶	
		智能网联车控自动驾驶	智能网联云控自动驾驶
信息来源	车端	车端、云端、路侧	车端、云端、路侧
决策中心	车端	车端	云端
控制中心	车端	车端	车端
应用场景	封闭场景/半开放/开放场景	封闭场景/半开放/开放场景	封闭场景

1. 单车智能自动驾驶

单车智能自动驾驶的控制和决策中心在车端，决策信息源来自车端感知。依靠车辆自身配置的摄像头、激光雷达、毫米波雷达等传感器获取车辆周围障碍物及道路等与驾驶任务相关的环境信息，结合计算单元、线控系统进行环境感知、计算决策、路径规划和控制执行，形成闭环系统。单车智能自动驾驶系统的架构相对简单，容易应用，底层架构和技术解决了大部分问题，但剩下5%长尾问题难以攻克，车端的算力和功耗存在瓶颈，可扩展性低，车端成本较高。

2. 智能网联自动驾驶

智能网联自动驾驶则利用车端、路侧和云端的功能完成对车端的决策和控制。智能网联技术是在单车智能的基础上融合现代通信与网络技术，实现车与人、路、云平台等之间的信息交换、共享，保障安全、舒适、节能、高效的交通出行。路侧的智能部分代替或者补充车侧的智能，基于5G和C-V2X实现车、路、云之间的连接，云端感知数据的融合及消息下发，形成信息流闭环。智能网联自动驾驶包括智能网联车控自动驾驶和云控自动驾驶。

（1）**智能网联车控自动驾驶**：决策和控制中心在车端，决策信息来源为车端、路侧、云端等，车载控制器依据全局信息做出决策和控制。全局信息包括车载传感信息、路侧全景感知信息和平台侧感知信息，平台侧将全域感知的环境信息下发到车端，用于车端决策。智能网联车控自动驾驶可应用于封闭场景、半开放/开放场景。

（2）**智能网联云控自动驾驶**：决策中心在云端，控制中心在车端，决策信息来源为车端、路侧、云端，云端根据全局信息做出决策，将决策指令下发到车端进行执行和控制。全局信息包括车载传感信息、路侧全景感知信息和平台侧感知信息，自动驾驶要求云端到车载控制器的时延极低，云端能够将决策信息实时下发，用于车端的控制和执行。云控自动驾驶可应用于低速封闭场景。

从成本、安全性、法律法规等方面综合考虑，智能网联车控自动驾驶是目前的主流方式。

智能网联自动驾驶的架构可以分为自动驾驶车辆、路侧全景感知系统、云平台3层，如表6-13所示。

表6-13 智能网联自动驾驶架构

通信架构	智能网联车控自动驾驶能力要求	智能网联云控自动驾驶能力要求
云平台	① 具备中心云-边缘云多级部署的能力； ② 与自动驾驶车辆、弱势交通参与者、路侧全景感知系统等通信的能力； ③ 具备全局数据接收、存储、处理、分发能力； ④ 负责全局信息感知以及全局业务策略控制； ⑤ 平台支持时延不敏感的自动驾驶业务，例如高精度地图下载、路径规划、交通调度	① 边缘云部署的能力； ② 与自动驾驶车辆、弱势交通参与者、路侧全景感知系统等通信的能力； ③ 具备全局数据接收、存储处理、分发能力； ④ 负责全局信息感知以及全局业务策略控制； ⑤ 平台提供自动驾驶决策服务，具备融合感知、决策控制、高速计算、高可靠性等能力
路侧全景感知系统	① 具备5G和V2X通信能力； ② 能够将道路感知的信息传递至自动驾驶车辆、云平台； ③ 能够接收从自动驾驶车辆、云平台送来的应用层信息	① 具备5G和V2X通信能力； ② 能够将道路感知的信息传递至自动驾驶车辆、云平台； ③ 能够接收从自动驾驶车辆、云平台送来的应用层信息
自动驾驶车辆	① 具备5G和V2X通信能力； ② 具备车端数据海量存储、高速计算处理、决策和执行能力； ③ 能够将感知的驾驶环境信息和车辆状态信息传递给周围的自动驾驶车辆、云平台； ④ 能够接收和处理从路侧全景系统、云平台送来的应用层信息	① 具备5G和V2X通信能力； ② 提供自动驾驶决策执行单元； ③ 能够接收和处理从路侧全景系统、云平台送来的决策控制信息

6.2.3 自动驾驶解决方案

智能网联车控自动驾驶主要应用于园区，园区中自动驾驶速度基本低于40km/h，因此发生重大安全事故的概率较低。园区自动驾驶属于区域内运营，园区内有不同类型的自动驾驶车辆，包括小巴车、扫地车等。不同车型的底层车端自动驾驶系统具备L4级自动驾驶、数据融合感知以及全天候7×24小时超视距感知能力，并具备复杂路况及复杂天气情况下的稳定驾驶能力。园区内自动驾驶运营过程如图6-17所示，包括出行前、行驶过程中、行驶结束3个部分，出行前主要完成路线规划工作，行驶过程中实现人机交互、信息交互、安全提醒、精准停靠等业务，行驶结束时实现自主泊车功能。

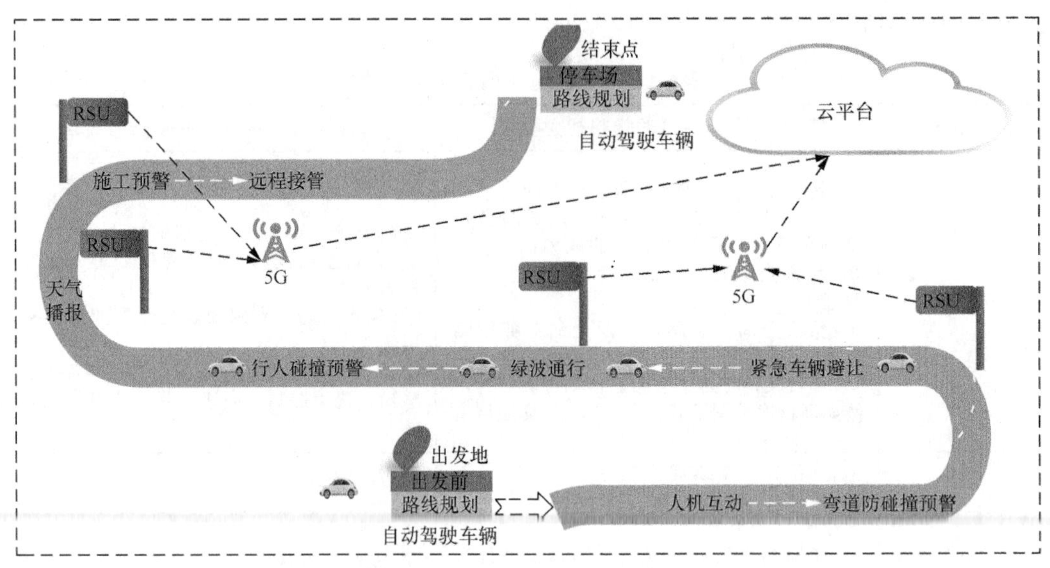

图6-17 园区内自动驾驶运营过程

（1）出行前：完成路线规划。路线规划包括固定预设路线和按需路线规划两类。固定预设路线能够满足企业的统一性要求，车辆按预设的规划路径巡线行驶，可以采用全局或局部路径规划的方式行驶，控制器根据预设路径的控制指令和控制器采集的车辆状态，对自动驾驶车辆的行驶方向进行控制。乘客可以在出行前进行车辆预约和车辆位置查询，实现精准候车服务。按需路线规划可以满足乘客出行的特定性需求，根据乘客出发地和目的地进行按需路线规划，决策规划系统依据车辆本身的状态信息、道路状态信息及高精度地图等计算出一条适合当前态势的最优路径。

（2）行驶过程中：自动驾驶车辆人机交互利用可视化界面实现乘客需求模式的转换，人机交互系统涉及参数配置、结果可视化、自动驾驶与人工驾驶的模式切换，车辆状态信息、环境感知信息、决策规划信息、定位信息、车辆控制系统状态信息等。

① 数据类型：自动驾驶车辆，在行驶过程中与平台进行信息实时交互，平台实时获取车端、路侧、网络质量等信息，包括视频数据、信号灯数据等。

- 视频数据主要是上行数据，目的是进行AI数据分析和目标物的识别，带宽需求小于5Mbit/s。

- 激光雷达数据是上行数据，数据类型是TCP，带宽小于1Mbit/s，主要目的是融合感知数据和目标识别。
- 信号灯数据是上行数据，带宽需求为100kbit/s。
- V2X消息数据类型是MQTT协议，带宽需求为100kbit/s。
- 车辆驾驶数据主要是行驶过程中产生的车辆位置经纬度、速度、航向角等，以及车辆驾驶过程中的网络数据，包括RSRP、SINR等。

路侧对全时空动态交通信息数据进行实时采集，将目标物体的姿态信息融合计算并进行结构化分析后上传到云平台。

② 实现功能：自动驾驶车辆在行驶过程中能够进行安全提醒，包括弯道防碰撞预警、紧急车辆避让、绿波通行、行人碰撞预警、天气播报、施工预警等，具体功能如下。

- 自动驾驶过程中，若遇到紧急情况，自动驾驶车辆能够有效地紧急制动，自动驾驶车辆紧急事故处理可将自动驾驶自动切换成远程驾驶状态，通过人机交互模式，驾驶员可手动触发退出自动驾驶模式，并紧急停车。
- 自动驾驶过程中，在检测到行人/障碍物或前方车辆突然减速时，车辆可自动执行减速、刹车操作，避免出现事故。车辆可按默认路径行驶，若检测到前方有障碍物且达到路线绕行条件，则自动切换路径行驶。
- 自动驾驶过程中，车辆实现站点精准播报。到站时实现停站播报、精准停靠、自动开门、自动关门等。站点应设置站牌，显示站点名称、车辆运营时间、发车间隔等内容。

（3）行驶结束：自动驾驶车辆可以自主泊车。车辆启动自动驾驶泊车模式，在接收到云平台下发的指定空闲车位信息和准确的定位导航路径坐标信息集后，车辆沿着规划路径行驶，并结合路侧高精度定位进行实时路径校正。在自主泊车场景中，云平台实现感知融合、导航和消息分发。

6.2.4　自动驾驶部署和交互流程

园区自动驾驶部署架构如图6-18所示，园区自动驾驶应用的前置条件包括网络要求、车辆要求、路侧全景感知系统要求、高精度地图要求、5G自动驾驶平台要求，具体要求如下。

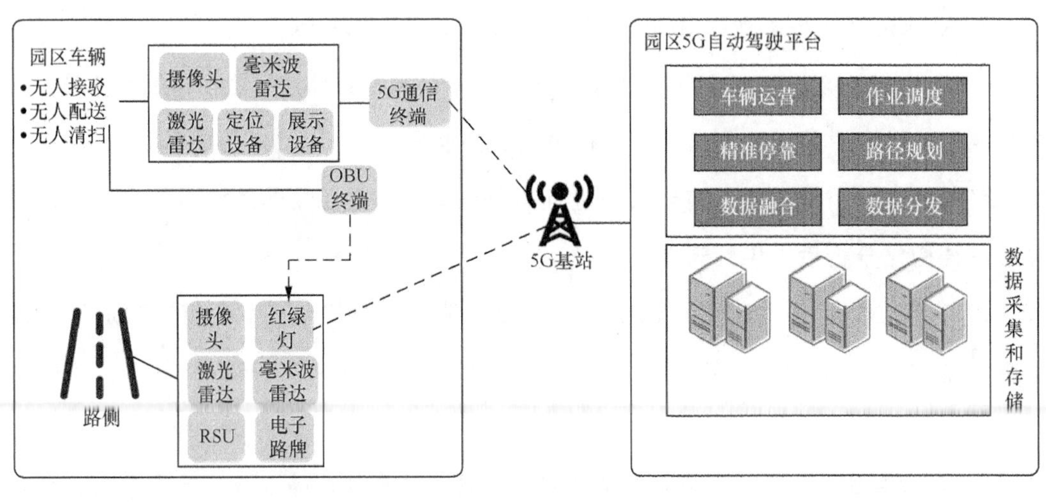

图6-18 园区自动驾驶部署架构

（1）网络要求：5G网络全覆盖。部署5G网络和MEC对园区进行完全覆盖，并支持本地流量分流以及边缘计算能力。

（2）车端要求：支持5G和V2X网络。车端硬件基于感知计算系统，传感器数量有所差别（传感器包括激光雷达、毫米波雷达、超声波雷达、摄像头等，用于获取环境感知信息）；高精度地图、RTK、车载惯导系统结合实现定位；OBU部署1套；车载控制器通过多源数据计算进行驾驶决策控制，从而实现车辆自动直道/弯道行驶、自动车辆跟随、自动避让、紧急制动等功能。

（3）路侧全景感知系统：单点部署路侧摄像头2个、激光雷达2套、毫米波雷达1套、RSU（具备5G和V2X能力）1套，可获得红绿灯等路侧信息，能够进行点云数据处理，并将结构化数据通过有线或者无线方式上传到平台。

（4）高精度地图要求：实时更新高精度地图。

（5）5G自动驾驶平台要求：云平台采集自动驾驶车辆的自身行驶状态数据、车端感知设备数据、定位数据、路侧感知数据、交通信息等，自动驾驶相关的感知数据存储在边缘侧，并进行数据清洗、时空对齐等处理，将感知结果下发到车端，作为车端自动驾驶决策的数据源之一；车辆运营管理、接口管理、设施管理等基础应用部署在

中心侧，面向园区的无人接驳、无人配送、无人清扫等场景提供作业调度、路径规划、精准停靠、自主支付等特色应用。

自动驾驶车辆与5G自动驾驶平台交互时，交互的数据主要包括车端与平台的交互数据、路侧基础设施与平台的交互数据，主要交互的流程和数据如图6-19所示。

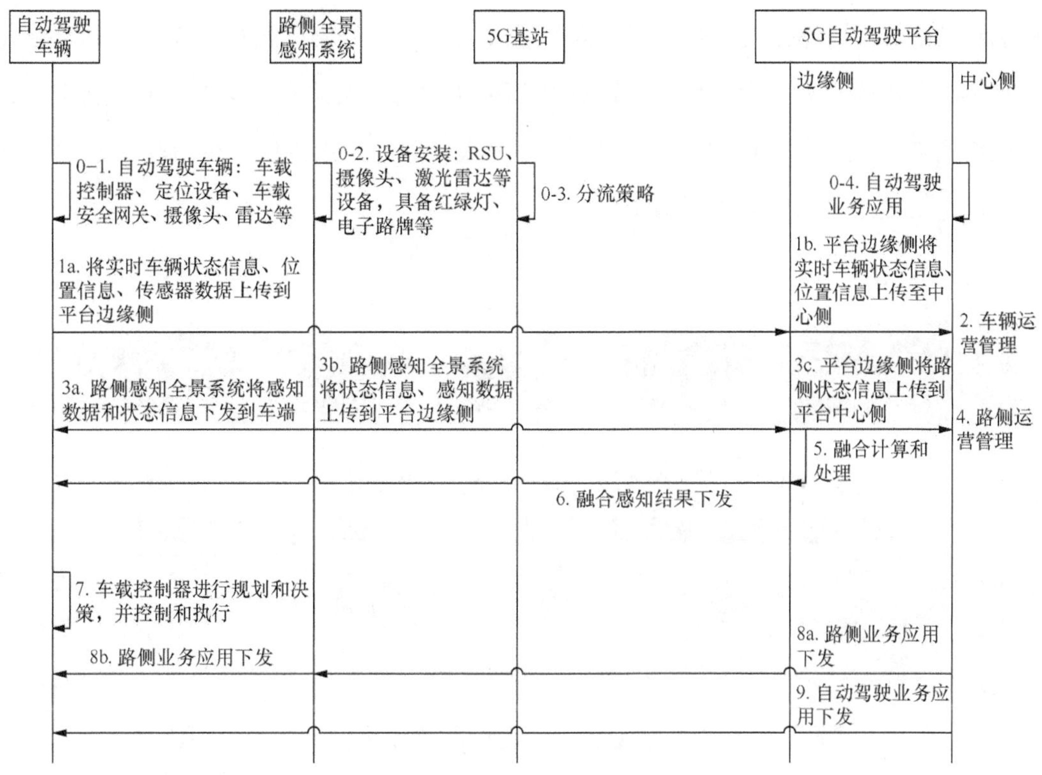

图6-19　自动驾驶业务交互流程

6.2.5　自动驾驶应用场景和案例

1. 5G赋能智慧绿色港口

近年来，国家及交通运输部陆续在政策和战略层面发布了关于智慧港口建设的相关指导意见和要求，其中《交通运输部关于推动交通运输领域新型基础设施建设的指导意见》明确提出“推进新型自动化集装箱码头建设和大宗干散货码头无人化系统建设，加快港站智能调度、设备远程操控等综合应用”。《水运“十四五”发展规划》也建议“建设智慧港口，聚焦智能生产运营，提升港口码头智能化水平，加大既有集装箱、大宗干散货码头装卸设施的远程自动操控改造、港内无人集卡应用”。

如图6-20所示，本案例主要通过在天津某码头建设5G+MEC专网、远程驾驶控制系统，实现5G挖掘机远程清舱，解决散货码头在船舱清舱过程中的难题。通过5G+门机远程控制，现场操作人员在控制室内通过5G进行远程控制，能够显著改善工人的工作环境，保障作业人员安全生产。通过5G摄像头进行货物识别，实现智能理货场景，大大提高理货效率和理货准确度。通过5G+无人驾驶，替代传统司机驾驶的方式，最终完成码头散杂货物的无人运输工作。

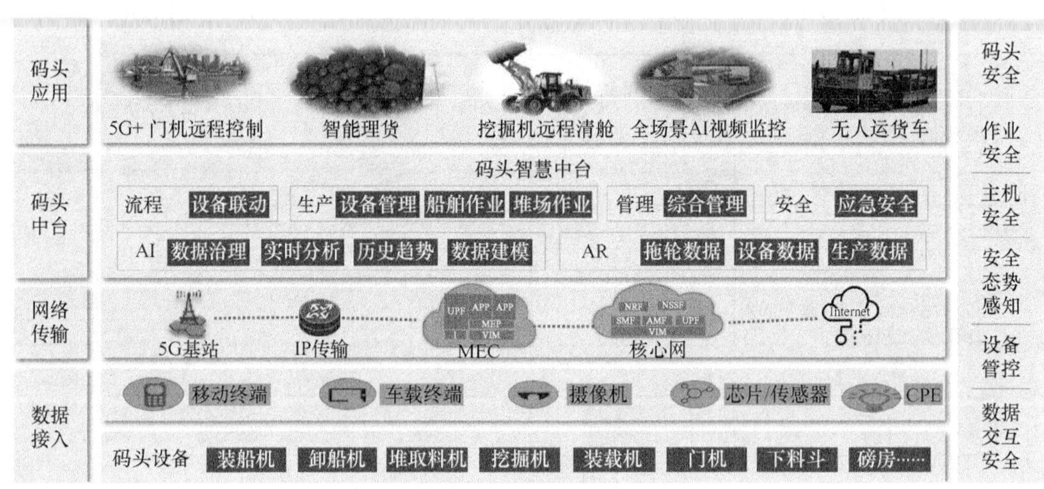

图6-20　5G赋能智慧绿色港口

实现场景1：5G挖掘机远程清舱

采用门机将清舱机械设备吊入船舱内，清舱机械设备采用远程控制方案，通过加装智控中心、传感器、摄像头、操作台等使挖掘机具备远程控制功能。远程驾驶控制系统具备CAN总线协议标准，可实现运动控制、数据采集等功能，同时集成远程态势感知、智能倾覆报警。智控中心是设备的大脑，包括通信系统、上位机、下位机、音视频采集系统、感知系统等，实现感知、通信、本地计算等多项功能。在铲斗、动臂等设备活动关节可加装IMU（惯性测量单元）传感器、倾角传感器。部署主视摄像头、后视摄像头、左右摄像头和切角摄像头，完成挖掘机工作所需的视频信号采集。对挖掘机的电气系统和液压系统进行改装，新增的电气系统与原机电气系统相互独立，满

足挖掘机的EMC（电磁兼容）性能要求。

控制室远程操作台采用仿真驾驶室结构，操作方式与实际挖掘机中的操作类似，操作员通过视频实时查看现场作业情况，指令舱尺寸和原驾驶舱尺寸以1:1比例还原，符合驾驶员的操作习惯。多屏幕全方位显示工作现场画面、运行参数和车辆常规参数，包括水温、液压油温、燃油液位、发动机转速等，保证远程操作员的操作体验与现场操作一致。

挖掘机在舱体内工作时，由于舱体环境有限，基站信号存在盲区，难以进行远程信号传输。为此，在清舱挖掘机上部署中继设备"闪链"，提供5G信号转Wi-Fi的功能，即可将远控信号提供给船底的挖掘机，并将船底的摄像头数据回传给远控系统。摄像机采集的视频信号和PLC（可编程逻辑控制器）的控制信号传递到挖掘机的智控中心，智控中心和"闪链"之间采用Wi-Fi通信，"闪链"将Wi-Fi信号转为5G信号与室外基站通信，经过IP承载网和园区部署的UPF到达挖掘机远程控制中心，操作人员通过仿真的驾驶室和回传的视频画面控制挖掘机远程清舱动作，如图6-21所示。

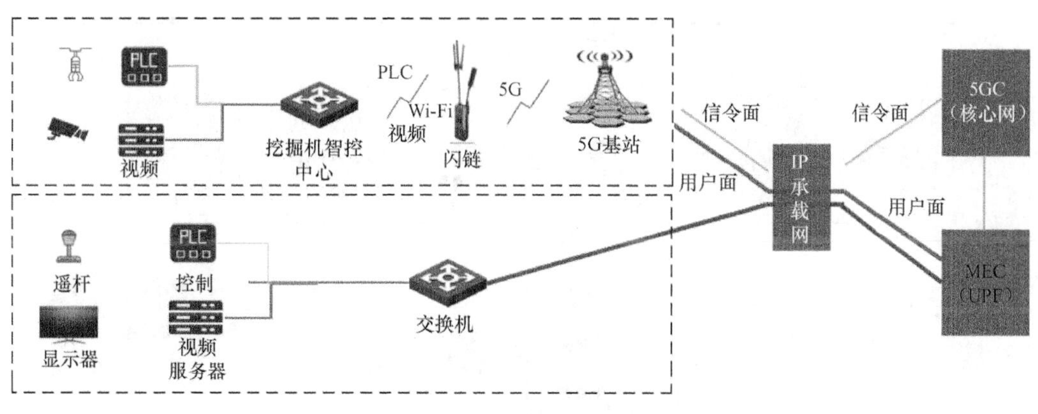

图6-21 5G挖掘机远程清舱

该场景建立一套完善的安全防护系统。挖掘机视角盲区设置必要的防撞雷达，保证在作业过程中不会发生挖掘机与周边物体碰撞的情况。雷达监测数据通过"闪链"传输到指令舱，在显示屏仪表软件上进行展示，并且能通过语音播报异常情况，以提醒司机。挖掘机上安装的倾角传感器，保证司机在远程作业时能清楚了解到挖掘机的倾斜角度，防止车辆倾斜过大发生意外。车辆侧翻超过限定值以后，车辆具备自动保护功能。车辆进入远程作业模式后，作业现场有明显指示装置（声音或者灯光），以提醒现场人员不要误入；在网络连接异常情况下，车辆开启自动停止功能。

实现场景2：5G门机远程控制

5G门机远程控制对于网络要求较高：部署在门机周围的摄像头传输多路视频信号，上行带宽需求大，门机的控制信号通过网络下行传输，时延要求高。码头门机设备采用L2/L3协议混传，为了能够和5G网络对接，需要新建AR路由器来建立GRE隧道。为降低控制信号时延，避免影响门机远控效果，监控视频和控制信号通过不同的隧道进行分离传输，同时通过控制承载QCI（服务质量等级标识）的优先级，保证控制业务的信号时延，如图6-22所示。

智能理货采用5G端-管-云+AI的方案构建实时图像回传，通过AI智能计算货物的数量。AI视频监控能够保证视频的高清回传和视频流的实时分析。码头园区中视频监控的应用较为广泛，包括面向装卸区、运输区的固定和移动摄像机高清视频回传；车牌号识别、人脸识别、货物识别管理；对司机面部表情、驾驶状态进行智能分析；对疲劳、瞌睡等异常现象预警。通过人工智能机器学习引擎，AI视频分析检查来自监控摄像头的视频流，在检测到异常事件时触发实时警报，自动逐帧检查视频流，提供24 × 7小时稳定、可靠的结果。

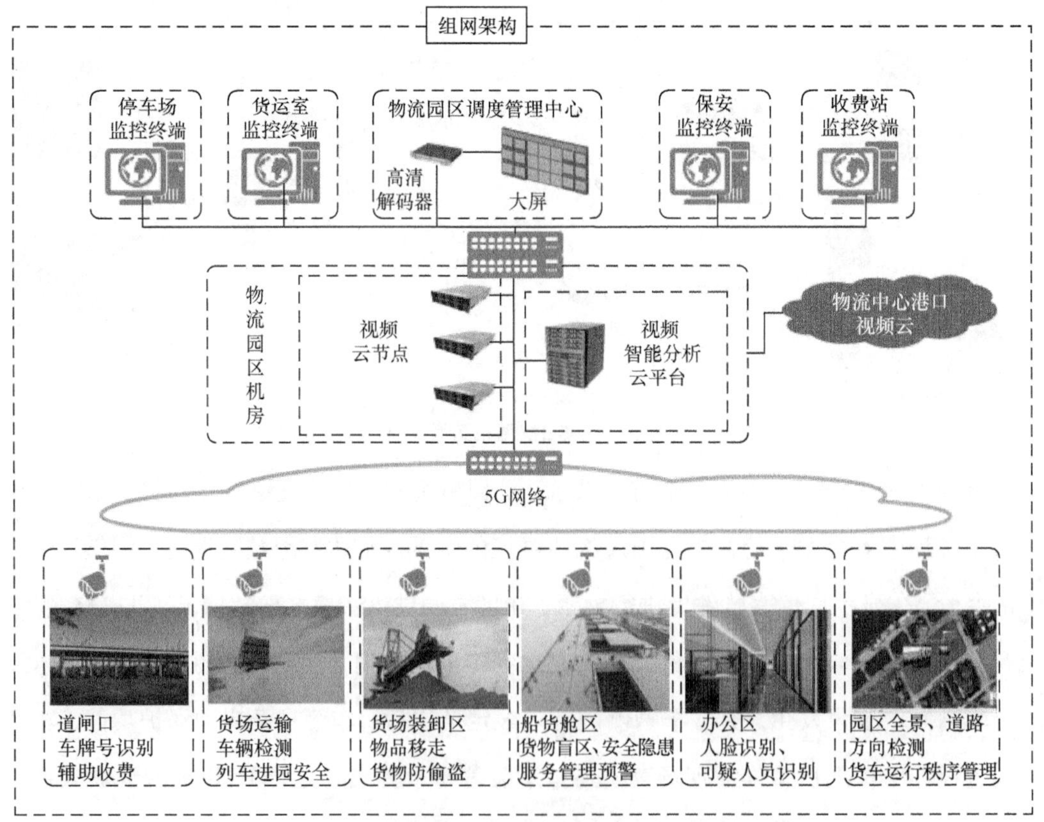

图6-22 5G门机远程控制

实现场景3：5G无人运货车

无人运货车利用5G将多路高清实时视频和车辆状态信息回传，码头运营中心进行监控分析、故障检测、实时调度控制信息下发、基于视觉AI分析的自主导航，实现码头无人运货车行驶的实时管理。无人运货车主要实现视频捕捉、远程指令控制。视频捕捉通过在运货车的车头四周部署高清摄像头，保证车辆运行途中无视野盲区；远程指令控制系统通过5G网络将运货车控制信令传递给运货车控制中心，将网络信号转化为CAN信号，实现运货车的无人驾驶，如图6-23所示。

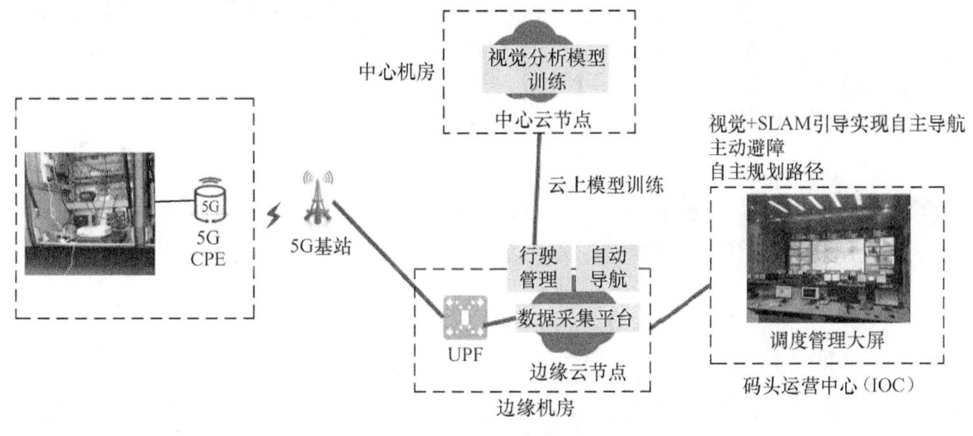

图6-23　5G无人运货车网络架构

2. 海南5G自动驾驶

海南省某机场至游客中心的自动驾驶出租车接驳场景为开放道路自动驾驶出租车示范运营路线，全长约17km。游客中心至酒店的接驳场景为封闭园区自动接驳小巴示范运营路线。

本案例由无人驾驶车辆、路侧基础设施、云控平台、第三方应用平台等组成。道路数据通过路侧基础设施采集和处理后上传云控平台，车辆数据通过5G网络直接上传云控平台。云控平台结合高精度地图、三维道路建模对汇聚于云控平台的车辆和道路交通动态信息按需进行综合处理后，以标准化分级共享的方式支撑不同时延要求下的应用需求，从而形成面向智能网联汽车产业实际应用的云控平台，为加强车辆安全、节约能耗以及提升区域交通效率提供服务。通信网根据各部分之间标准化信息传输与交互的要求，将各个组成部分以安全、高效和可靠的方式有机联系在一起，保障云控系统成为逻辑协同、物理分散、支撑智能网联汽车产业发展的信息物理系统，如图6-24所示。

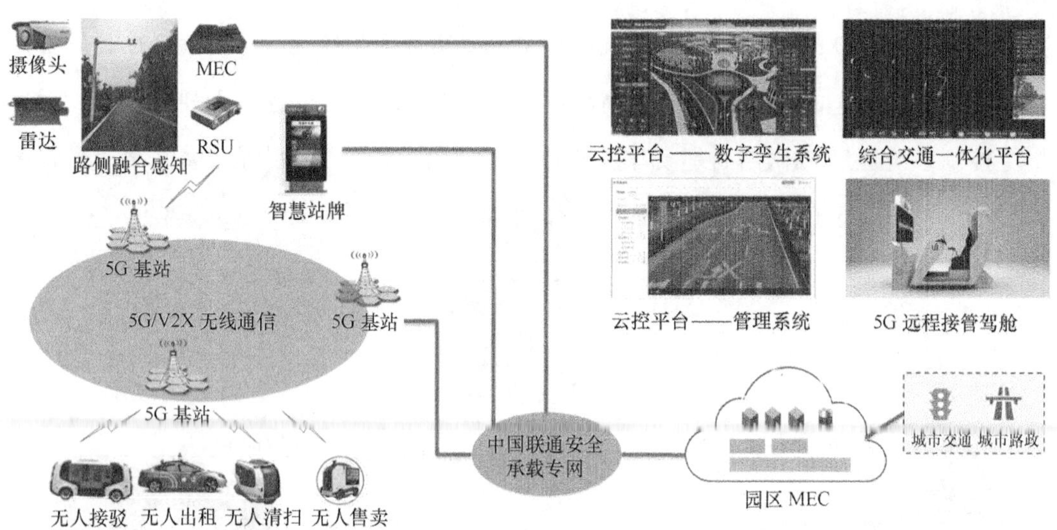

图6-24　5G自动驾驶场景

车路协同云控平台通过“人、车、路、网、云一体化”实现协同感知、协同决策、协同控制。综合交通一体化实现路网环境展示、构筑物静态数据展示、设备监测动态数据展示、车辆监测主体展示、路网视频主体展示和数据接入。路侧设备主要由路侧终端、边缘计算单元、杆件、抱杆箱和感知设备组成。边缘计算单元将视频数据和结构化数据传输至云控平台，平台对数据进行存储、加工、分析，便于做出智能化的决策，同时将路侧感知数据发送至RSU，RSU通过分析处理后将相应的预警事件信息通过V2I通信发送至车辆OBU，辅助网联车辆及自动驾驶车辆安全行驶。

场景1：自动驾驶出租车

自动驾驶出租车是配备面向开放道路的L4级自动驾驶车辆，如图6-25所示，在开放道路常规车流量、人流量和天气环境下，自动驾驶出租车能实现安全可靠的行驶。自动驾驶出租车能够应对信号灯、动态障碍物等典型道路元素，持续地执行全部动态驾驶任务，包括自主决策、动态路径规划、车道保持、自适应巡航、自主换道、自主超车、路口通行、精确进站、动态避障等。

图6-25 自动驾驶出租车

本案例中自动驾驶出租车的功能包括车载人机交互、约车等，主要特点如表6-14所示。

表6-14 自动驾出租车特点

序号	功能
1	全天候、全场景运行，能够适应晴天、阴天、雨天等天气状况
2	支持云控平台
3	丰富的运营调度功能：通过调度管理平台支持远程调度运营
4	车载可视化界面：向乘客实时展示周围路况和车辆状态信息，实现自动驾驶人机交互
5	V2N通信支持多重冗余：5G/4G冗余通信机制，优先选用信号最强的通信运营商（中国电信、中国移动、中国联通）的服务
6	具备24小时全天候运行能力
7	能够适应指定区域内的各类型交通元素（红绿灯、限速标识等）
8	最高车速为90km/h、续航里程≥450km，支持特定模式下的远程操控功能，保障无人驾驶安全

场景2：自动清扫车

自动驾驶清扫车采用电机驱动的清洁驱动形式，配备了激光雷达、超声波雷达、摄像头、高精度定位系统等先进感知设备，搭载自动驾驶控制单元，具备路径规划、自主行驶、自主避障、自主清扫、车辆状态监控等智能功能，同时集成自动清扫、消毒防疫主要功能，可以远程控制清扫、喷洒启动，广泛应用于园区、公共广场、智慧社区等场景中。其主要特点如表6-15所示。

表6-15 自动清扫车特点

序号	特点
1	覆盖式清扫消杀，实现1.1m幅宽清扫，2.8m幅宽消杀
2	提供自主巡航、换道、避让，自动紧急制动等自动驾驶功能

续表

序号	特点
3	可采用5G远程驾驶技术进行接管
4	产品配备遥控手柄，可进行远程操控操作及应急接管功能
5	支持通过改变自动驾驶路线和远程驾驶实现园区全域范围内的自动清扫业务
6	配备两块显示大屏，前屏能够显示路线信息，可通过后屏操控清扫、喷洒、加注等

场景3：自动驾驶售卖车

自动驾驶售卖车主要部署在酒店外环干路上以及湖外围，通过增加景区智慧化服务设施，引入L4级自动驾驶能力的无人零售车系统服务将在很大程度上缓解高峰客流给景区客户服务工作带来的巨大压力，为游客及会议嘉宾提供优质的服务。其主要特点如表6-16所示。

表6-16　自动驾驶售卖车特点

序号	特点
1	L4级自动驾驶能力：基于自主可控的软硬件架构，可在自动监管情况下完成复杂场景中的自动驾驶
2	智能售卖：支持扫码停车、招手停车、定点停靠3种停车方式，同时支持扫码购买及车端触控屏购买2种方式
3	移动宣传：背部搭载模块化广告灯柜，可整面镶嵌广告显示屏或换片灯箱，可定制广告进行移动宣传

6.3　车路协同

6.3.1　5G车路协同业务需求

交通运输是国民经济的重要产业之一。随着经济社会的迅速发展，人们对交通出行的需求越来越高，高效、安全、便捷的出行体验成为国家发展交通的重要目标。网络连接、实时通信是智慧交通的基础，车路协同是智慧交通的必然技术路径，也是实现智能网联自动驾驶的基础。面向2C、2B及2H，车路协同的业务场景需求也不尽相同。

1. 面向公众消费者类应用

面向公众消费，车路协同可从安全、效率及信息服务3个方面提供相关的消息播发及提醒，如表6-17所示。

表6-17 面向公众消费的车路协同业务需求分析

序号	应用名称	分类	场景描述	应用效果
1	绿波通行	效率类（非标准场景）	公交绿波通行 紧急车辆绿波通行 特殊时段物流车辆绿波通行	当紧急车辆或满足绿波通行条件的其他车辆通过红绿灯时，车路协同自动识别车辆，并动态调整信号机配时，实现车辆一路畅行
2	服务信息公告	信息类（非标准场景）	通过与周边服务结合，如高速服务区，向附近车辆下发服务区信息公告，包括停车位信息、卫生间信息、充电桩信息等	通过情报板、车载终端或App动态显示用户路线上会经过的停车场、充电桩、加油站等信息
3	动态路线规划	信息类（非标准场景）	地图通过实时动态获取路侧信息，为驾驶员提供动态、实时、最优路线规划服务	通过车载终端或App的动态实时导航，为终端用户提供准确实时的导航服务
4	道路危险提醒	安全类（ITS标准场景）	前方事故提醒 前方抛洒物提醒 积水识别预警	道路危险提醒通常有两种提醒方式。 方式一：通过可变情报板发布危险信息，如前方事故、前方施工； 方式二：通过车辆安装的OBU和车载终端或App，接收RSU消息，对驾驶员进行视听提示
5	盲区检测	安全类（ITS标准场景）	公交车盲区检测 大卡车盲区检测 十字路口盲区检测	大型车辆存在一定的视觉盲区，通过车载终端或App，针对大型车辆周边环境对驾驶员进行实时提醒，提升驾驶安全
6	碰撞提醒	安全类（ITS标准场景）	车辆汇入预警 前车紧急刹车预警	通过车与车的直接通信，实现碰撞类提醒，该提醒为针对单车的动态提醒，车内安装 OBU及车载终端或App，通过OBU与OBU的通信获取自身及周边车辆位置、速度及方向等信息，通过语音动态提示驾驶员
7	危险驾驶提醒	安全类（ITS标准场景）	闯红灯提醒 超速提醒 蛇形驾驶提醒	危险驾驶提醒的提示方式有如下两种。 方式一：情报板公布有危险驾驶行为的车牌号，同时可将有危险驾驶行为的车辆信息上报交管中心； 方式二：车辆安装OBU及车载终端或App，通过语音进行提示
8	车速建议	节能类（ITS标准场景）	根据红绿灯信息，为即将经过红绿灯路口的车辆提供合理的车速建议，使车辆在合理的速度范围内无停留地通过红绿灯路口，减少刹车带来的能源浪费	车辆安装OBU及车载终端或App，接收RSU下发的信号灯信息，OBU针对自身情况计算合理的速度范围，并对驾驶员进行语音提示

续表

序号	应用名称	分类	场景描述	应用效果
9	突发事件上报	应急类（非标准场景）	车端紧急情况上报，如驾驶员突发心脏病、车辆失控 路端紧急情况上报，如前方有落石	车辆安装OBU及车载终端或App，或通过智慧灯杆一键呼救按钮，向车联网云控中心呼救，云控中心运营人员远程查看现场监控，了解现场情况，并进行救助调度

2. 面向企业类应用

面向企业，车路协同可进一步形成应急管理、高精度地图采集以及商业保险等衍生业务。

（1）与应急管理平台对接。应急管理中心与车路协同平台对接系统如图6-26所示。

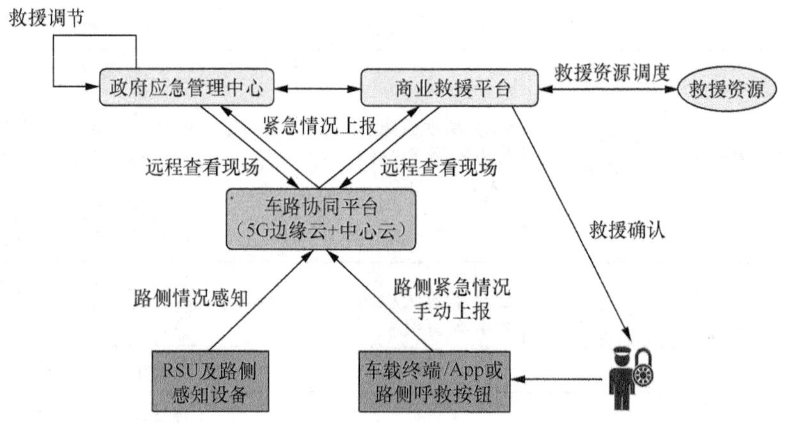

图6-26　应急管理中心与车路协同平台对接系统

通过将车路协同云控平台与政府应急管理中心对接，在车路协同云控平台中对紧急事件进行分类，部分事件对接政府应急管理中心，如山体滑坡，部分事件则上报至商业救援平台，如交通事故，实现应急管理部门或商业救援平台即时发现路侧重大交通事故或其他紧急情况，并了解现场详细情况，及时且有针对性地执行应急响应，减少因事故带来的人身财产损失。

（2）与高精度地图平台对接。高精度地图平台与车路协同平台对接系统如图6-27所示。

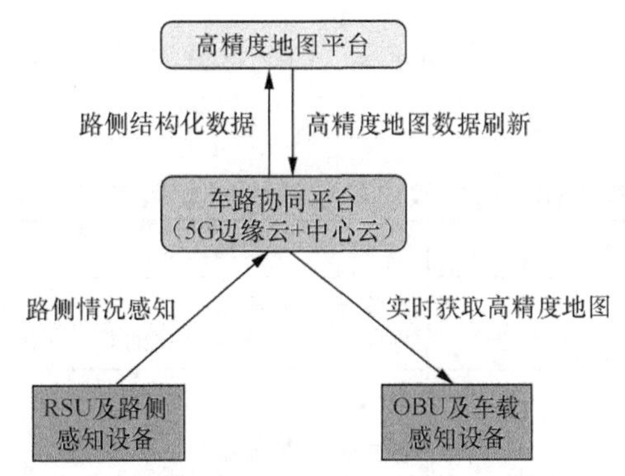

图6-27　高精度地图平台与车路协同平台对接系统

车路协同感知设备部署于路侧，对路况进行不间断的感知，并通过车路协同平台对路况进行分析。高精度地图平台与车路协同平台对接，实时获取分析结果，如道路拥挤度、道路事故、动态但实时性要求相对不高的危险信息，及时推送更丰富的路况信息，为车主提供更准确的信息服务及出行建议。高精度地图的实时动态更新，使驾驶员可获取实时、准确的高精度地图信息。

（3）与商业保险平台对接。商业保险平台与车路协同平台对接系统如图6-28所示。

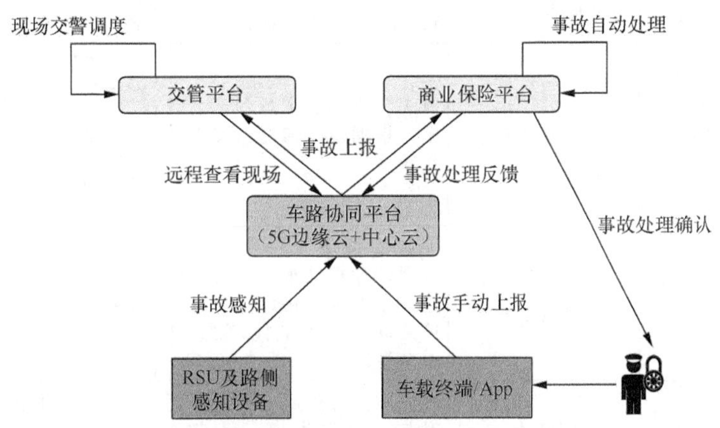

图6-28　商业保险平台与车路协同平台对接系统

通过将车路协同平台与商业保险平台对接，车路协同平台向商业保险平台传递交通统计信息，如事故发生率、平均车流密度、某类型车辆数量统计，有助于商业保险行业调整业务模型，实现精准销售，同时提升保险处理响应效率。

3. 面向政府类应用

面向政府的车路协同应用一方面为公务车、救护车、公交车、出租车等提供安

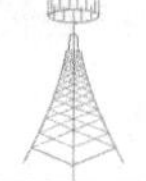

全类、效率类信息服务，另一方面加强城市交通治理，提高城市交通运行效率，如表6-18所示。

表6-18　面向政府的车路协同业务需求分析

序号	应用名称	分类	场景描述	应用效果
1	绿波通行	效率类（非标准场景）	公务车、救护车等紧急车辆通行，申请开启绿波通行	通过绿波通行服务提升紧急车辆通行效率
2	紧急车辆避让	效率类（ITS标准场景）	通过区域级数据分析，适度提前提醒紧急车辆行驶路径中的普通车辆提前避让，提升紧急车辆通行效率	紧急车辆避让有两种呈现方式。 方式一：通过情报板提醒避让，显示紧急车辆所在车道。 方式二：车辆安装OBU及车载终端或App，接收RSU消息，单车针对自身情况进行测算，并对驾驶员进行语音提示
3	道路危险提醒	安全类（ITS标准场景）	前方事故提醒 路面抛洒物提醒 积水识别预警	车路协同平台及时获取路侧事故信息、抛洒物信息、积水深度信息，并通过高效的调度使路侧情况得到快速处理
4	道路红绿灯时长自动调配	效率类（非标准场景）	通过实时采集各路段车流量、拥堵情况，后台智能分析出红绿灯时长最优配比	根据实时路况信息，动态调配红绿灯配时，使车流通行效率最大化
5	线网优化	规划类（非标准场景）	动态监测各路段车流量、拥堵情况，并进行统计分析，为城市道路规划给出数据参考	边缘云控平台对道路实行监测，并向中心云定时上报统计信息，中心云定时自动出报表
6	分级调度	（非标准场景）	对于公交车、应急车等公务车，根据现网情况，实行分级调度	公交车：通过实时监测站台乘客数量，实现区域/全域公交调度优化。 应急车：根据紧急事件发生位置，对紧急车辆实现分区分级调度，提升应急效率
7	城市道路路灯控制	节能类（非标准场景）	通过车路协同识别路侧车流量、非机动车、行人等信息，合理调节路灯明亮程度或路灯的开启/关闭，达到城市节能的目的	与智慧灯杆对接，车路协同平台制定路灯控制策略，根据路侧情况控制路灯照明
8	应急调度	应急类（非标准场景）	实时监测分析路侧情况，同时接收终端用户一键求救信息，执行辅助或自动调度决策	车路协同平台收到路端紧急情况信息，发出警报，通知调度员，同时执行调度，并将紧急情况上报中心云

6.3.2　5G车路协同总体架构

5G车路协同总体架构分为5层，包括中心层、区域层、边缘层、网络层和终端层，如图6-29所示，多层级架构满足多类型业务，部署方式包括中心+区域+边缘、中心+区域、区域+边缘、边缘等。

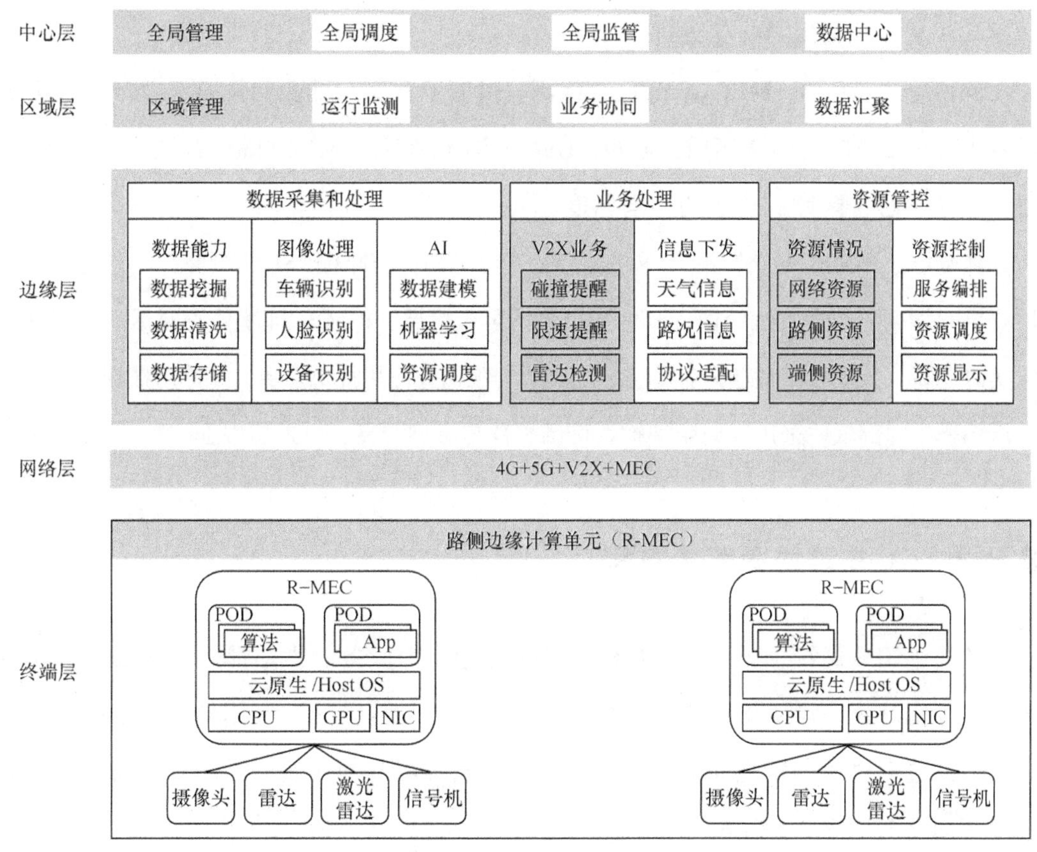

图6-29 车路协同的架构

中心层：包括全局调度、全局监管、全局数据等。全局调度负责非实时统一调度和信息服务类应用等调度，例如车辆、驾驶舱、协同应用管理、信息娱乐服务、OTA（Over-the-Air Technology）升级等调度。全局监管负责全局业务的监控和管理，例如数据监控、业务订购、业务告警等。全局数据主要负责全局数据资源的调用和处理，包括设备存储资源、计算资源、网络资源、交通数据、环境数据、用户数据等。

区域层：包括运行监控、业务协调、数据汇聚等。运行监控负责资源监控、日志管理、告警管理等。业务协调针对的是弱实时类业务应用，例如高精度地图、拥堵事件提醒下发等，并实现区域层与中心层、区域层与边缘层业务的协同调度。数据汇聚具有数据共享、数据透传的能力。

边缘层：包括边缘层的资源管控、业务处理、数据处理。资源管控主要负责边缘资源的编排、调度、监控。业务处理包括目标识别、多源融合、态势感知学习、业务实时监控、消息播发、协同应用等。数据处理负责边缘实时数据的汇聚、处理和存储，数据清洗，多源数据结构化处理等。

网络层：包括5G+MEC+V2X融合组网。根据业务需求的灵活配合，业务需求可通过双通道PC5口广播给车辆或通过5G Uu口单播给车辆，MEC可根据需求进行三级部署，实现中心、区域、边缘的协同调度。

终端层：R-MEC对路况的点与面进行全方位感知，将路侧RSU、摄像头、雷达等实时性要求非常高的数据就近处理，其他数据流转至边缘层。R-MEC部署位置灵活，数据处理的实时性高，能够更好地为安全类应用及自动驾驶相关应用提供服务，并且可根据现场情况进行部署，内部软件采用云原生架构，可维护性与可靠性高、可扩展性强。

6.3.3 5G车路协同解决方案

依托中国联通统一云底座及MEC、切片、QoS等服务能力，提供低时延、强算力的边缘计算环境，实现基于5G+C-V2X融合组网的“端-管-云”一体化的车路协同系统架构，通过云边协同实现业务“一点复制、全国推广”的快速灵活部署，满足车路协同的不同业务需求，如图6-30所示。

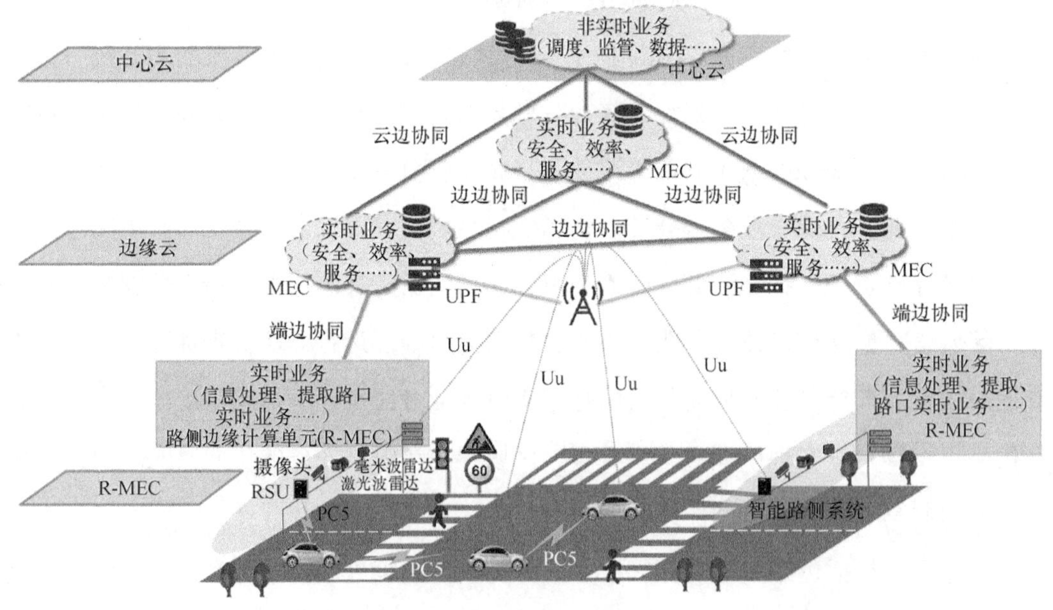

图6-30 车路协同方案

R-MEC部署位置灵活，可根据现场情况在路口部署1个或者多个，如图6-31所示。其内

部软件采用云原生架构，可维护性及可靠性高、可扩展性强。R-MEC实现感知数据前端接入及就近处理，提高数据处理的实时性，更好地为安全类应用及自动驾驶相关应用提供服务。

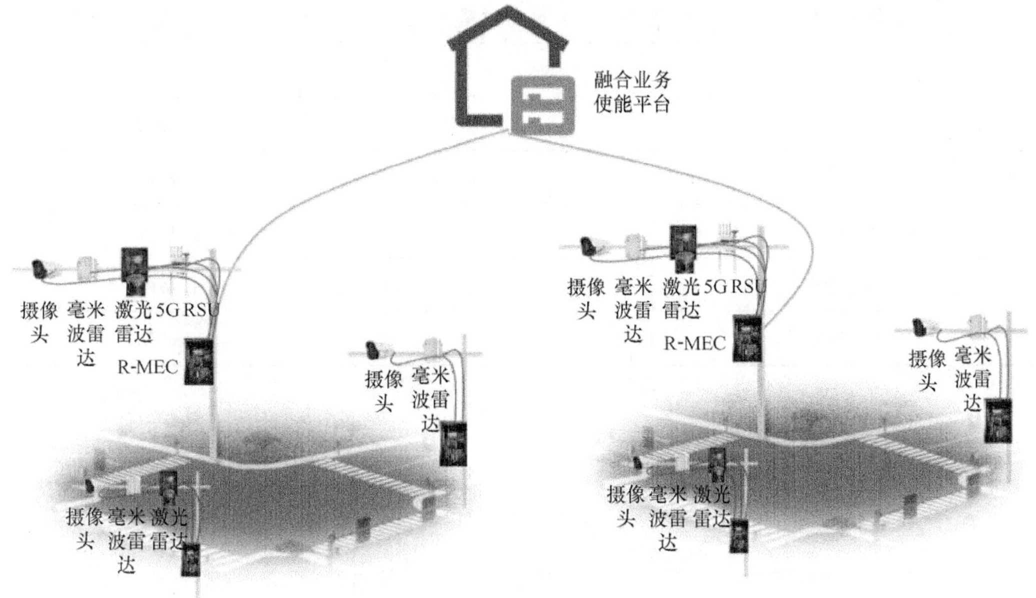

图6-31 路侧边缘计算单元参考部署位置

1. 十字路口典型部署方案

如图6-32所示，在十字路口，为了实现对位于4个方向的目标对象的全要素感知，通常部署4套车路协同感知设备。根据实际情况选取雷达和摄像头，面对来车方向安装。

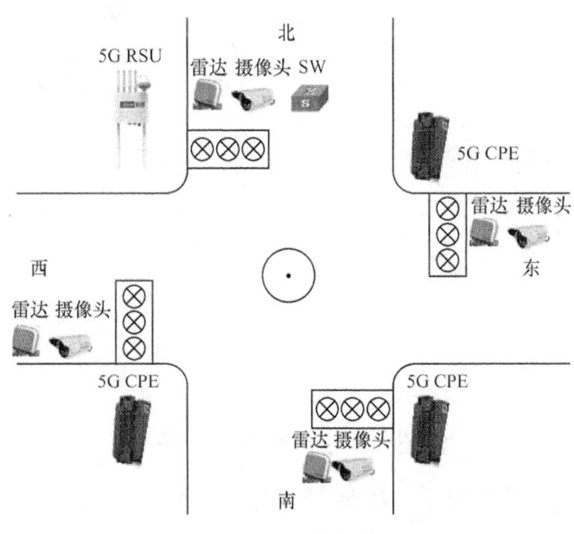

图6-32 十字路口典型部署

十字路口场景设备清单如表6-19所示。

表6-19　十字路口场景设备清单

设备名称	设备数量	描述
5G RSU	1	5G+LTE-V双模
摄像头	4	1080P及以上
毫米波雷达	4	全天候
激光雷达	4	全天候
POE交换机	4	工业级
5G CPE	3	工业级

2. 丁字路口典型部署方案

在大型丁字路口，为了实现对位于3个方向的目标对象的全要素感知，需要部署至少3套车路协同感知设备。根据实际情况，选取3组雷达和摄像头等设备，面对来车方向安装。在如图6-33所示的丁字路口场景，对于南向目标，在道路北侧部署1套感知设备即可。

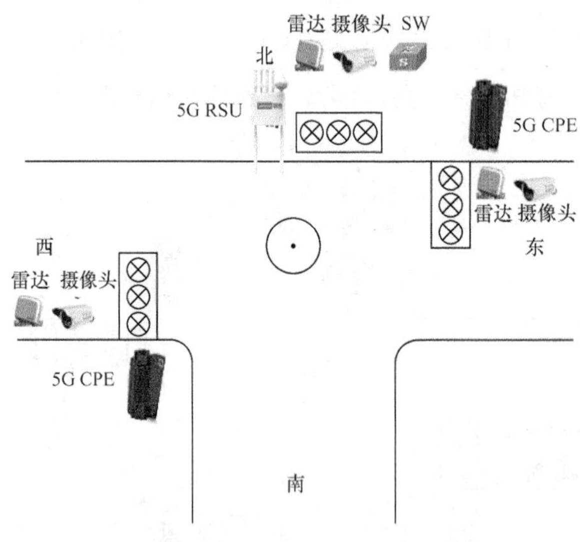

图6-33　丁字路口典型部署

丁字路口场景设备清单如表6-20所示。

表6-20 丁字路口场景设备清单

设备名称	设备数量	描述
RSU	1	5G+LTE-V双模
摄像头	3	1080P及以上
毫米波雷达	3	全天候
POE交换机	3	工业级
CPE	2	工业级

3. 直行路段典型部署方案

在直行路段，实现对位于2个方向的目标对象的全要素感知，需要部署至少2套车路协同感知设备。根据实际情况，选取2组雷达和摄像头等设备，面对来车方向安装。在如图6-34所示的直行场景，对于南北2个方向的目标，在道路北侧部署1套感知设备即可。

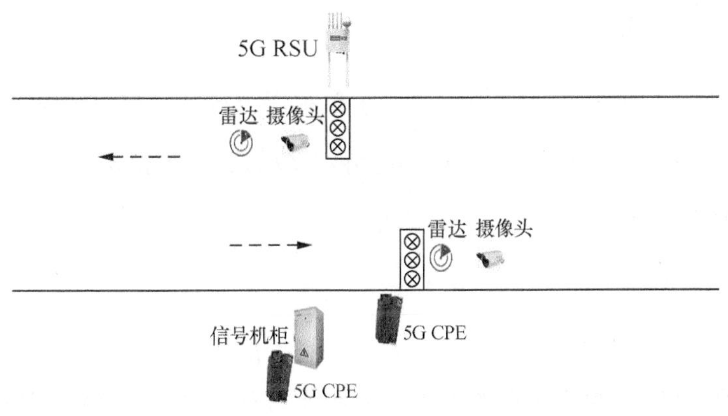

图6-34 直行路段部署

直行路段场景设备清单如表6-21所示。

表6-21 直行路段场景设备清单

设备名称	设备数量	描述
RSU	1	5G+LTE-V双模
摄像头	2	1080P及以上
毫米波雷达	2	全天候
POE交换机	2	工业级
CPE	1	工业级

6.3.4 5G车路协同部署和典型业务交互流程

随着5G网络的规模部署商用，以及MEC技术的逐渐成熟，基于5G、LTE-V2X以及MEC技术融合的车路协同方案已形成业内基本共识。此外，在当前V2X终端渗透率不高的情况下，可通过MEC实现简单场景的云控技术，即算力部署在云端，在云端实现数据融合和决策，以降低车端的复杂性和成本，推动车路协同业务的快速落地，加速产业发展。下面将介绍典型场景下基于5G和LTE-V2X的云控车路协同网络部署方案并分析业务流，同时给出典型场景的应用案例。

针对同一业务场景，可以有多种业务部署方案，在整体的“端-管-云”架构下，提出基于云控自动驾驶的车路协同Uu和PC5的部署方案，不同方案下的业务流有所不同。

1. 前向碰撞预警

前向碰撞预警（FCW）是指主车（HV）在车道上行驶，与在正前方同一车道的远车（RV）存在追尾碰撞危险时，FCW应用将对HV驾驶员进行预警。

（1）PC5方案

① 系统部署方案

- HV和RV装配OBU终端；
- 5G+LTE-V2X双模RSU部署路侧可形成连续覆盖，HV和RV在RSU覆盖范围内，RSU通过5G与MEC平台连通；
- MEC平台部署FCW业务应用。

② 业务流描述（如图6-35所示）

- HV和RV通过OBU周期性广播BSM;
- RSU将收到的BSM通过5G分流至MEC平台；
- MEC平台对数据进行实时融合分析；
- 若HV行驶过程中即将与RV发生碰撞，MEC触发FCW应用；
- MEC将预警消息推送至RSU;
- RSU将广播FCW消息。

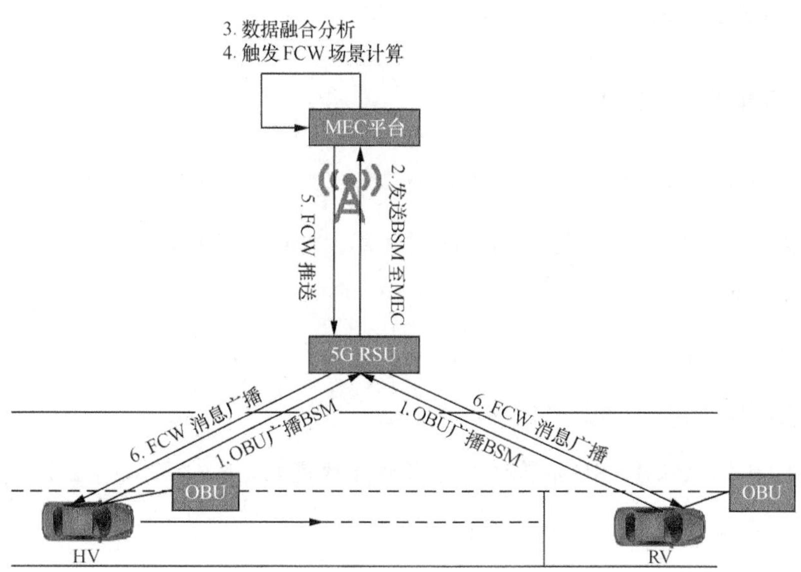

图6-35 PC5方案业务流

（2）Uu方案

① 部署方案

- HV和RV装配5G终端，且5G终端处于连接态；
- MEC平台部署FCW业务。

② 业务流描述（如图6-36所示）

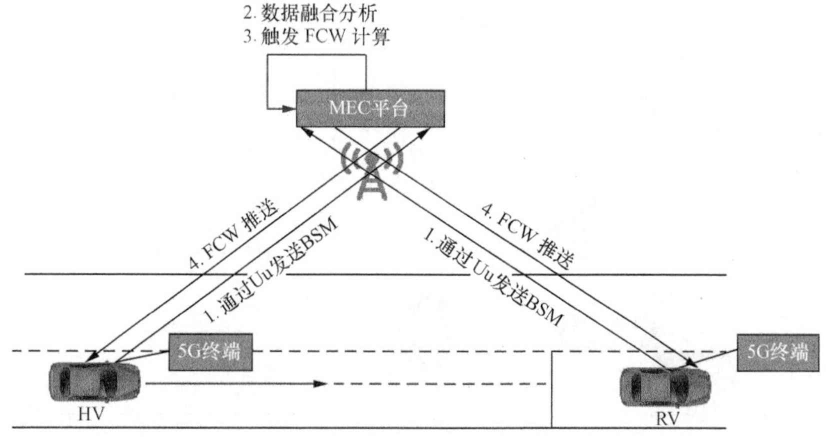

图6-36 Uu方案业务流

- HV和RV的5G终端将本车的BSM周期性通过5G发送至MEC平台；
- MEC平台对数据进行实时融合分析；
- 若HV行驶过程中即将与RV发生碰撞，则MEC触发前向碰撞预警应用；

- MEC将预警消息通过5G推送至HV和RV。

2. 闯红灯预警（PC5）

闯红灯预警（RLVW）是指，主车（HV）经过有信号控制的交叉口（车道），车辆存在不按信号灯规定或指示行驶的风险时，RLVW应用对驾驶员进行预警。

（1）PC5方案

① 系统部署方案

- HV装配OBU终端；
- 5G+LTE-V2X双模RSU部署路侧可形成连续覆盖，HV在RSU覆盖范围内，RSU通过5G与MEC平台连通；
- 信号灯信息与MEC平台部署实时同步，部署闯红灯预警业务应用。

② 业务流描述（如图6-37所示）

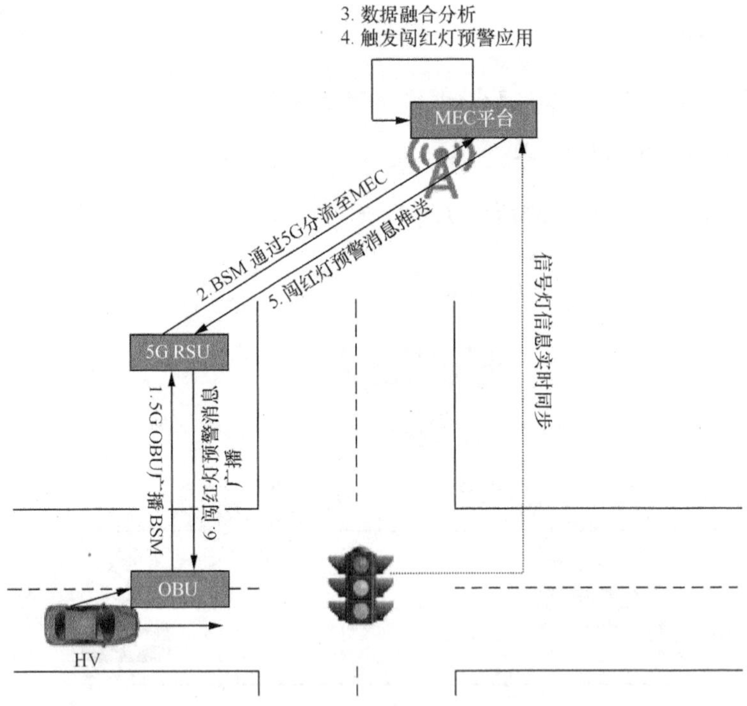

图6-37　PC5方案业务流

- HV通过OBU周期性广播BSM；
- RSU将收到的BSM通过5G分流至MEC平台；
- MEC平台对数据进行实时融合分析；

- 若HV有闯红灯风险，MEC触发闯红灯预警应用；
- MEC将预警消息推送至RSU；
- RSU广播闯红灯预警消息。

（2）Uu方案

① 部署方案

- HV装配5G终端，且5G终端处于连接态；
- 信号灯信息与MEC平台部署实时同步，部署闯红灯预警业务应用。

② 业务流描述（如图6-38所示）

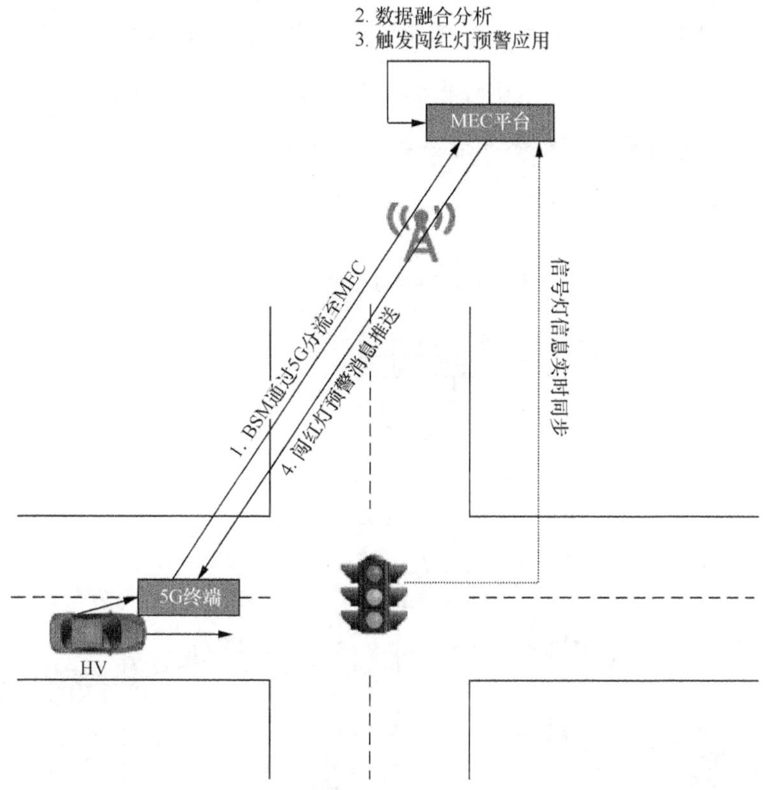

图6-38　Uu方案业务流

- HV的5G终端将本车的BSM周期性通过5G分流至MEC平台；
- MEC平台对数据进行实时融合分析；
- 若HV有闯红灯风险，MEC触发闯红灯预警应用；
- MEC将预警消息通过5G推送至HV。

3. 弱势交通参与者碰撞预警

弱势交通参与者碰撞预警（VRUCW）是指HV在行驶中，与周边行人（P，拓展为广义上的弱势交通参与者，包括行人、自行车、电动自行车等，以下描述以行人为例）存在碰撞危险时，VRUCW应用将对车辆驾驶员进行预警，也可对行人进行预警。

（1）PC5方案

① 部署方案

- HV装配OBU终端；
- 5G+LTE-V2X双模RSU部署路侧可形成连续覆盖，HV在RSU覆盖范围内，路侧感知数据（摄像头、雷达数据）可同步至RSU，RSU通过5G与MEC平台连通；
- MEC平台部署弱势交通参与者碰撞预警业务应用。

② 业务流描述（如图6-39所示）

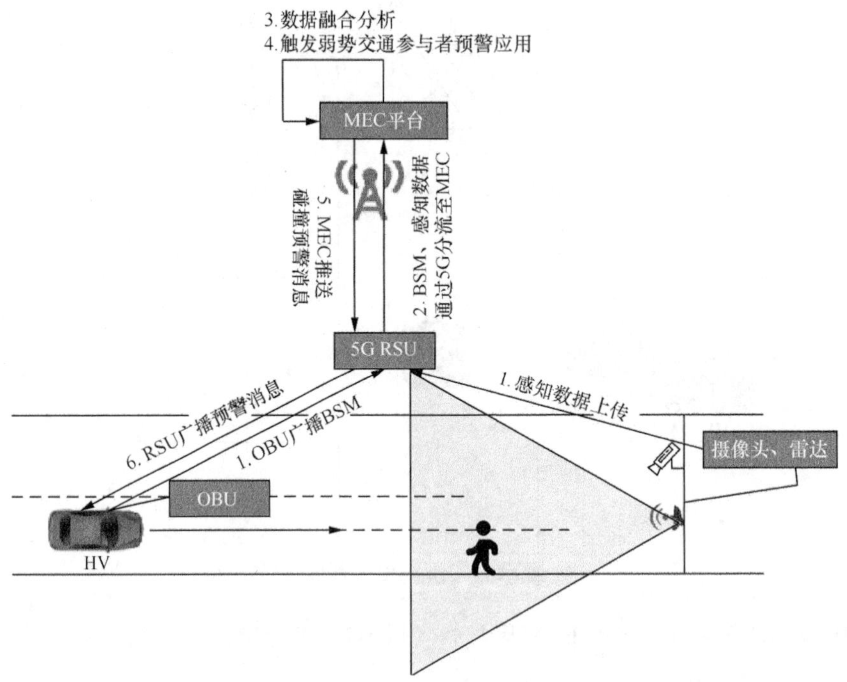

图6-39　PC5方案业务流

- HV通过OBU周期性广播BSM，摄像头、雷达等感知数据通过有线连接实时上传至RSU。

- RSU将收到的BSM及感知数据通过5G分流至MEC平台；
- MEC平台对数据进行实时融合分析；
- 若HV有弱势交通参与者碰撞风险，MEC触发碰撞预警应用；
- MEC将预警消息推送至RSU；
- RSU广播闯红灯预警消息。

（2）Uu方案

① 部署方案

- HV装配5G终端，且5G终端处于连接态；
- 摄像头、雷达等路侧感知设备与5G CPE相连，且CPE处于连接态；
- MEC平台部署弱势交通参与者碰撞预警业务应用。

② 业务流描述（如图6-40所示）

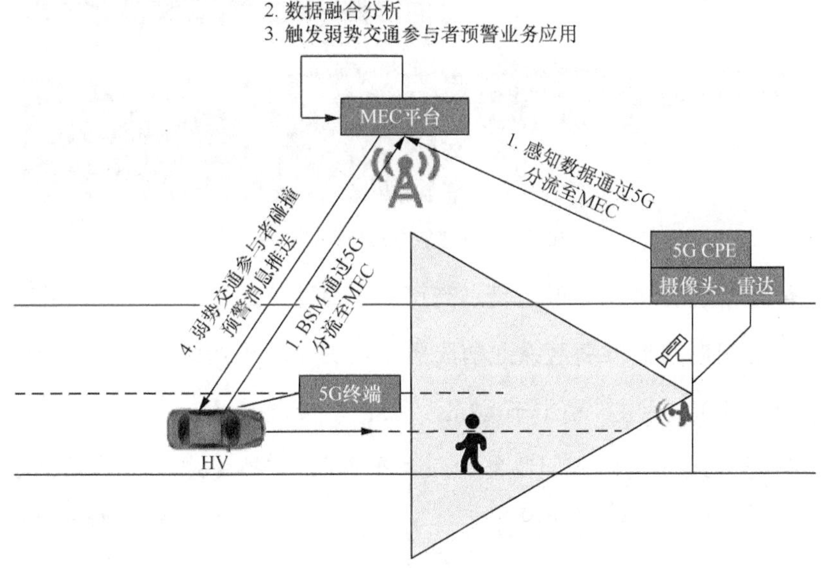

图6-40 Uu方案业务流

- HV的5G终端将本车的BSM周期性通过5G分流至MEC平台，同时路侧5G CPE将雷达、摄像头等路侧感知数据通过5G分流至MEC平台；
- MEC平台对数据进行实时融合分析；
- 若HV有弱势交通参与者碰撞风险，MEC触发预警应用；
- MEC将预警消息通过5G推送至HV。

6.3.5　5G车路协同应用业务案例

1. 常州5G车路协同联合测试研究中心案例

中国联通与国家智能商用车质量检验检测中心联合成立“5G车路协同联合测试研究中心”，搭建5G智能车路协同测试床，如图6-41所示，测试床总长约3.4km，包括8个基站、14个RSU、34个摄像头、21个毫米波雷达、2个激光雷达、7个CPE等。支持具有切片、PCC、URLLC等功能的全套5G核心网，支持多种5G网络能力验证。“5G车路协同联合测试研究中心”面向智慧交通领域开展5G车路协同网络能力测试验证和5G车路协同创新场景测试。

图6-41　5G智能车路协同测试床

测试床依托5G行业专网“低时延、高可靠、弹性算力”解决方案，通过5G网络切片技术为车路协同应用提供高可靠通信服务，实测车端到边缘计算节点访问时延低至4.53ms（单项时延），平均抖动小于0.2ms，丢包率接近0。

测试床依托“5G车路协同网络能力服务平台”，支持路边计算单元、边缘云、中心云三级云网架构协同，满足不同业务需求，基于云边协同实现车路协同基础设施运维、网络监控及能力调用，边缘AI融合使能业务服务。测试床支持5G和V2X双路消息播发，根据实际需求灵活选择；基于SD-WAN技术，提供终端到MEC可信安全通信。云端融合感知基于AI进行智能决策后直接下发到车端，充分降低车端的复杂性和成本，支撑低速云控驾驶落地。测试床已完成车辆碰撞提醒、红绿灯提醒、限速预警、车辆逆行提醒等10余项业务测试，如图6-42所示。

（a）车辆碰撞提醒

（b）车辆逆行提醒

（c）限速提醒

（d）红绿灯提醒

图6-42　“5G智能车路协同测试床”业务测试

基于该测试床可进一步扩展其商业价值，主要包括以下服务。

（1）网络新技术验证服务

测试床提供5G端到端独立专网，可根据不同的业务需求对网络进行灵活配置，面向车企、设备厂家、车联网服务提供商提供5G网络定制化新技术测试验证服务，包括QoS、切片、URLLC等。

（2）车路协同测试验证服务

测试床已具备车联网一阶段、二阶段的车路协同应用能力，基于整套的车路协同系统，为车企、自动驾驶厂家、车联网服务提供商提供车路协同业务测试环境。

（3）基于成熟的端到端解决方案对外进行复制推广

基于中国联通MEC用户自控制台，可面向全国MEC节点实现业务的一点下发，快速部署，为省分公司提供成熟的解决方案并实现推广。

2. 京津冀跨域多场景MEC与C-V2X融合测试床

中国联通依托5G+MEC网络在京、津、冀建立车联网联合示范基地，采用5G+V2X融合组网、三级云平台架构方案，打造全国首个跨省互联的MEC与C-V2X融合试验床，如图6-43所示，实现了京、津、冀车联网示范一体化。

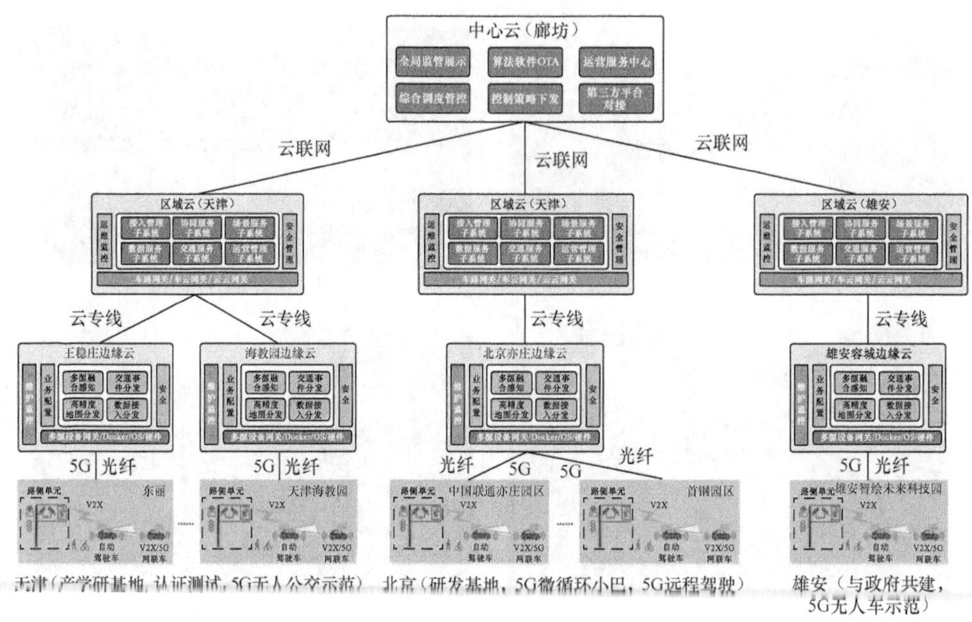

图6-43　MEC+V2X融合测试床

该测试床面向智能网联汽车及智慧交通行业，围绕“车-路-云-网-图”开展技术研究，打造“人、车、路、网、边、云”完整的5G车路协同+自动驾驶解决方案，形成“1+1+1+3+*N*”设计理念。

（1）“1”张5G+V2X车路协同行业专网基础设施（如图6-44所示）：实现“本地应用、区域协同、跨省互联”的“5G+车联网”行业专网。通过5G+V2X双模终端，实现一网双通道，构建AI云化弹性部署和车路云协同计算。

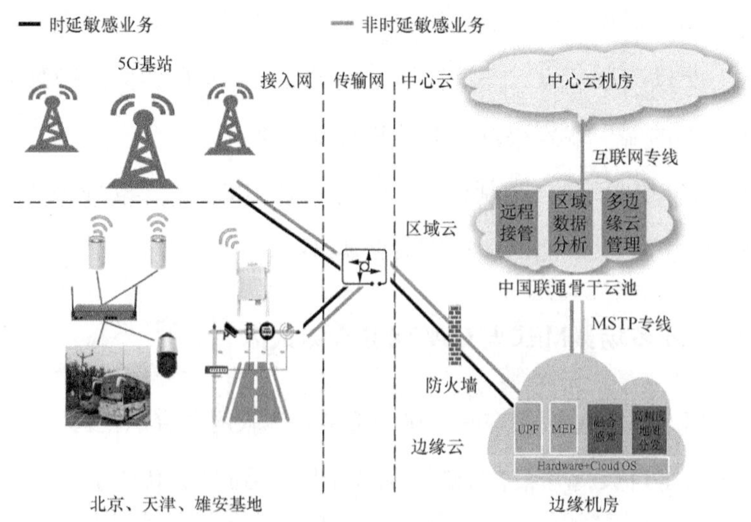

图6-44　5G+V2X车路协同行业专网基础设施

（2）“1”套5G车路协同服务开放平台：该平台采用三级架构，中心云平台部署在河北省廊坊市，实现京津冀城市群的全局运营，在天津、雄安分别部署区域云平台，实现城市综合调度和本地数据汇聚，在各示范基地部署边缘MEC，实现低时延业务场景。路侧感知数据可以在路侧MEC进行感知融合，通过V2X下发和5G或者光纤回传到边缘MEC进行感知融合，再将感知结果通过5G/V2X双通道下发。车端通过V2I/V2N进行车端数据回传和车联网服务获取。

（3）“1”套“车-路-场-边-云超级智能体”：基于5G+AI的“车-路-场-边-云”超级智能体是突破单体智能瓶颈、支持群体智能的全新概念。比如，通过MEC本地化分流，实现云端应用下沉、路侧计算上移、边缘云资源弹性拓展、统一监控维护；实现全流程80～100ms商业服务闭环，拓展支持更多的跨视距车路协同、地图更新、5G云代驾等刚需业务，整体建设和维护成本将降低50%，率先面向车联网提供“随时、随地、随心”的算网一体服务。

（4）“3”个MEC与C-2X智能网联试验基地：依托中国联通的5G+MEC网络，打造北京、天津、雄安智能网联示范基地，形成全国首个跨省的MEC与C-V2X融合试验床。

在天津建设车联网示范基地，包括天津先导区（西青和海教园）、中国汽车技术研究中心智能网联示范区。天津海教园示范基地是回字形的开放市政道路，长约28km，整体环境优美，介于园区场景和市政道路场景之间。示范区采用5G+V2X融合组网建设方案，部署路侧感知点位16个、无人中巴2辆。车路协同服务平台采用三级云平台，包括“边缘云-区域云-中心云”三级云架构，路侧感知数据通过光纤传送到边缘计算平台进行AI感知融合，并将融合感知结果下发给无人公交车，实现5G无人公交常态化安全高效运行。

在雄安新区建设智能交通先行示范区，如图6-45所示，示范道路长度约为2km，实现了5G+MEC全覆盖，车路协同服务平台采用三级云平台，路侧挂载设备包括毫米波雷达、激光雷达、摄像机等感知设备，主要业务类型包括车路协同、微循环小巴车、无人接驳小车、无人售卖车、无人清扫车、配送机器人等。

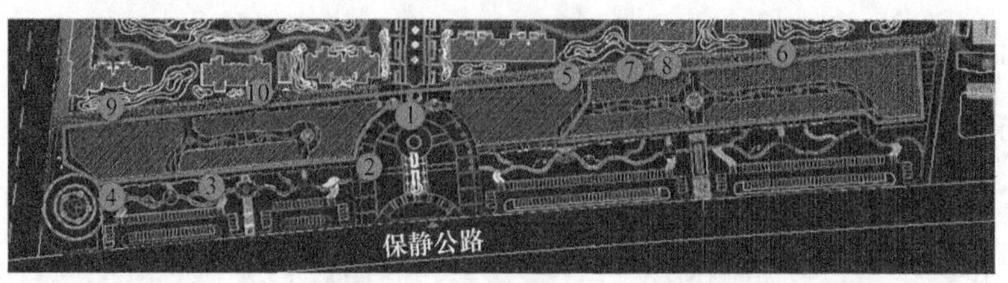

① 预约车辆起点上车
② 前方障碍物预警（车-路）
③ 限号提醒
④ 限速提醒
⑤ 慢行交通预警
⑥ 行人优先通行
⑦ 信号灯上车（车-路）
⑧ 特种车辆优先通行(车-路)
⑨ 超车预警（车-车）
⑩ 紧急制动预警（车-车）

图6-45　雄安新区智能交通示范区

以中国联通的亦庄园区作为车路协同示范区基地，打造5G+MEC智能网联示范环境，建设21个路侧智能点位，主要业务场景包括5G无人微循环小巴、5G远程驾驶、5G自主泊车。

（5）“N”个智能网联的应用场景：打造5G+MEC+V2X融合场景，提供车路协同、远程驾驶、自主泊车、无人公交（如图6-46所示）等场景服务，同时依托测试床提供完整的车路协同网络及业务测试服务。

图6-46　5G无人公交车运行场景

6.4　5G编队行驶

6.4.1　编队行驶业务需求

编队行驶的主要应用场景为高速公路，通过5G和V2X技术将同向行驶的多辆车进行编队连接。编队行驶能减少行驶过程对司机的需求，降低驾驶员的劳动强度，降低车辆安全事故的发生率，进而提高驾驶的安全性和舒适性。此外，编队行驶还可以降低车辆油耗，提升企业的经济效益，并减少大气污染。从公共交通的角度出发，编队

行驶可以释放道路，从而缓解交通的压力、改善交通拥堵问题和提升交通效率。

《世界卡车列队跟驰技术进展报告》提出，2016年美国交通部自动化交通政策中就包括了双卡车编队内容，Locomation公司于2020年10月宣布计划在2022年实现自动驾驶列队跟驰卡车商业化。日本于2021年3月在新东明高速的部分区段实现了“后车无人列队跟驰”验证测试。韩国现代汽车于2019年11月在智能高速公路上成功进行了公司首个卡车编队试验。欧洲大陆集团和克诺尔集团曾计划于2020年开始，与商用车整车制造商共同开发适用于大规模量产的商用车编队行驶方案。中国的标准《智能网联汽车自动驾驶功能测试方法及要求第三部分列队跟驰功能》于2019年5月7日公开验证试验在天津举行，中国重汽（汕德卡智能网联卡车）、福田汽车（欧曼EST-A超级重卡）、东风商用车（东风天龙KL）参与，其中中国重汽跟车距离15m±20%，车速提升至60km/h。

3GPP、CCSA等国内外标准化组织对车辆编队展开大量研究，3GPP TS 22.186描述车辆编队的通信要求，工业和信息化部YD/T 3977-2021研究车辆编队系统技术要求和应用层交互数据要求、中国汽车工程学会T/CSAE 157-2020研究车辆编队应用层及应用数据交互标准；另外，中国智能交通产业联盟T/ITS 0113《营运车辆合作式自动驾驶货车编队行驶》团体标准规定了编队行驶的系统构成、车辆总体要求、应用场景等。国内外车辆编队通信参数要求的对比如表6-22所示。

表6-22 国内外车辆编队通信参数要求的对比

标准编号	3GPP TS 22.186	YD/T 3977-2021	T/CSAE 157-2020
通信场景描述	车辆编队协作驾驶（自动化程度最高）	领航车：人工驾驶 跟随车：无人驾驶	领航车：人工驾驶或自动驾驶 跟随车：自动驾驶
最大车速/（km/h）	130	120	120
最小发送频率/Hz	30	10	10
最大端到端时延/ms	10	20	50
最小通信范围/m	80	300	400
最大定位精度/m	0.5（纵向）	1	1（横向）

6.4.2 编队行驶总体架构

编队行驶需要通过V2X和5G网络实现信息传递，通过车车之间同时加速、减速、刹车和转弯等操作实现车车协同控制，并将车端数据信息上传到平台实现车辆状态信息的获取，完成对编队行驶的数据汇聚和管理。编队行驶系统架构包括4个层次，即终端层、接入层、平台层和应用层，如图6-47所示。

终端层：编队行驶所需终端设备，例如领航车辆、跟随车辆、车载终端、感知设备、定位设备等。编队行驶车辆利用终端进行车车通信、车云通信、车路通信。车辆必须具备线控底盘、共享驾驶行为等能力。

接入层：覆盖终端接入到平台所涉及的网络，包括4G/5G、V2X网络。

图6-47 编队行驶系统架构

平台层及应用层：基于MEC实现编队行驶数据的汇聚、存储、管理，编队视频监控，编队行驶业务算法计算，编队驾驶行为管理等。

6.4.3 编队行驶系统解决方案

编队行驶通过5G和V2X实现车车通信、车路通信、车云通信和路云通信，如图6-48所示。

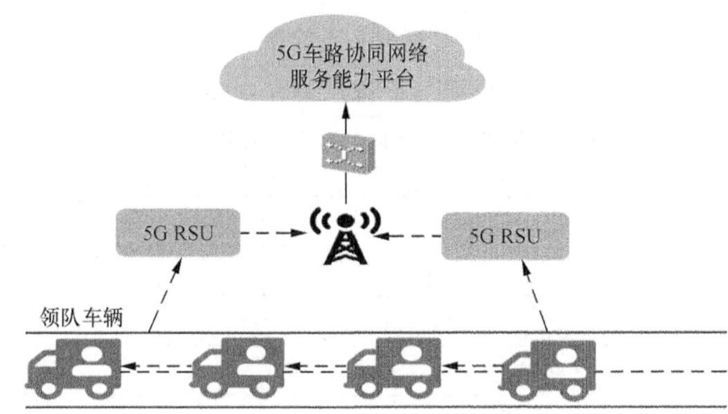

图6-48 编队行驶方案

车车通信：领队车辆与跟随车辆之间交换信息，便于跟随和同步行驶。

车路通信：获取路况信息，辅助车队行驶，提高编队行驶效率。

车云通信：云端收集车辆行驶信息用于驾驶行为分析，结合路况信息发送提示消息。

路云通信：路侧设备将搜集到的路况信息发送给MEC编队服务器，服务器结合车

辆状态信息发送提示消息。

1. 车车通信

（1）车队管理：车队管理是为了实现整个车队的建立、保持、解除、加入、离开。5G/V2X提供感知数据、轨迹、状态信息及控制命令共享等。车队的管理功能可在领队车辆决策，或者部分车队管理功能在云端决策，例如车队建立或者车辆加入，云端将决策信息通过5G Uu口下发到领队车辆。

① 车队建立：在车队中建立领队车辆，在高速专用道路上将多辆车编成队列行驶，领队车辆为有人驾驶或一定条件下的无人驾驶，领队车辆是编队车辆中最前方的车辆，开启编队创建功能，并允许其余车辆加入成为跟随车辆，跟随车辆为具备实时信息交互能力的无人驾驶车。

② 车队保持：领队车辆调整驾驶状态时将信息广播给跟随车辆，车队行驶时能够实现同时加速、减速和转弯等功能。

③ 车队解除：领队车辆通知跟随车辆车队解除，车辆恢复自由行驶。

④ 车队加入：领队车辆负责车队的管理，车辆若加入编队，需要广播自车状态（行驶速率、方向信息、位置信息）和申请加入。领队车辆进行决策，并将结果反馈给跟随车辆。若能够加入，则领队车辆通知其他跟随车辆预留空间，跟随车辆加入车队，领队车辆把编队的信息上报给平台并通知其他跟随车辆。

⑤ 车队离开：跟随车辆若想离开车队，需要向车队广播离队信息，领队车辆向平台更新车队信息，同时广播给其他跟随车辆，调整车队的顺序并保持行驶。

（2）车队信息共享：通过5G/V2X网络实现感知信息的共享，共享数据包括领队车辆的位置、领队车辆的状态、视频数据、传感器信息、车队队员位置、车辆状态数据等。

2. 车路通信

路侧获取路况信息，辅助车队行驶，通过V2X实现路侧感知数据的共享。

① 路侧感知数据的共享：RSU通过V2X将路侧感知的结构化数据广播到车队，供领队车辆判决。

② 红绿灯相位信息下发：RSU将红绿灯相位信息广播到车队，供领队车辆判决。

3. 车云通信

车端上报车辆状态信息到云端，供云端进行车队数据及驾驶行为分析，对时延要求不高。车云通信主要内容如下。

① 车辆视频监控：车队视频监控主要是对编队中车辆进行监控，掌握编队车辆的行驶情况和道路交通情况。车内监测通过车内的摄像头，实现对车内驾驶员的状态监测；车外监测通过车载摄像头（包括前向、左侧、右侧和后向），实现对车辆周围环境的监测，以及车队行驶情况的监测。视频监测利用5G网络大带宽、低时延的特点，实现视频的实时传输，并且在MEC侧部署视频分析算法，可以实现对领队车辆驾驶员疲劳状态和车辆驾驶异常的检测，及时进行预警。

② 车端状态数据上报：车队状态数据包括车辆位置、速度等，被实时上报到云端，云端平台实时显示车辆的速度、位置、车距、车队轨迹、油耗等。

③ 车辆编队管理上报：领队车辆将行驶过程中加入、离开、解除等车队管理的信息上报到平台，平台实时掌握编队行驶车队管理的情况。

4. 路云通信

通过5G网络实现对路侧感知数据及道路信息等上传到云端，由云端融合计算后，将相关信息下发给车队，实现车、路、云信息共享。

① 路侧感知数据上传：路侧感知数据包括摄像头、雷达数据，将它们上传到平台实现对道路环境和车队的实时监控，平台也可结合车辆状态信息做出编队决策，下发建议指令，帮助车辆识别路况、变换行驶速度和方向、紧急制动。

② 红绿灯相位信息上报：红绿灯相位信息实时上报到云端平台。

③ V2X网络质量实时上报：车队V2X网络质量实时上报，有助于平台对编队行驶的决策判断。

6.4.4 编队行驶应用部署和交互流程

为支持编队行驶业务的实现，需要从网络、车辆、路侧基础设施、编队行驶平台

等方面进行部署。

网络要求：5G网络在高速公路全覆盖并且部署边缘MEC。由于编队行驶移动速度快，且行驶过程有跨区域等要求，MEC需具备切换能力。

车辆要求：领队车辆为有人驾驶或一定条件下的无人驾驶，无人驾驶需配备驾驶员，车端部署OBU、高精度定位模块，跟随车辆具备线控及自动驾驶功能，车车、车云、车路实时交互信息。

路侧基础设施：部署摄像头、激光雷达、毫米波雷达等感知设备，以及RSU（具备5G和V2X能力）。

编队行驶平台：实现车辆编队的视频实时监控、在线状态监控、车队队形管理、车队运营维护等功能，平台可多级部署，具备跨边缘MEC切换的能力。

编队行驶的主要交互流程包括编队行驶车辆与边缘平台交互，编队行驶的主要交互流程如图6-49所示。

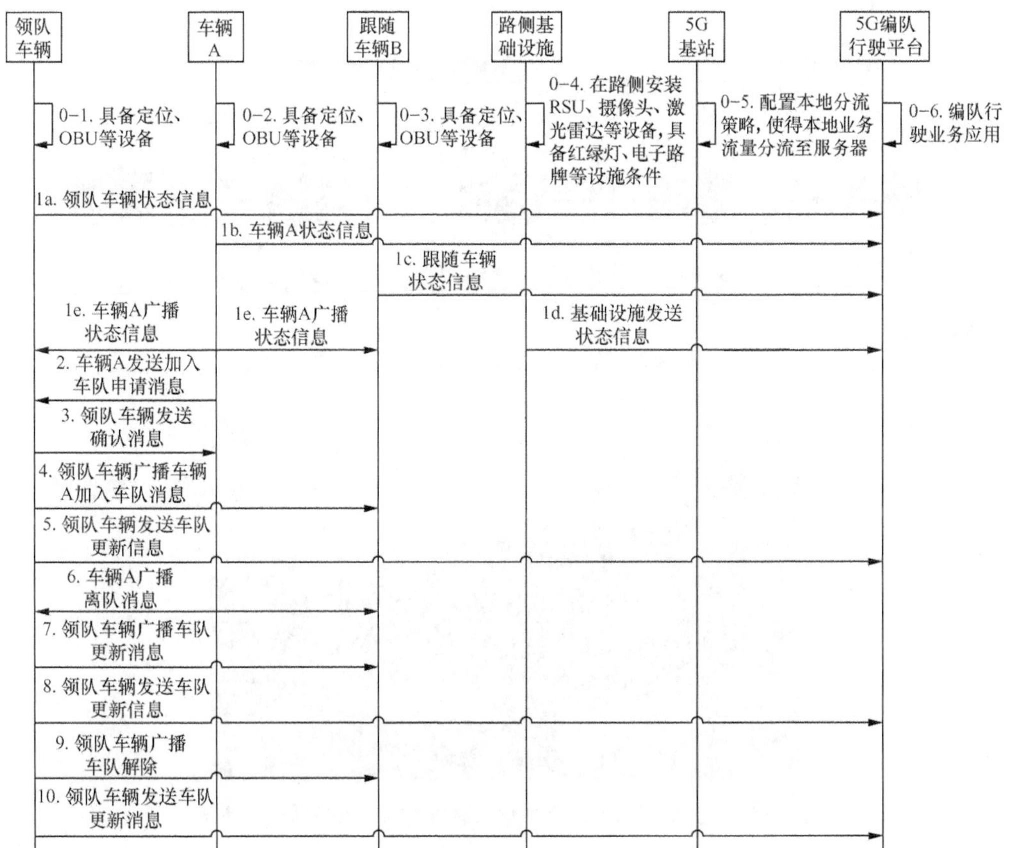

图6-49 编队行驶主要交互流程

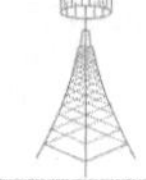

6.4.5 编队行驶应用场景和案例

2019年3月，中国联通与北京汽车集团有限公司在顺义奥林匹克水上公园进行无人驾驶的编队行驶试验，如图6-50、图6-51所示。领航车是人工驾驶，紧随其后的4辆车为无人驾驶。通过车载雷达和云端监控技术，无人驾驶车可跟随领航车实现自动驾驶，队列自动驾驶可应用在救灾巡查、旅游观光等多种场景。测试场景包括加速、减速、停车、转弯，外部车辆编导插队，紧急情况下切换人工驾驶模式。5G超低时延（<10ms）与超大带宽（下行500Mbit/s/上行100Mbit/s）的网络能力可显著提升车队的运输效率，大幅降低油耗，实现节能环保驾驶。

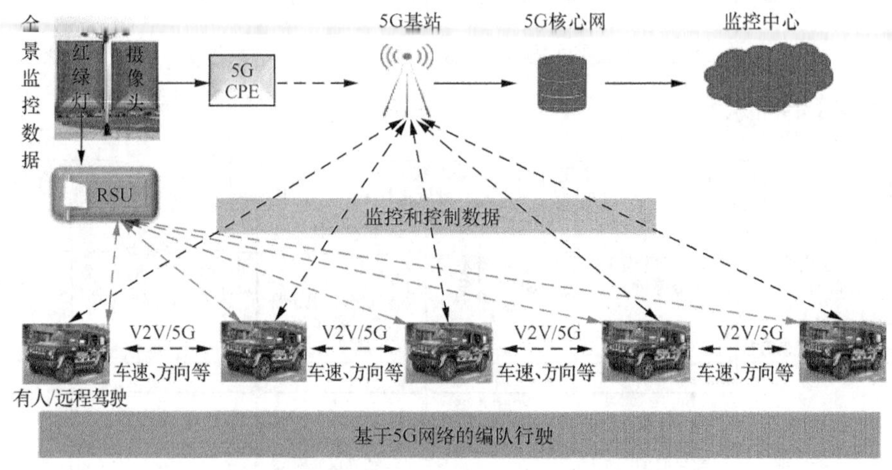

图6-50 基于5G编队行驶网络解决方案

图6-51 中国联通与北京汽车集团有限公司开展编队行驶演示

附录1

频偏测试

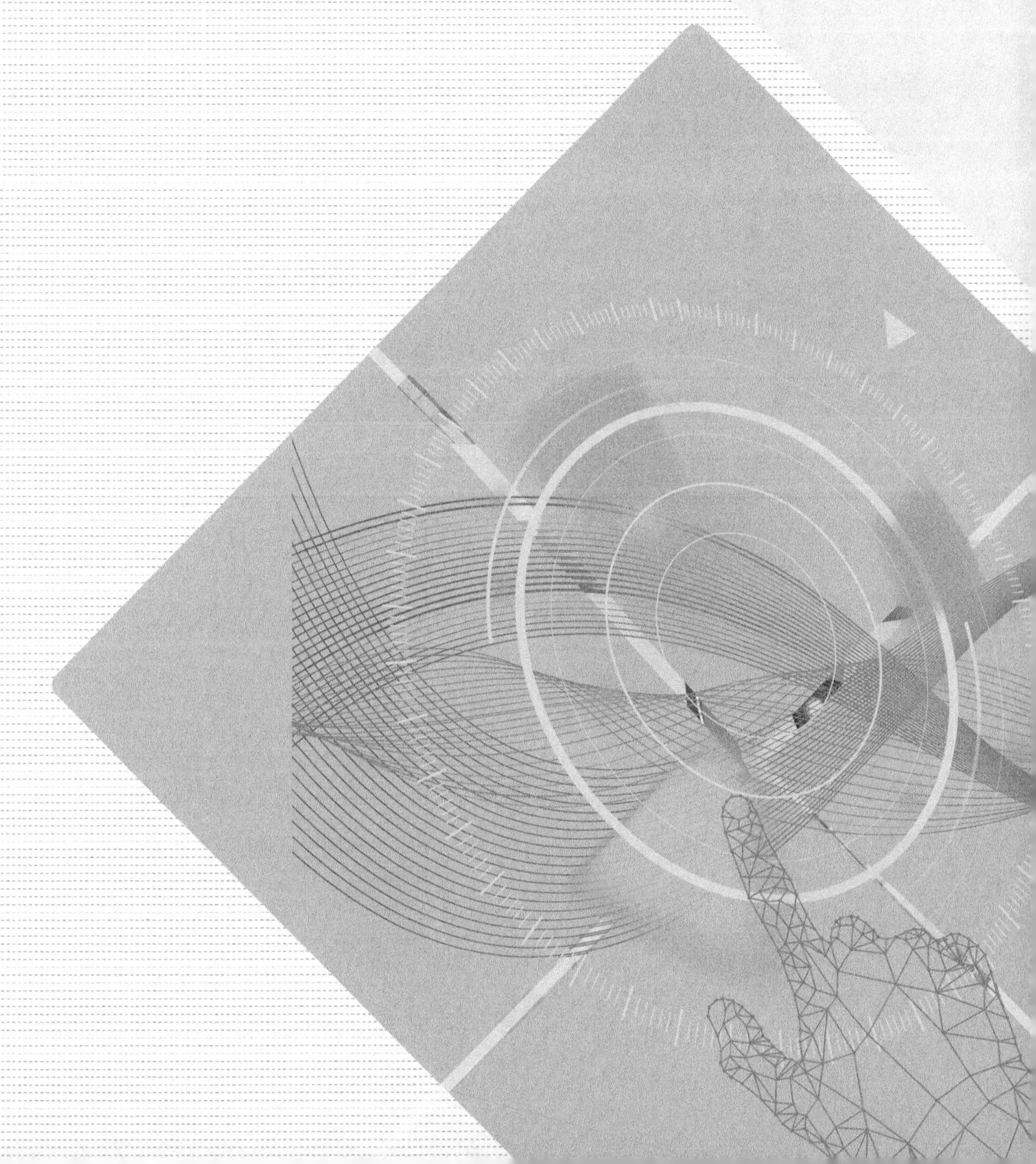

在实验室里对C-V2X纠偏能力进行测试。测试仪表为是德F32信道仿真仪，测试仪表及拓扑如图附录-1所示。其中RSU发出的信号经过信道仿真仪F32模拟频偏，再发送到OBU端。而时钟同步同时为RSU和OBU提供同步源。

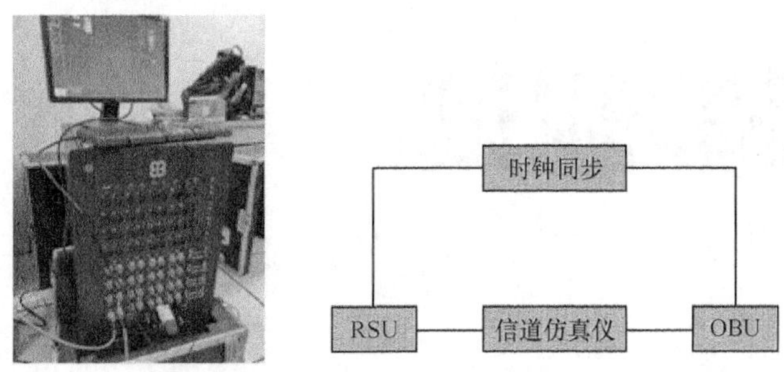

图附录-1　测试仪表（左）及测试拓扑（右）

根据公式（附录1-1），信道仿真仪上添加频偏，相当于相对速度240km/h，进行两组测试：包大小分别为300Byte和1200Byte，其他配置参数包括发包间隔100ms、发包1000个，结果如表附录-1所示，说明在240km/h的速度内，多普勒效应不会对包接收率产生影响。

$$f_{\mathrm{d}} = \frac{f}{c} \times v \times \cos\theta \tag{附录1-1}$$

表附录-1　实验室频偏测试结果

测试条件	测试结果
300Byte	PRR=99.7%
1200Byte	PRR=99.6%

附录2

RSRP仿真计算公式

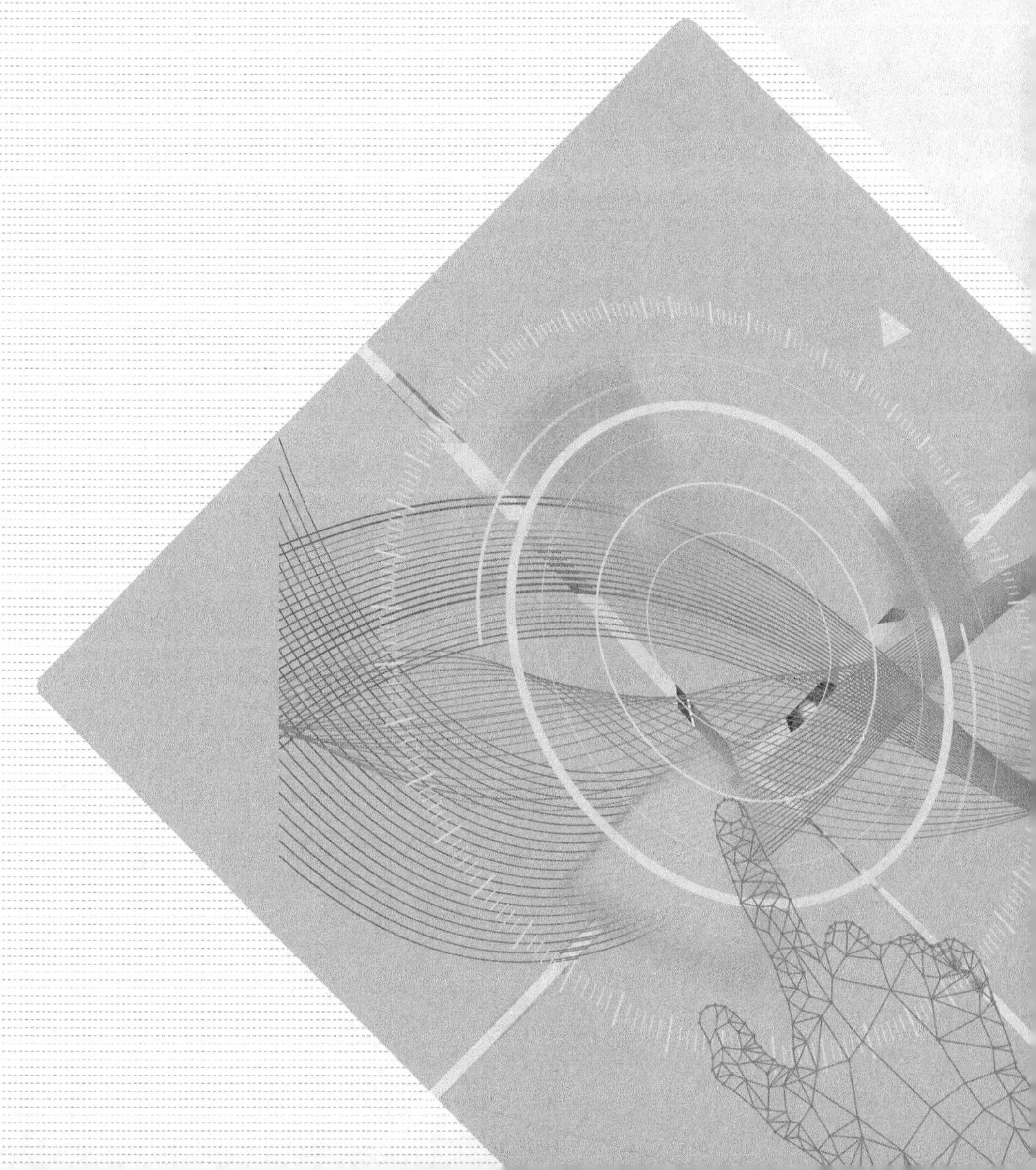

RSRP为PSSCH和PSCCH上导频（DMRS）中资源元素（RE）功率的平均值，单位为dB，计算公式如下。N_{RE}为PSSCH和PSCCH占用频域RE的个数，在本次外场测试中N_{RE}为600，其中，PSSCH和PSCCH共占用50个资源块（RB），而每个RB包含12个RE；$10\times\lg(13/14)$表示车联网子帧中第14个符号空置；P_{r}为实际的接收功率，单位为dB。

$$\mathrm{RSRP}=P_{\mathrm{r}}-10\times\lg(N_{\mathrm{RE}})-10\times\lg(13/14) \quad （附录1-2）$$

P_{r}计算公式如下。

$$P_{\mathrm{r}}=P_{\mathrm{t}}-PL \quad （附录1-3）$$

其中，P_{t}为发射功率，单位为dB；PL为路径损耗，单位为dB，可以由对数阴影模型计算得到。

当发射功率$P_{\mathrm{t}}=29\mathrm{dBm}$，且PSSCH和PSCCH共占用50个RB，也即为600时，RSRP的计算公式如下。

高速直道：

$$\mathrm{RSRP}=29-\left(68.1594+21.782\times\lg\left(\frac{d}{10}\right)+2.7362\right)-27.78-0.32 \quad （附录1-4）$$

高速弯道：

$$\mathrm{RSRP}=29-\left(76.08+22.5\times\lg\left(\frac{d}{10}\right)-2.09\right)-27.78-0.32 \quad （附录1-5）$$

城区直道（N_{RE}）：

$$\mathrm{RSRP}=29-\left(66.19+26.696\times\lg\left(\frac{d}{10}\right)+2.54\right)-27.78-0.32 \quad （附录1-6）$$

城区路口：

$$\mathrm{RSRP}=29-\left(72.55+20.2\times\lg\left(\frac{d}{10}\right)+2.24\right)-27.78-0.32 \quad （附录1-7）$$

隧道直道：

$$\mathrm{RSRP}=29-\left(63.92+19.1\times\lg\left(\frac{d}{10}\right)+1.15\right)-27.78-0.32 \quad （附录1-8）$$

隧道弯道：

$$\mathrm{RSRP}=29-\left(51.85+31.1\times\lg\left(\frac{d}{10}\right)+1.57\right)-27.78-0.32 \quad （附录1-9）$$

环岛：

$$\mathrm{RSRP}=29-\left(61.68+21.0\times\lg\left(\frac{d}{10}\right)+2.56\right)-27.78-0.32 \quad （附录1-10）$$

地上停车场：

$$\mathrm{RSRP}=29-\left(65.87+19.9\times\lg\left(\frac{d}{10}\right)+2.56\right)-27.78-0.32 \quad （附录1-11）$$

地下停车场：

$$\mathrm{RSRP}=29-\left(50.15+27.07\times\lg\left(\frac{d}{10}\right)+2.97\right)-27.78-0.32 \quad （附录1-12）$$

其中，d为RSU与OBU之间的距离，单位m。

附录3

仿真与实测结果对比

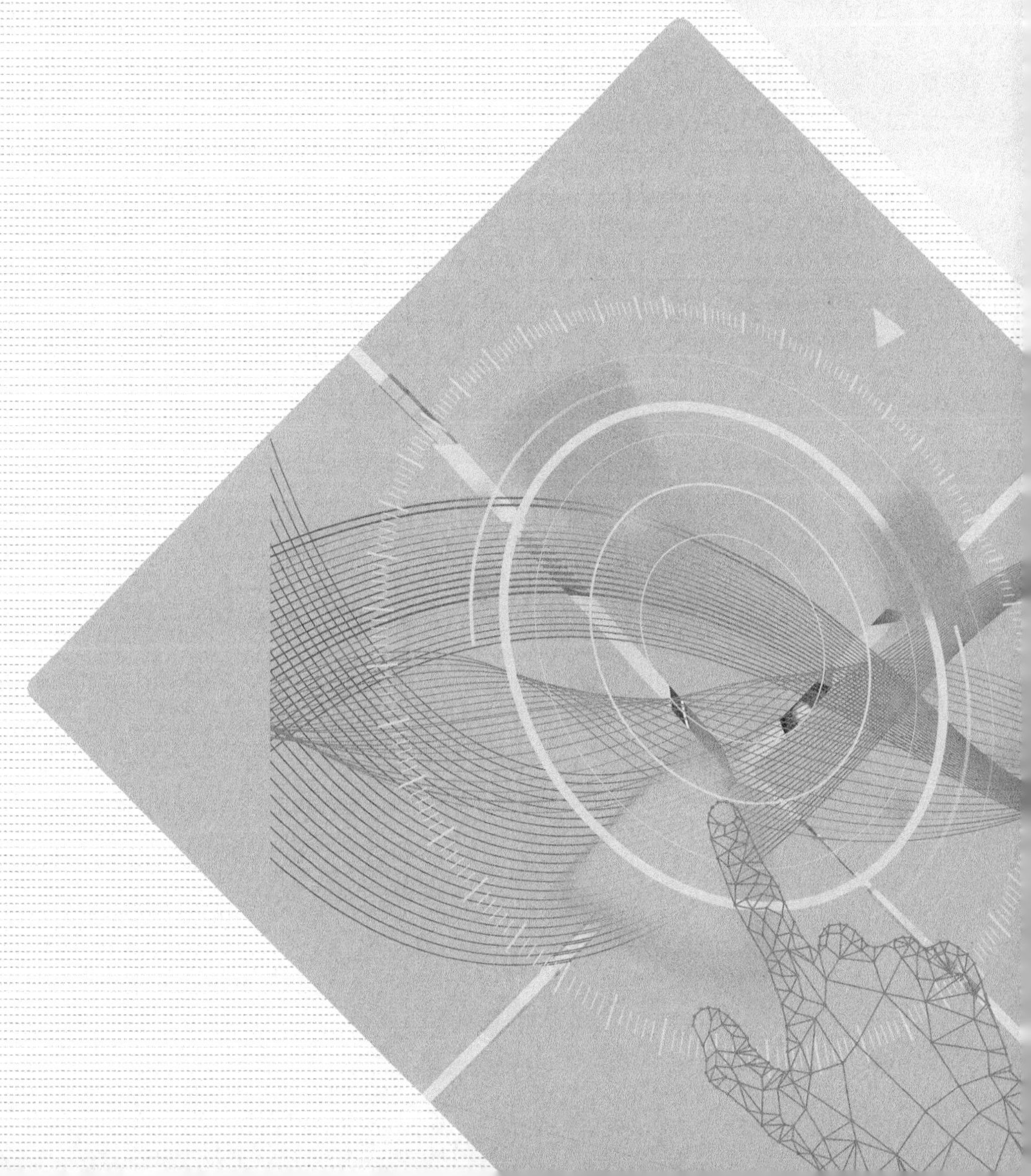

利用高速大尺度衰落信道模型仿真计算RSRP与实测常州高速场景的RSRP进行对比，如表附录-2所示，通过对比700m以内的数据可以看出，仿真和实测差值的绝对平均值为3.13dBm，差距较小，验证了信道模型的准确性和有效性。

表附录-2

距离/m	146	218	286	358	427	564	644
接收功率	−67.26	−71.05	−73.62	−75.74	−77.41	−80.04	−81.30
RSRP-拟合	−95.36	−99.15	−101.72	−103.84	−105.51	−108.14	−109.40
RSRP-实测	−88.7	−96.3	−94.7	−104	−107	−107	−112
RSRP-差值	−6.66	−2.85	−7.02	0.16	1.49	−1.14	2.60

利用城区直道大尺度衰落信道模型仿真计算RSRP与实测首钢园区城区场景RSRP进行对比，如表附录-3所示，通过对比500m内的数据可以看出，仿真和实测差值的绝对平均值为5.57dBm，差距较小，验证了信道模型的准确性和有效性。

表附录-3

距离/m	20	67	119	174	232	279	340	426
接收功率	−47.76	−61.78	−68.44	−72.85	−76.18	−78.32	−80.61	−83.23
RSRP-拟合	−75.86	−89.88	−96.54	−100.95	−104.28	−106.42	−108.71	−111.33
RSRP-实测	−86.6	−91.1	−97.7	−97.8	−109.4	−108	−117.4	−124.2
RSRP-差值	−10.74	−1.22	−1.16	3.15	−5.12	−1.58	−8.69	−12.87

参考文献

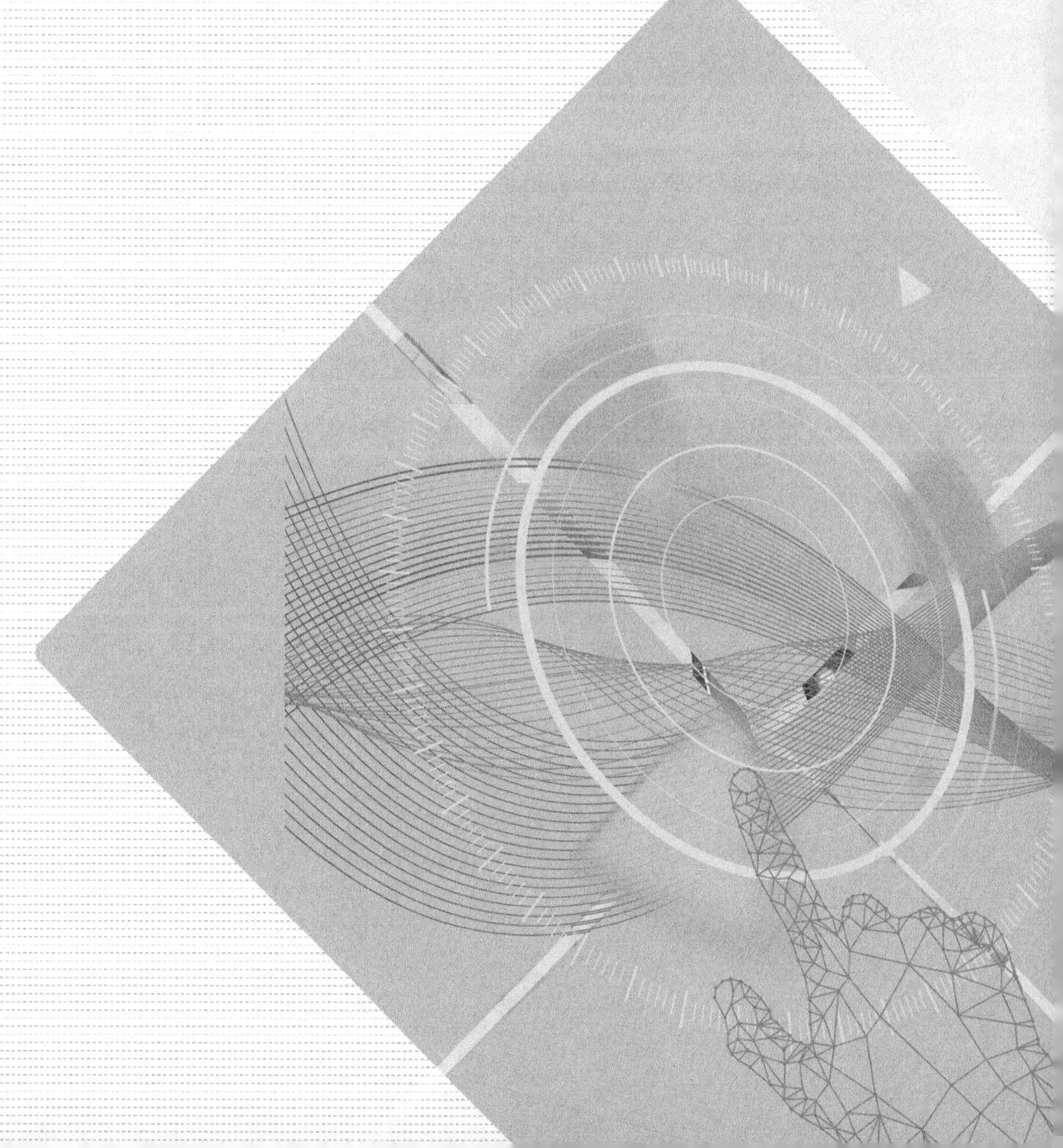

第1章

[1] 中国通信学会.蜂窝车联网（C-V2X）技术与产业发展态势前沿报告（2020）[R]. 2020.11.

[2] 美国运输部和国家公路交通安全管理局. Automated Driving Systems: a Vision for Safety 2.0[R]. 2017.09.

[3] 石彩云.美国自动驾驶指南3.0版[J].经营者（汽车商业评论），2018(11)：42-43.

[4] 美国交通部.Ensuring American Leadership in Automated Vehicle Technologies: Automated Vehicles 4.0[R]. 2020.01.

[5] 美国交通部.Automated Vehicles Comprehensive Plan[R]. 2021.11.

[6] 中国信息通信研究院.全球自动驾驶战略与政策观察[R]. 2020.12.

[7] Barzegar HR, Ioini N E, Le V T, et al. 5G-CARMEN: Service Continuity in 5G-Enabled Edge Clouds[C]//8th European Conference On Service-Oriented and Cloud Computing. 2020.

[8] 曹建峰，张嫣红. 英国自动与电动汽车法案评述：自动驾驶汽车保险和责任规则的革新[J]. 信息安全与通信保密，2018(10)：8.

[9] 谢综文.英国政府发布计划推动交通新技术发展[J].广东交通，2019，No.200(02)：37-37.

[10] 陈萌，黄旭.日本自动驾驶产业发展现状分析[J].智能网联汽车，2019(05)：60-65.

[11] 童生华. 日本自动驾驶产业发展及监管规制分析[C]第十七届中国标准化论坛. 2020.

[12] 国家智能网联汽车创新中心.自动驾驶商业化研讨会“实现自动驾驶的工作报告与方针” [R]. 2020.5.

[13] 范煜君. 国外推动车辆自动驾驶发展情况研究[J]. 交通世界，2019，498(12)：11-13.

[14] IMT-2020（5G）推进组. C-V2X白皮书[R]. 2018，06.

[15] Abboud K, Omar H, Zhuang W. Interworking of DSRC and Cellular Network Technologies for V2X Communications: a Survey [J]. IEEE Transactions on Vehicular Technology, 2016: 9457-9470.

[16] Ucar S, Ergen S C, Ozkasap O. Multihop-Cluster-Based IEEE 802.11p and LTE Hybrid Architecture for VANET Safety Message Dissemination[J]. IEEE Transactions on Vehicular Technology, 2016, 65(4): 2621-2636.

[17] 李凤，房家奕，赵丽. 3GPP LTE-V2X标准进展及技术介绍[J]. 电信网技术，2016(6)：40-45.

[18] 3GPP TR 22.885. Study on LTE support for Vehicle to Everything(V2X)Services[R]. 2015.

[19] 3GPP TR 22.886. Study on Enhancement of 3GPP Support for 5G V2X Services[R]. 2015.

[20] 3GPP RP-170798. 3GPP V2X Phase 2[R]. Huawei, CATT, LG Electronics, HiSilicon, China Unicom, 3GPP TSG RAN Meeting #75, 2017.

[21] 中国通信学会. C-V2X车联网技术发展与产业实践白皮书（2022年）[R]. 2022.7.

[22] Vukadinovic V， Bakowski K， Marsch P , et al. 3GPP C-V2X and IEEE 802.11p for Vehicle-to-Vehicle Communications in Highway Platooning Scenarios[J]. Ad Hoc Networks, 2018:S157087051830057X.

[23] 国家车联网产业标准体系建设指南（总体要求）[S]. 2018.06.

[24] 国家车联网产业标准体系建设指南（智能网联汽车）[S]. 2018.12.

[25] 国家车联网产业标准体系建设指南（信息通信）[S]. 2018.06.

[26] 国家车联网产业标准体系建设指南（电子产品与服务）[S]. 2018.06.

[27] 国家车联网产业标准体系建设指南（智能交通相关）[S]. 2020.07.

[28] 国家车联网产业标准体系建设指南（车辆智能管理）[S]. 2020.04.

[29] Chen S Z, Hu J L, Shi Y, et al. A Vision of C-V2X: Technologies, Field Testing and

Challenges with Chinese Development[J].IEEE Internet of Things Journal. 2020, 7(5): 3872-3881.

[30] 赵鹏超，胡鑫，苑寿同，等. 浅谈我国车联网先导区建设思路[J]. 时代汽车，2020，No.325(01)：109-112.

[31] 中国汽车工程学会，国家智能网络汽车创新中心. 中国智能网络汽车产业发展报告[R].2022.

[32] IMT-2020（5G）推进组. C-V2X白皮书[R]. 2018，06.

[33] 中国联通，中国移动，中国电信. 运营商赋能车联网能力白皮书[R]. 2022.

第2章

[1] 3GPP TS 22.186，v16.2.0.Enhancement of 3GPP Support for V2X Scenarios[S]. 2019.

[2] 3GPP TR 22.885. Study on LTE Support for Vehicle to Everything (V2X) Services[R]. 2015.

[3] 3GPP TR 22.886. Study on Enhancement of 3GPP Support for 5G V2X Services[R]. 2015.

[4] 中国通信标准化协会.增强的V2X业务应用层交互数据要求：YD/T 3977-2021[S]. 2021.

[5] 中国通信标准化协会.基于车路协同的高等级自动驾驶数据交互内容：YD/T 3978-2021[S]. 2021.

[6] 中国汽车工程学会.合作式智能运输系统 车用通信系统应用层及应用数据交互标准（第一阶段）：T/CSAE 53－2020[S]. 2020.

[7] 中国汽车工程学会.合作式智能运输系统 车用通信系统应用层及应用数据交互标准（第二阶段）：T/CSAE 157－2020[S]. 2020.

[8] 5GAA. C-V2X Use Cases Volume II: Examples and Service Level Requirements[R]. 2020.10.

第3章

[1] 基于LTE的车联网无线通信技术 总体技术要求: YD/T 3400-2018 [S]，2018.12.

[2] 陈山枝，胡金玲，时岩，等. LTE-V2X车联网技术、标准与应用[J]. 电信科学，2018，34(04)：1-11.

[3] 汪灿. 车联网中自主资源分配策略研究[D]. 西安电子科技大学，2021.

[4] Rafael Molina-Masegosa and Javier Gozalvez. LTE-V for Sidelink 5G V2X Vehicular Communications: a New 5G Technology for Short-Range Vehicle-to-Everything Communications[R]. IEEE, 24 October 2017,10.1109/MVT.2017.2752798.

[5] 基于LTE的车联网无线通信技术 消息层技术要求: YD/T 3709-2020 [S]，2020.04.

[6] 吴冬升. 从“四跨”测试看车联网产业现状和趋势[J].通信世界，2019(30):28-31.

[7] 李新洲.车联网LTE-V2X与5G-V2X(NR)对比分析[J]. 信息通信技术与政策，2020(07):93-96.

[8] 3GPP TR 22.886, Technical Specification Group Services and System Aspects; Study on Enhancement of 3GPP Support for 5G V2X Services[R]. 2015.

[9] 吴迎笑，朱凯男，刘云涛，等. NR-V2X Sidelink关键技术研究[J]. 无线电通信技术, 2021, 47(02): 154-162.

[10] 王喆. NR-V2X系统中资源分配算法的研究[D]. 北京邮电大学，2021.

[11] 任晓涛，马腾，刘天心，等. 5G NR Rel-16 V2X车联网标准[J]. 移动通信, 2020, 44(11): 33-41.

[12] 陈山枝，胡金玲. 蜂窝车联网(C-V2X)[M]. 北京：人民邮电出版社. 2020：207-208.

[13] 沈霞. 5G V2X关键技术及标准进展[J]. 信息通信技术与政策, 2019(08): 11-16.

[14] 武志合，南静远，尚祖智. 一种NR-V2X层三信息的物理层解析方案[J]. 信息技术

与信息化, 2021(08): 31-36.

[15] 基于LTE网络的边缘计算 总体技术要求: YD/T 3754-2020 [S]. 2020.08.

[16] 中国联通，中国移动，中国电信. 运营商赋能车联网能力白皮书[R]. 2022.

[17] 中国联通. 新基建、新动能：5G车路协同白皮书[R]. 2020.

[18] 范文博，周壮，蔡超，等. 基于5G的车联网可靠通信方法研究[J]. 邮电设计技术, 2022(10): 88-92.

[19] IMT2020 C-V2X工作组. 车辆高精度定位白皮书[R]. 2019.

[20] 5GAA. System Architecture and Solution Development; High-Accuracy Positioning for C-V2X,2020.3GPP TS 38.305. NG Radio Access Network (NG-RAN); Stage 2 functional specification of User Equipment (UE) positioning in NG-RAN (Release 16). 2021.3.

第4章

[1] 3GPP TS 36.214, LTE; Evolved Universal Terrestrial Radio Access (E-UTRA); Physical layer; Measurements[R]. 2010.

[2] 基于LTE的车联网无线通信技术 网络层技术要求: YD/T 3707-2020 [S]，2020.04.

[3] 基于LTE的车联网无线通信技术 路侧设备技术要求: YD/T 0175-2018 [S].

[4] 基于LTE的车联网无线通信技术 消息层技术要求: YD/T 3709-2020 [S]，2020.04.

[5] 基于LTE的车联网无线通信技术 终端设备技术要求: YD/T 0176-2018 [S].

第5章

[1] Huang H, Guo S, Gui G, et al. Deep Learning for Physical-layer 5G Wireless Techniques: Opportunities, Challenges and Solutions[J]. IEEE Wireless Communications, 2019, 27(1), 214-222.

[2] Zhang J. The Interdisciplinary Research of Big Data and Wireless Channel: a Cluster-Nuclei based Channel Model[J]. China Communication,2016,13(2):14-26.

[3] Chen S, Hu J, Shi Y, et al. A Vision of C-V2X: Technologies, Field Testing, and Challenges with Chinese Development[J]. IEEE Internet of Things Journal, 2020, 7(5): 3872-3881.

[4] Fan Y, Feng Y, Liu L, et al. Measurements and Characterization for the Vehicle-to-Infrastructure Channel in Urban and Highway Scenarios at 5.92GHz[J]. China Communications,2022,19(04):28-43.

[5] Zhou H, Xu W, Chen J, et al. Evolutionary V2X Technologies toward the Internet of Vehicles: Challenges and Opportunities[J]. Proceedings of the IEEE, 2020, 108(2): 308-323.

[6] Yang M, Ai B, He R, et al. Measurements and Cluster-based Modeling of Vehicle-to-vehicle Channels with Large Vehicle Obstructions[J]. IEEE Transactions on Wireless Communications, 2020, 19(9): 5860-5874.

[7] 苏昭阳，刘留，冯毅. 基于典型无线场景库的LTE-V2X信道特性[J]. 中兴通讯技术，2021, 27(06): 53-57.

[8] Su Z, Liu L, Zhang J, et al. Analysis of Channel Non-Stationarity for V2V and V2I Communications at 5.9GHz in Urban Scenarios[C].//2022 IEEE International Conference on Communications Workshops (ICC Workshops), IEEE, 2022: 1130-1134.

[9] 3GPP. 3GPP TR 36.885: Study on LTE-based V2X Services (v14.0.0)[R], Release 14. 2016.

[10] 3GPP. 3GPP TR 37.885: Study on Evaluation Methodology of New Vehicle-to- Everything V2X use Cases for LTE and NR (v15.1.0)[R]. Release 15. 2018.

[11] Wang W, Guan K, He D, et al. Channel Characterization for Vehicle-to-vehicle Communication in Urban Sloped Terrain[C].// International Applied Computational

Electromagnetics Society Symposium-China (ACES), 2018: 1-2.

[12] Sun R Y, Matolak D W, Liu P Y. 5GHz V2V Channel Characteristics for Parking Garages[J]. IEEE Transactions on Vehicular Technology, 2017: 3538-3547.

[13] Karedal J, Czink N, Paier A, et al. Path Loss Modeling for Vehicle-to-vehicle Communications[J]. IEEE Transactions on Vehicular Technology, 2011, 60(1):323-328.

[14] 张建华. 基于信道测量进行噪底和信号分量门限估计方法及其装置[P]. 中国，200710165809.X. 2009.

[15] Liu L . Position-based Modeling for Wireless Channel on High-Speed Railway under a Viaduct at 2.35GHz[J]. IEEE Journal on Selected Areas in Communications, 2012, 30(4):834-845.

[16] Molisch A F. Wireless Communications[M]. John Wiley & Sons, 2012.

[17] Goldsmith A . Wireless Communications[M]. Cambridge University Press, 2007.

[18] 杨大成. 移动传播环境[M]. 北京：机械工业出版社，2003.

第6章

[1] 中国通信标准化协会. 基于5G的远程遥控驾驶通信系统总体要求[R]. 2021.

[2] 中国信息通信研究院. 2022全球自动驾驶战略与政策观察描述[R]. 2022.

[3] 交通运输部. 交通运输部关于推动交通运输领域新型基础设施建设的指导意见[R]. 2020.

[4] 交通运输部. 水运“十四五”发展规划[R]. 2021.

[5] 智车科技. 世界卡车列队跟驰技术进展报告[R].

[6] 商车. 商用车自动驾驶有新进展-国内首次连队跟驰标准公开验证试验在天津举行[J].商用汽车新闻, 2019(17): 11.

[7] 3GPP. 3GPP TS 22. 186: Enhancement of 3GPP Support for V2X Scenarios; Stage 1(ReIease 17). 2022.

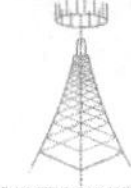

[8] 中华人民共和国工业和信息化部. 增强的V2X业务应用层交互数据要求: YD/T 3977-2021 [S]. 2021.

[9] 邓辉，张学艳，胡金玲，等. 基于车联网的车辆编队标准现状及展望[J]. 移动通信, 2022(008): 046.